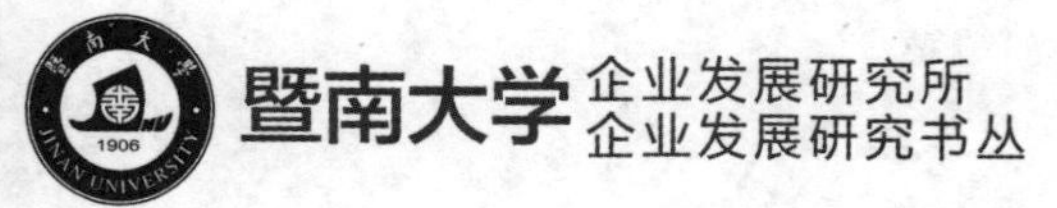

消费者审美体验的信息处理机制与实证研究

黄 赞◎著

北 京

图书在版编目（CIP）数据

消费者审美体验的信息处理机制与实证研究／黄赞著.
—北京：中国经济出版社，2019.12
（企业发展研究书丛）
ISBN 978－7－5136－5882－9

Ⅰ.①消… Ⅱ.①黄… Ⅲ.①消费者行为论—研究 Ⅳ.①F713.55

中国版本图书馆 CIP 数据核字（2019）第 188502 号

责任编辑 姜 静 丁 楠
责任印制 马小宾
封面设计 华子图文

出版发行 中国经济出版社
印 刷 者 北京艾普海德印刷有限公司
经 销 者 各地新华书店
开 本 710mm×1000mm 1/16
印 张 13.25
字 数 210 千字
版 次 2019 年 12 月第 1 版
印 次 2019 年 12 月第 1 次
定 价 68.00 元
广告经营许可证 京西工商广字第 8179 号

中国经济出版社 **网址** www.economyph.com **社址** 北京市东城区安定门外大街 58 号 **邮编** 100011

本版图书如存在印装质量问题，请与本社销售中心联系调换（联系电话：010－57512564）

总　序

暨南大学企业发展研究所（以下简称“企发所”）成立于2003年，为广东省首批普通高校人文社会科学重点研究基地。经过多年发展，已形成社会责任观下的企业价值创造、行为公司财务和管理会计、生产运营管理与决策、品牌营销与服务管理、组织行为与人力资源管理五个成熟的研究团队。自2014年以来，企发所旗帜鲜明地确立了“企业转型发展”研究主题，立足广东省、服务大湾区经济，在科学研究、人才培养、学术交流、咨询服务等方面开展了一系列工作，涌现出一批具有影响力的标志性成果。2019年8月，企发所被广东省教育厅评估为“优秀文科平台”。

当前，全球经贸环境正发生深刻变化，经济形势面临严峻的挑战，企业唯有实现以技术创新和产业升级为核心的转型发展，不断提高其自身的竞争力，才能有效应对挑战。同时，我们也看到，我国企业转型发展理论研究迫切需要新的突破，这正是企发所集结学界、业界在相关领域共同展开理论与案例研究并汇集成书的初衷。

2015年，企发所已经开始着眼于当下的经济形势和社会需求，结合自身的研究特色，资助出版了第一批“暨南大学企业发展研究书丛”，获得了业内广泛认可和高度评价。今年，企发所再次资助出版第二批书丛共12本著作。本书丛主要围绕以下四个方面展开研究：

（1）通过建立财政科技资金绩效评价方法、指标及权重体系模型，科学评价广东省财政科技资金投入的绩效，为政府科学决策提供依据，进而提升广东省科技管理的能力。

（2）以传统行业的转型升级为背景，研究上市公司的并购，特别是规模较大的重大资产重组中的核心中介机构——独立财务顾问行为动机和经济后果的现实意义，为梳理、总结、改进声誉机制与独立财务顾问制度的有效性提供有益思路。

(3) 从企业持续发展的战略高度入手，开展管理模式创新研究。探索投资、知识创新、技术革新等要素对企业转型的推动作用，根据客户需求指引生产系统的动态定制，推动企业向规范化、服务化、创新化方向转变。

(4) 依托中国本土文化特色，从心理契约视角研究对品牌关系和顾客品牌决策的影响，寻找企业化解品牌危机以及通过品牌管理获得竞争优势的路径。

本次结集出版得到了中国经济出版社的大力支持，在书丛的编辑过程中，不仅注重每本书的学术水平，而且关注其使用价值。各位作者也都尽可能地将自己的最新研究成果阐述得通俗易懂，以启发更多的读者。由于这些研究成果仍有待完善，理论和方法还有不少值得改进之处，探索企业发展的研究还有待进一步深入。

希望通过此次的出版工作，一方面与国内外有关专家和同行分享相关领域的研究成果；另一方面接受各位专家的批评和建议，不断提高科研工作质量和科研成果水平，为粤港澳大湾区乃至全国的企业发展贡献绵薄之力。

特此为序。

卫海英
暨南大学企业发展研究所
2019 年 11 月

前 言

面对转型的话题，企业不仅需要从经营方向、运营模式、组织方式、业务单元等方面着手，更需要对自身的产品加深认识和理解。在体验经济时代，审美体验是一种重要的消费者价值形式。与产品的功能价值不同，审美体验是消费者以某种价值标准对客观物体进行的审美评判，是一种主观感受。为此，本书以哲学、社会学和心理学为基础，对产品审美体验进行了深入的剖析，并建立了一个审美体验信息处理过程模型。在此基础上，本书还从消费者的自我意识角度检验了这一过程模型的有效性。

本书是在博士论文的基础上写作而成，是一个阶段性的学习成果。感谢导师王新新教授的悉心指导。在写作过程中，参考了许多国内外专家学者的论著，受益匪浅，深表感谢。当然，由于本人水平和能力有限，不足与缺陷在所难免，恳请读者批评指正。

衷心感谢暨南大学企业发展研究所的资助。

黄赞

2019 年 9 月 12 日于暨南园

目　录

第1章 绪 论

本章的目的在于论述和介绍本研究的基本情况，包括选题背景与研究问题、研究目的与内容，以及研究创新与意义等。

1.1 选题背景与研究问题

1.1.1 选题背景

1.1.1.1 现实背景

2014 年 3 月 14 日，国务院发布《关于推进文化创意和设计服务与相关产业融合发展的若干意见》（以下简称《意见》）。《意见》明确指出，推动和提升设计服务的发展“是培育国民经济新的增长点、提升国家文化软实力和产业竞争力的重大举措，是发展创新型经济、促进经济结构调整和发展方式转变、加快实现由‘中国制造’向‘中国创造’转变的内在要求，是促进产品和服务创新、催生新兴业态、带动就业、满足多样化消费需求、提高人民生活质量的重要途径”。《意见》指出，日常消费品设计是设计服务的重要领域。从社会经济发展角度来看，人们的物质生活已极度丰富，大审美经济正悄然崛起——日常生活审美化的趋势越来越明显（刘悦笛，2005；Featherstone，2007）。所谓大审美经济，是指“超越以产品的实用功能、物质价值和一般服务为重心的传统经济，代之以大力倡导和推动实用与审美、产品与体验、物品与人品、现实与虚拟、生活与艺术、物质性价值与精神性价值、经济提供物的多样化与个性化、一切市场参与者之间的审美互动与人格生成有机统一的经济”（张宇、张坤，2005）。在此背景下，产品设计及产品审美已成为推动经济发展的重要力量（Hutter & Shusterman，2006）。

确实，环顾我们所生活的世界，审美体验无处不在（Partrick & Peracchio，2010）。人们的审美体验已不再局限于对艺术品和自然风光的欣赏之中，而是体现在人们的日常生活环境中——每天生活的家中、上下班的途中、工作场所中、购物中心以及游乐场中（Leddy，2005）。从营销学的视角来看，产品审美的重要性体现在三个方面：首先，在体验经济时代，产品审美体验是消费者价值的表现形式之一（Holbrook，1999），产品审美体验深深地影响着消费者的消费行为。其次，从企业的角度来看，企业可以利用产品审美体验提升产品和品牌的吸引力。产品和包装的外观设计已经成为企业在竞争市场上取得成功的决定性因素（Bloch，1995；Schmitt & Simonson，1997），而仅仅依靠质量和价格获取竞争优势的营销战略已经行不通了（Kalins，2003；Jordan，Thomas & McClelland，1996）。最后，从消费者的角度来看，消费者具有内在的产品审美需求（Dobers & Strannegård，2005）。在质量和价格之外，产品审美体验已经成为影响消费者进行产品评价和购买决策的重要因素，比如服装（Entwistle，2003）和电子产品（Zoetewey，2010）等。

（1）产品审美体验是体验经济时代的重要价值形式。

在经历了产品经济、商品经济和服务经济时代等经济形态之后，人类社会迎来体验经济时代（Pine Ⅱ & Gilmore，1998）。在产品经济时代，产品是人类从自然界采集、发掘和提炼的原始材料。产品是天然的、比较粗糙的，产品价值有待进一步开发和利用。在商品经济时代，各种生产企业以产品为原料生产出各色有形的商品。消费者通过各种销售渠道与企业进行交换而获得这些有形的商品。在服务经济时代，消费者在市场上购买服务。服务是企业根据消费者需求而提供的无形活动。以商品为依托，企业为其服务的消费者或消费者的财产和物品进行某种活动，以达到帮助消费者解决问题的目的。在体验经济时代，企业向消费者出售的是某种体验——当一个人的情绪、体力、智力和精神等达到某种状态之时，他所感受到的某种美好感觉。

消费者价值是营销研究领域一个十分重要的概念，是营销学科体系的基础。例如，在界定“营销”时，科特勒（Kotler，1972）和美国市场营销学会（American Marketing Association，2013）都不约而同地把（消费者）价值视为营销概念的基础。在体验经济时代，消费者的主观体验就是消费者价值的表现形式（Manschot & Visser，2011）。Holbrook（2006）认为，产品审美体验是一种重要的消费者价值。并且，消费者可以从日常的消费品中获取审美体验，而不仅仅只局限于艺术品（如绘画、音乐等）。Pine II 和 Gilmore（1999）认为，审美体验是日常生活中常见的一种体验。在欣赏大自然的优美风景或参观艺术画廊时，消费者就是在进行审美体验。这就要求以审美体验为主要价值提供物的企业重视并重新设计其产品形式（吴文智、庄志民，2004）。

（2）产品审美体验能给消费者带来强烈的愉悦感。

人们希望享受快乐、规避痛苦。Hirschman 和 Holbrook（1982）提出了享乐消费的概念。享乐消费（Hedonic Consumption）是指那些涉及产品主观体验的消费行为，比如多种感官体验、幻想甚至是情绪化体验等。传统地，消费者被认为是理性决策个体。消费者不仅需要考虑外界刺激物（如财富、主观效应等）的增加量，更需要关注增加外界刺激物数量的成本问题。消费者遵循经济学的决策原则，需要考虑边际成本的问题。在享乐消费的视角下，消费者不再关注外界刺激物的数量，而是重点关注外界刺激物所能带来的主观体验和感受。消费者遵循消费愉悦感最大化的购买和决策原则（Hsee & Tsai，2008）。

产品审美体验是消费者将产品外形特征赋予某种特殊的主观含义和主观解释，并且具有明显的人际社会性和个人理想主义的色彩（Alba & Williams，2013）。在确保实用性功能之后，消费者更偏爱具有高审美体验的产品（Landwehr，McGill & Herrmann，2011）。这是因为，产品审美体验能够为消费者带来强烈的主观愉悦感受（Reber，Schwarz & Winkielman，2004）。研究表明，与丑陋的刺激物相比，高审美价值的刺激物能够明显地增加大脑奖励系统的活跃程度（Reimann，Zaichkowsky，Neuhaus，Bender & Weber，2010）。近年来，苹果公司的产品大行其道，很大一部分原因就在于其卓越、出众的产品外形设计（Gini & Green，2013）。因此，消费者具有强烈的内在动机去追求高审美体验。

（3）产品审美设计是企业的重要营销策略。

随着市场竞争的日益激烈，产品的功能属性日益趋同化。由于在消费者购买决策过程中，产品审美体验具有重要的作用，产品审美设计也成为企业的重要营销策略之一（Smith，1994；王爱红、李艺，2008；王志俊，2011）。在提供享乐型消费者价值的同时，产品审美设计也能够显著地增加消费者的产品评价和购买意愿。例如，以汽车和移动电话为产品类别，产品的拟人化设计能够显著地激发消费者的情感反应，从而提升消费者对产品的喜爱程度（Landwehr，McGill & Herrmann，2011）。食品包装袋的美观设计能够显著地提升消费者的购买和再次购买的意愿（Rundh，2009）。相比于没有图片的包装，有图片的包装能够显著地提升消费者对产品和品牌的评价，这是因为消费者将包装上的图片作为线索来推断产品质量和品牌形象（Underwood & Klein，2002）。

此外，除了影响产品评价之外，产品审美设计还具有明显的外溢效应。这也为企业提供了获取差异化竞争优势的机会（Ravasi & Stigliani，2012）。尤其是对于一些刚起步的小公司来说，公司产品、服务环境和品牌标识的审美设计不仅能够快速地吸引消费者的注意力，促进公司产品的即时扩散，而且还能有效地与竞争对手区别开来，形成独特的品牌形象（Rosenfeld，2004）。例如，艺术图片能够显著地提升消费者对品牌延伸的评价，这是因为艺术图片的存在能够显著地提升消费者对品牌的奢侈感知和灵活性认知，进而提升了消费者的品牌形象和感知匹配度认知（Hagtvedt & Patrick，2008）。

不仅如此，审美体验营销还是一种人文关怀的营销方式（赵冠闻，2006），它是在消费者的基本需要得到满足的基础上所开展的一种审美体验式的营销方式。这种新型的营销方式可以给消费者物质满足之外的心灵满足，并且可以使产品品牌形象和企业形象得到大幅度的提升，有助于企业建立识别形象、创立识别风格、树立识别主题、关注识别主体、进行美学管理、开展美学保护、扩展全球识别和因特网识别，进行更加行之有效的营销活动。

从以上分析可知，不管是在经济形态发展的宏观趋势下，还是在企业和消费者的微观层面，产品审美体验已成为实业界和理论界所关注的焦点

（Pounders，Babin & Close，2014；Lee，Andrade & Palmer，2013）。如何挖掘和利用产品审美体验以促进经济发展、提升企业的竞争力和满足消费者的内在需求已经成为一个重要的研究主题（Plassmann & Weber，2015）。尤其是，在物质生活日益丰富的今天，这一研究主题显得越来越重要（Pol，Park & Reimann，2015）。但是，从文献综述来看，学者们较多地关注了产品设计因素（如典型性、对称性等）对产品审美体验的影响作用，而较少关注消费者的个体因素对产品审美体验的影响作用。产品审美体验是消费者对产品外形特征进行的主观解释，具有较明显的主观性特点（Pelowski & Akiba，2011）。因此，在研究产品审美体验之时，学术界必须对消费者的个人因素予以足够的关注和重视。

1.1.1.2 理论背景

从一般意义上来说，价值创造就是使得消费者在某些方面变得更好的过程。从营销的视角来看，审美体验是消费者价值的重要形式之一。因此，营销逻辑范式和价值创造理论就成为本研究展开的理论背景。营销逻辑范式经历了产品主导逻辑、服务主导逻辑和消费者主导逻辑等三个阶段。

（1）营销逻辑范式的演变。

在营销学领域，消费者价值创造的研究范式依次经历了产品主导逻辑、服务主导逻辑和消费者主导逻辑等三个阶段（Vargo & Lusch，2004）。在产品主导逻辑下，企业生产经营活动就是通过制造并分配商品以获取利润。为了在竞争中取得比较优势，企业所提供的产品必须高于竞争对手的产品价值，这种价值就是消费者最终通过交换而获取并消费的价值形式。价值的创造过程隐藏在企业的生产经营过程中。企业的目的就是获取最大化的利润。到20世纪中后期，服务业开始兴起并兴盛起来，在服务主导逻辑下，商品只是企业提供服务的基本元素之一，服务的范围远远大于商品的范围，逐渐成为一个完整的经济运行系统。在服务主导逻辑下，独立运行的企业或个体通过采用某些技能（如知识和技巧）而进行价值创造。服务主导是一种经营理念，更是一种哲学价值取向，对企业的营销实践和理论起到了重要的作用。在服务主导逻辑下，知识和技巧成为影响企业竞争优势的关键因素。

产品主导逻辑和服务主导逻辑的实质是提供者主导逻辑（Provider dominant logic）（Heinonen，et al.，2010）。在这两种主导逻辑下，企业始终处于价值创造活动的主导地位。Grönroos（2008）提出，价值产生于顾客的日常生活实践中，顾客在其价值创造过程中处于主导地位，而企业只是起着促进的作用。经济运行的基本逻辑不再是企业的产品和服务能为消费者提供什么价值，而是消费者是否以及如何利用企业的产品和服务创造自己需要的价值，这就是消费者主导逻辑的观点，价值的创造过程由消费者自己完成，不需要企业的参与。

（2）消费者在创造价值中的作用。

伴随着营销主导逻辑的演变，营销学中价值创造过程依此经历了企业创造价值、企业和消费者共同创造价值以及消费者单独创造价值的研究观点（Grönroos & Helle，2012）。在产品主导逻辑下，生产活动和消费活动是完全分开的。企业通过组织各种人力进行生产活动，将各种原料转换成最终的产品。产品是消费者价值的载体。在这种逻辑范式下，消费者根本不参与价值的创造过程，也不对其最终获取的价值施以任何影响。但是，在服务主导逻辑下，企业的生产活动开始与消费过程进行结合，二者在互动过程中共同完成价值创造。企业不再直接提供包含价值的产品，而是进行价值主张营销，通过与顾客的互动来参与顾客的价值创造过程，价值由生产者和消费者共同创造。

在消费者主导逻辑下，消费者将企业所掌握的资源和价值主张纳入自己的日常生活和实践中。企业的产品和生产活动只包含潜在价值，只能为消费者的日常生活提供辅助性支持，而非实实在在的真实价值。消费者以其日常生活为背景和基础，根据自己的知识和技能创造自己所需的价值形式（Grönroos & Voima，2013）。在消费者主导逻辑中，消费者居于整个生产营销活动的核心地位。与提供者主导逻辑（产品主导逻辑和服务主导逻辑）相比，消费者主导逻辑强调，企业应以消费者如何根据自己的目标和兴趣爱好而利用产品或服务实现价值，企业营销重点应该关注消费者的生活与实践。

1.1.2 研究问题

继产品经济、商品经济与服务经济之后，人类社会进入体验经济时代。"当企业有意识地以服务为舞台，以商品为道具，使消费者融入其中时，体验经济就产生了"（Pine II & Gilmore，1999）。在体验经济时代，企业需要更关注消费者的身心感受和心理体验，并以此为市场提供物而获取企业生存和发展所需的利润收入。在购物和消费的过程中，审美体验是消费者主观感受，一种重要的消费者价值形式，更是企业在体验经济时代的市场提供物之一（Atwal & Williams，2009；Joy & Sherry Jr，2003）。很早之前，学者们就已经开始关注产品因素对消费者审美体验的影响作用了（Krishna，2010），并且对产品因素的涉及也较广较深入；相对而言，学者们对消费者个体因素对审美体验的影响的研究相对较晚，并且这方面的研究也很少（李东进、李研、武瑞娟，2013）。

本书的研究焦点是消费者个体因素——自我意识对产品审美体验的影响作用。从实证研究模型来看，本书将消费者的自我意识设置为影响消费者审美体验的自变量。本书认为，将消费者个人因素从调节变量的位置变成自变量的位置不是简单的变量位置变化，而必须从理论上对其背后的理论逻辑进行系统的阐述和解释。因此，本书的研究问题包括两个层面：理论层面和实证层面。在理论层面上，本书需要从理论上解析消费者个体因素影响产品审美体验的内在逻辑；在实证层面上，本书将研究自我意识对产品审美体验的影响以及中间机制，并且还将引入解释水平作为调节变量，研究如何提升消费者的审美体验。

1.2 研究目的与内容

1.2.1 研究目的

以消费者创造价值为理论背景，本书的研究焦点是消费者自我意识对产品审美体验的影响作用。研究目的包括以下三个方面：

首先，探讨以消费者个体因素为主导的审美体验研究逻辑。在以往的研究中，学者们较多地研究了产品因素对产品体验的影响作用，但是很少涉及消费者个体因素对产品审美体验的影响作用。从直觉上来说，产品因素影响消费者的产品审美体验是逻辑的必然，也就是产品因素决定了审美价值。但是，现有研究尚未深入解析个体因素影响产品审美体验的内在逻辑。从消费者价值创造的角度，本书需要建立消费者个体因素影响产品审美体验——消费者价值——的理论逻辑。

其次，研究自我意识对产品审美体验的影响作用及中间机制。自我意识是人们对自我状态的认知结果。在现有研究中，尚未有学者研究过消费者自我意识对产品审美体验的影响作用。那么，自我意识是否能够影响消费者的产品审美体验？如果自我意识确实影响了消费者的产品审美体验，那么这一关系的中间机制是什么？本书需要以哲学、营销学、心理学等学科的理论对这一问题进行深入探析。

最后，如何提升消费者的产品审美体验。不管是从理论发展的角度，还是营销实践的角度，本书都需要关注如何提升消费者产品审美体验的问题。从理论的角度来看，研究这一问题有利于人们全面、系统和深入地认识和理解消费者的产品审美过程；从实践的角度来看，研究这一问题能够帮助营销人员采取有效的营销策略，以提升消费者对产品的审美体验。为此，本书将引入解释水平作为调节变量，研究其对自我意识和产品审美体验之间关系的调节作用。

1.2.2 研究内容

为实现以上研究目的，本书重点研究以下五个方面的内容：

第一，建立以消费者个体因素为主导的审美体验研究逻辑。从现有文献来看，产品因素往往居于审美体验价值产生过程的主导地位，而消费者的个体因素则往往被设成了调节变量。Poulsson 和 Kale（2004）认为，在消费者进行体验消费之时，消费者在其主观体验过程中发挥着主导性的作用。在少数以消费者为主导的研究中，学者们尚未深入分析这种主导视角的背后逻辑。

本书认为，将消费者个人因素从调节变量的位置变成自变量的位置不是简单的变量位置变化，而必须从理论上对其进行系统的阐述和解释。因此，为了理解以消费者为主导的审美体验研究视角及其背后逻辑，本书将从审美体验价值的哲学观点、营销学理论、心理学理论等方面揭示消费者审美体验的本质，并提出以消费者个人因素为主导的审美体验价值研究视角。紧接着，本书运用实证方法验证消费者自我意识对审美体验价值的影响作用。

第二，消费者进行产品审美体验的信息处理过程。从一般意义上来说，消费者到底是如何进行产品审美体验的？从消费者信息处理的视角，本书将对这一过程进行深入的分析。本书认为，在对产品进行审美体验时，消费者需要利用心理想象的信息处理方式。这是由审美体验和心理想象两方面的特征所决定的。首先，审美体验是一种体验价值，是消费者对产品的主观感受之一。为了认识外部世界，人们需要整合各种感官信息，比如，视觉、听觉、触觉、味觉和嗅觉。其次，心理想象（也叫心理模拟或心理再现）是一种信息处理方式，具有准认识性质，能够整合外部新信息和记忆信息，实现对客观事物的主观体验和认知。心理想象是人们对过往体验的主观重复、模仿或重构；并依此预测、判断和感知某种尚未实际发生的主观感受体验。

第三，自我意识对消费者产品审美体验的影响作用及中间机制。在对审美过程的解析基础上，本书将深入探究自我意识对产品审美体验的影响作用，以及这种影响作用的中间机制。借助于消费象征论、自我意识理论、心理想象理论和审美流畅性理论等心理学理论，本书将推导出自我意识如何影响产品审美体验的研究假设，并将利用行为实验法对研究假设进行验证。本书认为，自我意识对审美体验的影响作用源于不同自我意识个体拥有不同的信息处理特点。信息处理的不同特点将影响消费者进行产品审美体验的主观感受——流畅性体验，从而影响了消费者的产品审美体验。此外，本书还将深入探析自我意识引起流畅性体验感知差异的原因所在。

第四，解释水平对自我意识与产品审美体验之间关系的调节作用。之所以引入解释水平作为调节变量，本书主要出于两点考虑：首先，本书希望找到办法来提升社会自我意识消费者的审美体验。从营销实践来说，这有利于促进产品的销售量。其次，本书希望利用解释水平的调节作用来甄别消费者自我意识与审美体验之间的作用机制。这部分研究是建立在解释水平理论基础之上，并将利用行为实验法对研究假设进行验证。解释水平是人们对外界事物的心理表征方式。解释水平理论的核心观点是：①人们对外界事物的心理距离感知具有远近之分；②心理距离的变化影响了人们认知事物的解释水平；③解释水平的变化影响了人们的认知和决策结果。基于此，解释水平能够显著地调节自我意识对产品审美体验的主效应。

第五，对于如何有效地提升消费者的产品审美体验。在以上研究的基础上，本书还将提出有效提升消费者产品审美体验的营销建议。这部分研究是直接面向营销实践的。毫无疑问，产品的审美体验已经成为企业重要的竞争策略，为企业提供了差异化的机会。产品的外观审美体验已经成为企业影响消费者购买行为的重要工具。因此，提升消费者的产品审美体验能够显著地促进消费者的产品和品牌评价，提升消费者的购买意愿。

1.3 研究创新与意义

1.3.1 研究创新

在理论研究方面，本书重点分析了消费者个体因素影响产品审美体验的内在逻辑；在实证研究方面，本书聚焦于消费者自我意识对产品审美体验的影响作用及中间机制，以及解释水平对二者关系的调节作用。与现有研究文献相比，本书的研究创新点主要体现在以下三个方面：

首先，本书深入分析了消费者个体因素影响产品审美体验的理论逻辑。通过文献梳理和归纳，本书发现，在以往的研究中，产品特征变量是影响产品审美体验的自变量，而消费者个人因素只是以调节变量的位置出现。即使有少数研究将消费者个人因素作为影响产品审美体验的自变量，这些研究也没有深入分析这种研究视角背后的理论逻辑。借助哲学、营销学和心理学的理论，本书深入分析了消费者个人因素决定产品审美体验的内在逻辑。这有利于引起学术界对消费者个人因素影响产品审美体验研究视角的重视，推动学术界更加全面和系统地理解产品审美体验的影响因素。

其次，自我意识显著地影响了消费者的产品审美体验。在心理学研究中，自我意识是一个十分重要的概念，是人们认识自我以及自我与外部世界关系的起点。而在营销学研究中，产品审美体验是消费者价值的重要形式之一，特别是在以主观感受为主要价值形式的体验经济时代。但是，在以往的研究中，尚未有学者研究过消费者自我意识对产品审美体验的影响作用。本书不但建立了二者之间的因果关系，而且还深入研究审美流畅性体验在二者之间的中介作用。根据审美流畅性产生的不同机制，本书提出了内容流畅性和标准流畅性的概念。

最后，解释水平显著地调节了自我意识与产品审美体验之间的关系。在近十年的营销研究文献中，解释水平理论是学者们最常用的心理学理论之一。这些研究大致分为两类：解释水平的影响因素和影响效应。解释水平的影响效应属于解释水平理论的应用研究。本书深入分析和研究了解释水平对自我意识和产品审美体验之间关系的调节作用，极大地推进了现有文献对解释水平理论应用的研究。并且，通过研究解释水平对自我意识和产品审美体验之间关系的调节作用，本书还甄别了审美流畅性体验的内在机制。

1.3.2　研究意义

以消费者价值创造理论为背景，本书将深入探析消费者个体因素影响产品审美体验的背后逻辑。进一步地，以此为基础，本书还将深入研究消费者自我意识对产品审美体验的影响作用及中间机制，并且还研究了解释水平对自我意识和产品审美体验之间关系的调节作用。本研究具有重要的理论和实践意义。

（1）理论意义。

首先，本书以消费者单独创造价值为研究的理论背景。消费者价值是营销学研究和实践的重要基础。在体验经济时代，产品审美体验是消费者价值的主要表现形式之一，具有典型的体验性和主观性特征。本书深入分析了消费者进行审美体验之时的信息处理方式——心理想象。这有利于学术界加深对消费者单独创造价值的理解，为学术界深入研究消费者单独创造价值提供新的思路。

其次，本书建立和解析了消费者个体因素影响产品审美体验的背后逻辑。借助于哲学家们对审美体验的论述来探讨审美体验的本质以及审美主体在其中的作用，本书分析了消费者在产品审美体验过程中的主体作用。在以往的研究中，学者们较多地研究了产品因素对产品审美体验的影响作用，但是较少关注消费者个体因素的影响。即使少量的研究涉及了消费者个体因素对产品审美体验的影响，这些研究也没有深入解析这一研究视角背后的逻辑基础。这一研究逻辑的建立能够推动营销理论界对产品审美体验的研究，使学者们更加深入地认识和理解消费者个体因素在审美体验过程中的作用。

再次，本书深入研究了自我意识对产品审美体验的影响作用。自我意识是影响人们行为的重要心理变量。在以往的研究中，心理学家们深入研究了自我意识对人们行为、态度等方面的影响作用。在营销学文献中，自我意识也引起了学者们的极大兴趣。但是，在以往的研究中，尚未有学者研究过自我意识对产品审美体验的影响作用。本研究能够拓展和丰富学者们对自我意识和产品审美体验的研究，极大地推动自我意识理论和产品审美体验理论的发展。

最后，本书研究了解释水平对自我意识与产品审美体验之间关系的调节作用。解释水平是人们对外界事物的心理表征状态，对人们的认知和决策具有重要的影响作用。流畅性体验显著地中介了自我意识对产品审美体验的影响作用。本研究提出，解释水平能够显著地影响自我意识与流畅性体验之间的关系，从而显著地调节自我意识与产品审美体验之间的关系。不仅如此，本书还利用解释水平的调节作用甄别了审美流畅性体验的内在原因。本研究推动和扩展了解释水平理论的应用范围，能够加深学者们对解释水平理论的认识和理解。

（2）实践意义。

本书以消费者单独创造价值为理论背景，能够促进企业营销人员全面理解消费者个体因素对产品审美体验的影响作用，具有重要的实践指导意义。

首先，营销人员应该重视自我意识对产品审美体验的影响作用。毫无疑问，产品设计因素显著地影响了消费者对产品的审美体验。在实践中，企业设计部门的营销人员也对产品设计因素给予了较多的关注。但是，在营销实践过程中，企业营销人员不应该忽视消费者个体因素对产品审美体验的影响效应。因此，本研究能够促使营销人员关注消费者自我意识对产品审美体验的影响作用。

其次，本书发现，解释水平显著地调节了自我意识和产品审美体验之间的关系。这一发现能够指导企业营销人员采取有效的营销策略以提升消费者的产品审美体验。本研究发现，相较于私隐自我意识的消费者，社会自我意识消费者往往获取了较低的产品审美体验。在提升消费者的解释水平之后，社会自我意识消费者对产品的审美体验大大增加了。因此，企业营销人员可以采取有效措施提升消费者的解释水平，从而提升消费者的产品审美体验。

最后，流畅性体验是影响消费者对产品审美体验的关键因素。本书研究发现，自我意识显著地影响了消费者的审美流畅性体验，进而影响了消费者的产品审美体验。并且，借助于解释水平的调节作用，本书还发现，消费者产品审美流畅性体验来源于不同自我意识消费者对他人审美评价和态度的模糊性和不确定性。因此，为了提升消费者的产品审美体验，企业营销人员可以采取措施提升消费者的审美主观感受——流畅性体验。

第2章　消费者审美体验的相关研究综述

2.1　体验及审美体验的内涵

鉴于以往学者只关注艺术品和音乐的审美体验，Holbrook（1980）呼吁营销学者需要突破这种较为狭隘的视角和观点，更多地关注日常消费品的审美体验。自此以后，学者们陆续开展了一系列关于消费产品审美体验的研究。审美体验的概念和内涵是什么，是研究人员需要回答的首要问题。

2.1.1　体验的内涵

在很多场合下，人们都会用到“体验”一词，其英文表达为Experience，具有动词和名词两种词性。就名词来说，“体验”代表人类世界从以往的实践经历中关于知识和阅历的积累状态；就动词来说，“体验”表示人们正在进行的直接观察、认识和感觉等活动。而对于“体验”的解释，哲学家、心理学家和营销学者们都做出了各自的探讨和贡献。

首先，“体验”是哲学领域一个十分重要的概念，哲学家们的努力为人们理解“体验”一词做出了重要的贡献。例如，Kierkegaard认为体验就是人类的某种情绪，主要是指负面的情绪，比如焦虑和失望等（William，2014）。更重要的是，Kierkegaard强调体验是主观的。因为体验是个人对其所处外界客观世界的独特联系。体验的主观性还包括个人能够意识其过去、现在和未来的存在状态。在Kierkegaard的思想里，主观体验和客观外部世界具有同等重要的地位，二者都是真实存在的。另外，Husserl（1931）和Brentano（1874，1973）则认为，体验是或是关于某物的——体验具有明确的指向性。体验不会凭空产生，是被外界事物所“勾引”出来的，是一种比较私隐的感受。Deway（1925）认为，人类的知识（如分类、分析和归纳等）只是体验的一部分，而感官感知、感觉和行动等也都是人们的体验。杨道宁（2012）认为，体验是生命存在的方式，具有实践性和时间性的特点。

其次，“体验”也是心理学领域一个十分重要的概念。James（1912）认为，纯粹的体验由感觉（Feeling）和感动（Sensation）所构成，是个人以前的经历与所见场景的碰撞结果。Maslow（1964）认为，体验是瞬间被激发出来的主观感受，在其被激发的瞬间具有压倒性地位。这种主观感受可能是转瞬即逝的极度幸福感，令人欣喜至极或陶醉其中。在马斯洛看来，这种感觉就是一种巅峰体验（Peak - experience）。乔建中（2003）认为，体验是一种情绪的主观感受，是外界事物对大脑皮层的几次结果，是一种带有独特享乐性质的心理活动；孟昭兰（2005）也认为，体验是一种与情绪相关的心理活动，反映了人与其所处环境的状态和关系，能够驱使人们进行各种活动。

最后，体验也是营销学研究的主题之一。Hoch（2002）认为，体验就是观察和感受外界的方式，并由此而积累起来的知识和技能。体验具有无形性、生动性和不确定性等特点。对消费者来说，体验是富有魅力的，能够诱使消费者学习和掌握更多的产品知识。Schmitt（2011）认为，体验是消费者此时此地对产品、品牌以及其所进行的消费活动所产生的感知、感觉和想法等。在这里，Schmitt 特别强调人体感官系统（如视觉、听觉、触觉、嗅觉和味觉等）的感知作用。在营销学中，消费者的体验具有学习（Schlosser，2006；Lakshmanan & Krishnan，2011）和价值（Lemke，Clark & Wilson2011；Holbroock，Chestnut，Oliva & Greenleaf，1984）两个方面的作用。

在本书中，体验是指消费者利用感官系统对产品和品牌进行属性认知和整体评价的过程及结果。

2.1.2 审美体验的内涵

在营销学文献中，学者们很少直接界定消费者审美体验的概念。在这一问题上，学者们可能已经在最基础的字义层面上达成了共识。一般地，审美体验就是指产品对消费者的感官刺激（Lee，Andrade & Palmer，2013）。但是，针对研究问题和情境的不同，消费者感官刺激的范围有广义与狭义之分。在广义角度，感官刺激包括消费产品对人体所有感觉器官的作用（Lee，Andrade & Palmer，2013）；而在狭义角度，感官刺激只包括对人体视觉器官的作用（如材质、匀称性、颜色、纹饰、大小、反光度等）（Bloch，Brunel & Arnold，2003）。李咏吟（2011）认为，从主体性到主体间性理论的发展，是人们对价值交流与价值沟通普遍要求的必然结果。从现象学意义上说，主体间的交流是以体验为基础的，审美价值体验的共同感，源自生命共同体或文化共同体对普世价值的基本追求，在审美活动中，自由、平等与正义等普世价值原则，往往通过形象传达获得了审美共通感。

虽然学者们就审美体验的概念已经达成了共识，但是消费者审美体验的内涵却引起了学者们的强烈兴趣，这其中尤以 Hirschman（1983）的研究值得关注。Hirschman（1983）深入研究了消费者对艺术品的审美体验内涵。Hirschman 认为，工业生产的目的是满足市场上消费者的需求（价值需要、欲望和期望等），而艺术品则是艺术家的一种自我表达的方式而已——表达他们对美、情绪和其他形式美的主观感受。Hirschman 总结了艺术品的审美体验具有五个方面的内涵：抽象性（abstraction）、主观性（subjectivity）、非实用性（nonutilitarian）、独特性（uniqueness）以及整体性（holistic）。第一，艺术品的审美体验不在于其本身，而是消费者被艺术品所激发和唤起的某种情绪状态，这种情绪状态具有抽象性。第二，审美体验是消费者的一种主观体验——不同消费者对于同一件艺术品的审美体验是不一样的。第三，审美体验只是人们的一种主观体验而已，不是一种实用性价值。第四，任何艺术家不可能创造出完全相同的作品，作品具有独特性。这一属性也成为评价艺术家贡献的核心标准。第五，整体性是指审美体验是消费者对艺术品的整体评价，而不是整体的任何部分。

王苏君（2005）认为，审美体验具有四个方面的特征：情感性、直觉性、整体性和创造性。首先，审美活动离不开情感的参与。审美活动过程中产生的美感体验本身就是一种情感类型。可以说，情感是审美心理活动中最活跃的因素。体验在本质上是情感性的，只有在情感中才能有体验。审美体验发源于人类的情感机制，它是人类各种情感形式交汇的核心，也是人类情感体验的最高层次。其次，审美直觉是指审美主体对审美客体外在审美性质的感觉、知觉、表象以及在原先积淀的理智、情感作用下的审美感受，是包括直接的感知、情感和意志活动在内的一种特殊的审美心理现象。审美直觉不依赖概念和逻辑的抽象形式，也不依赖概念和逻辑的间接性，不涉及事物间的关系和概念，只专注于事物本身的形象上。再次，从哲学上说，整体性是指认识主体是作为一个整体而进入认识过程的。审美体验的整体性包含两层含义：①在客体方面，审美主体对审美客体不做分解地从关系和联系中进行体味。②在主体方面，审美主体以知、意、情等统一的主体心灵投入感知和体验。最后，审美体验作为人的一种自由的精神活动，不仅仅是一种静观，也是一种能动的创造性行为。审美体验的创造性主要表现在建构作用、解释功能和感知功能等方面。

根据学者们的研究，审美体验的物质基础是客观物体（艺术品），而审美体验的关键在于消费者以某种价值标准对客观物体进行的审美体验。因此，本书在下一节重点归纳和总结个人审美体验模型。

2.2　审美体验的理论模型研究

审美体验的过程模型主要关注如何将视觉信息转换成个体的审美体验。在这其中，学者们重点研究了个体对艺术品的审美体验过程。比如，Leder，Belke 和 Oeberst 等（2004）以及 Shimamura（2011）研究了个体审美体验的信息处理过程；Chatterjee（2004）、Höfel 和 Jacobsen（2007）则重点考察了个体审美体验的神经机制。除此之外，在营销学领域，学者们也研究了消费者如何处理、评价产品的视觉元素，并以此做出购买或消费决策的过程（Bloch，1995）。尽管营销学者们的研究并没有围绕消费者审美体验展开，但是他们的研究成果对学者们在营销领域展开消费品审美体验的研究具有较好的借鉴和启发意义。

2.2.1 审美体验的信息处理模型

(1) 艺术品审美体验的五阶段模型。

Leder，Belke 和 Oeberst 等（2004）重点讨论了人们如何进行艺术品审美。Leder 等将艺术品审美过程划分为五个阶段：知觉分析、内隐记忆整合、外显分类、解释实现以及评价等（如图 2－1 所示）。Leder 等的模型特别强调，人们进行艺术品审美的先决条件：内在的审美动力和审美能力。当身处于博物馆、画廊等美学情境之时，人们就会产生一种内在的审美动力，鼓励其积极进行有关的审美体验活动；而审美能力是指审美活动要求审美主体必须具备一定的审美技能、知识等。另外，审美体验是人们的某种情绪感受，因此在开始审美体验之前，人们的情感状态也是影响审美体验的重要因素。

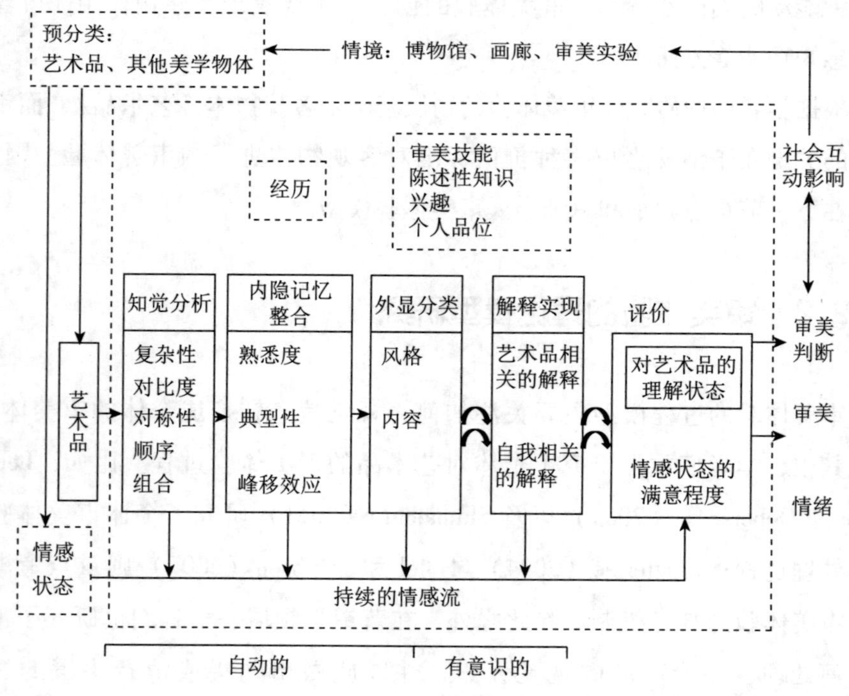

图 2－1 艺术品审美体验模型

资料来源：Leder，Belke 和 Oeberst 等（2004）。

第一阶段，人们需要对艺术品进行知觉分析。艺术品的视觉元素作用于人们的视觉系统，以此影响人们审美体验，譬如复杂性、对比度、对称性、顺序和组合等特点。视觉分析就是艺术品审美体验的视觉信息输入和初步处理阶段。

第二阶段，人们开始对视觉输入信息进行内隐记忆整合。在这一阶段，根据以往的审美经验，审美主体对视觉输入信息进行整合，这是一个无意识的过程。在这一阶段，三个重要因素将影响人们的审美体验：熟悉度、典型性和峰移效应。值得一提的是，前两个阶段是自动的过程。也即，在面对艺术品之时，知觉分析和内隐记忆整合是两个自发的过程，不需要特别的技能和知识。

第三个阶段是外显分类。与前两个阶段不同，外显分类是审美主体有意识的思维活动。艺术品的内容和风格是外显分类的结果。在这一阶段，审美主体的审美知识和技能发挥着关键性的作用。首先，当缺乏相应的审美知识和技能时，人们只能“就事论事”，比如，某幅画构造了什么风景。但是随着审美知识和技能的增长，除艺术品本身之外，艺术品的历史和艺术家的故事都可以成为审美体验的内容，这就大大扩展了审美体验的对象。其次，艺术品的风格也是影响人们审美体验的重要因素。随着审美知识和技能的增长，审美主体能够对艺术品的风格特点做出最基本的判断，并根据某类风格特点对艺术品进行更深层次的审美活动。可见，审美主体对艺术品的内容和风格都有赖于自身的审美知识和技能。

第四个阶段是对艺术品的解释实现。在面对艺术品时，人们将如何获得审美体验当成一个继续解决的认知难题。解释实现就是在审美知识和技能的帮助下，人们成功地实现对艺术品风格和内容的认知和解释。对艺术品的解释实现又包括两种不同的类型：自下而上与艺术品相关的解释和自上而下与自我相关的解释。自下而上与艺术品相关的解释是指以艺术品的视觉信息为中心，审美主体对艺术品进行的认知和解释；而自上而下与自我相关的解释是指以人们的主观状态为中心，审美主体对自身进行的某种认知和解释。两种解释实现的根本区别在于被解释的对象不同，但都要求人们具有相关审美知识和技能。

第五个阶段是评价艺术品。审美主体对艺术品的评价依赖于两方面的因素：对艺术品的理解状态和情感状态的满意程度。首先，对艺术品的理解状态是指审美主体对艺术品的内容、风格以及其他相关故事等方面的认知程度，是前面四个审美阶段的结果。其次，对艺术品的理解状态决定了审美主体的情感满意程度。对艺术品的理解状态越明确透彻，审美主体的情感满意程度就会越高。

模型的输出结果有两个：审美判断和审美情绪。审美情绪就是审美主体对整个审美过程的主观成功判断，通常表现为（不）愉悦；而审美判断就是对艺术品美观程度的基本判断，受到审美情绪的影响。在这个模型中，Leder等提到了审美主体的兴趣和品位偏好、社会互动等因素对审美结果的影响，但并没有深入讨论。此外，Leder 等认为，此模型具有一定的普遍解释力，即能够解释审美主体对艺术品之外美学物体的审美体验过程。

（2）艺术品审美体验的 I－SKE 模型。

Shimamura（2011）的模型强调了艺术品的创造与鉴赏的互动过程（如图 2－2 所示）。首先，艺术品是艺术家进行思想或主题表达的外显形式。在创造意图的指导下，艺术家遵循艺术创造的规律和原则，充分发挥自己的创造力进行艺术创造。其次，艺术品的欣赏者就是对艺术家创造意图进行解读。通过人体的知觉系统，欣赏者获得艺术品的视觉特点。之后，欣赏者运用自己的审美知识对艺术品进行解读，并在此基础上形成对艺术品的主观认知——情绪。Shimamura（2011）特别强调了知识在审美过程中的作用。与以往被动地对艺术品的欣赏的研究观点不同，Shimamura 认为，欣赏者需要发挥自己的主观能动性来解读艺术品。欣赏者需要积极运用自己的审美知识和技能进行审美体验。

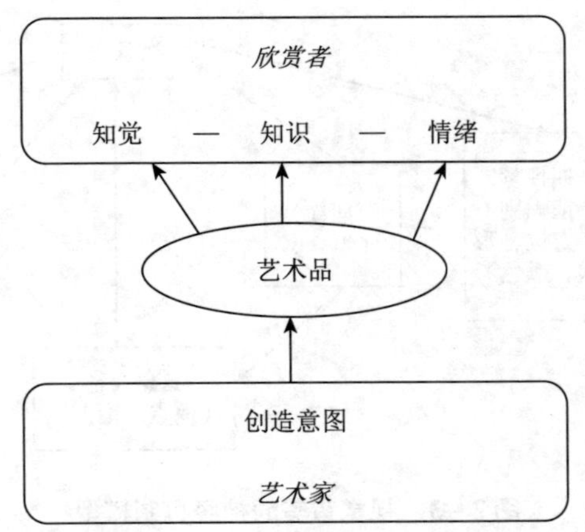

图 2－2　艺术审美体验的 I－SKE 模型

资料来源：Shimamura（2011），pp：24。

2.2.2　审美体验的神经机制模型

（1）视觉审美的神经认知模型。

视觉审美是一个复杂的过程。对审美神经机制的研究有利于加深人们对这一过程的理解。Chatterjee（2004）研究了审美体验的神经机制（如图 2－3 所示）。Chatterjee 研究认为，个体审美体验过程包括三个认知阶段：早期视觉、中期视觉和晚期加工。在早期视觉阶段，审美主体获取来自审美环境中的视觉元素，比如亮度、颜色、形状和方位等视觉信息。不同的视觉信息可能涉及大脑的不同部位。紧接着，审美主体对这些视觉信息进行中期加工。在这一阶段，审美主体分离和组合艺术品的视觉元素，以形成艺术品的心理表征特点。中期视觉加工是一个自动的过程。在最后一阶段，审美主体需要详细考察艺术品的各个心理表征元素，并与自己的某些记忆和情绪联系起来。在这之后，审美主体对艺术品做出相应的情绪反应，并据此做出选择决策。

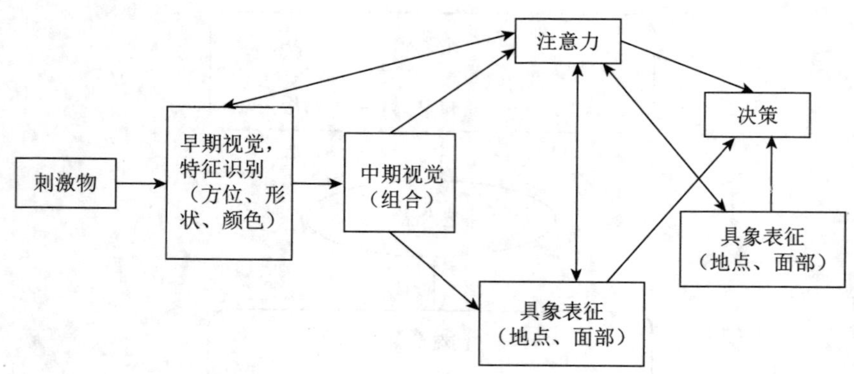

图 2-3　视觉审美的神经机制模型

资料来源：Chatterjee（2004）。

（2）审美体验的三阶段模型。

Höfel 和 Jacobsen（2007）提出的审美体验三阶段模型十分类似于计算机的信息处理过程：接受信息、处理信息以及输出信息（如图 2-4 所示）。而前两个阶段被称为审美欣赏。在接受信息阶段，审美主体主要依靠各类感官器官（如视觉、听觉等）接受审美对象的各类信息。审美体验活动又可以分成不同的类型，比如，审美分心和审美沉思。审美分心是指在审美对象极端美或丑的情况下，审美主体付出超过一般水平的注意力；而审美沉思则是指审美主体对审美对象进行主观的审美评价，不涉及审美评价结果的外显过程。

第二阶段是处理信息。在这一阶段，审美主体对各类审美信息进行系统的处理（如评价性分类），并做出审美判断（如美、和谐、高雅等）。

第三阶段就是审美判断的外显过程。这些外显反应包括舞蹈、唱歌、绘画等。Höfel 和 Jacobsen（2007）认为，第三阶段不属于审美体验的过程，但是属于审美加工过程的一部分。与 Chatterjee（2004）的研究相比，Höfel 和 Jacobsen（2007）只是大致指出了审美体验过程的两大模块，并没有深入讨论各模块的细节。

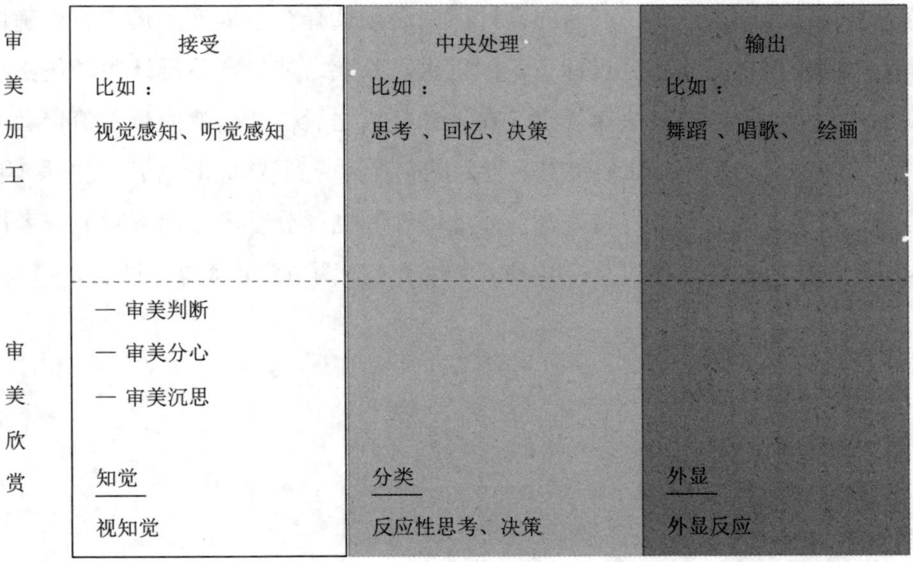

	接受	中央处理	输出
审美加工	比如： 视觉感知、听觉感知	比如： 思考、回忆、决策	比如： 舞蹈、唱歌、绘画
审美欣赏	— 审美判断 — 审美分心 — 审美沉思 知觉 视知觉	分类 反应性思考、决策	外显 外显反应

图 2－4　审美体验的三阶段模型

资料来源：Höfel 和 Jacobsen（2007），稍有改动。

2.2.3　消费者对产品形态特征的反应模型

“耳听为虚，眼见为实。”视觉是人类最重要的信息输入器官。一直以来，营销学者们都在关注产品的视觉信息如何影响消费者的选择购买决策。本节将总结和归纳营销文献中的消费者视觉信息处理模型。尽管 Bloch（1995）的研究没有直接考察消费者的审美体验，但是消费者视觉信息处理模型仍然对学者们在营销领域展开消费品审美体验的研究具有较好的借鉴和启发意义。

产品是四大营销组合策略之一，而最重要的产品特征就是产品的形态特征。产品形态是指产品设计人员用来表达产品视觉效果的组成元素。产品形态是吸引消费者注意力的重要工具，能够向消费者传递重要的产品信息，甚至还深深地影响了人们的居家环境。因此，消费者如何处理产品形态信息是消费者行为的重要研究领域之一。Bloch（1995）发展了一个综合理论模型（如图 2－5 所示），以帮助人们更好地理解产品形态的影响作用。

产品设计目标和限制条件决定了产品形态。在考虑产品的使用功能和目标市场特征等因素之后，产品的设计团队必须选择合适的产品形态，以确保实现产品使用功能和满足目标市场的需求。除此之外，产品设计团队还必须满足政府的监管要求和法律规定。在设计完成之后，产品就能激发消费者不同的认知和情感反应。而消费者的行为反应直接受到认知和情感反应的影响。另外，消费者的个人品位和偏好、环境因素等也调节着产品形态对消费者反应的影响作用。在此基础上，Bloch（1995）提出了14个命题（见表2－1）。

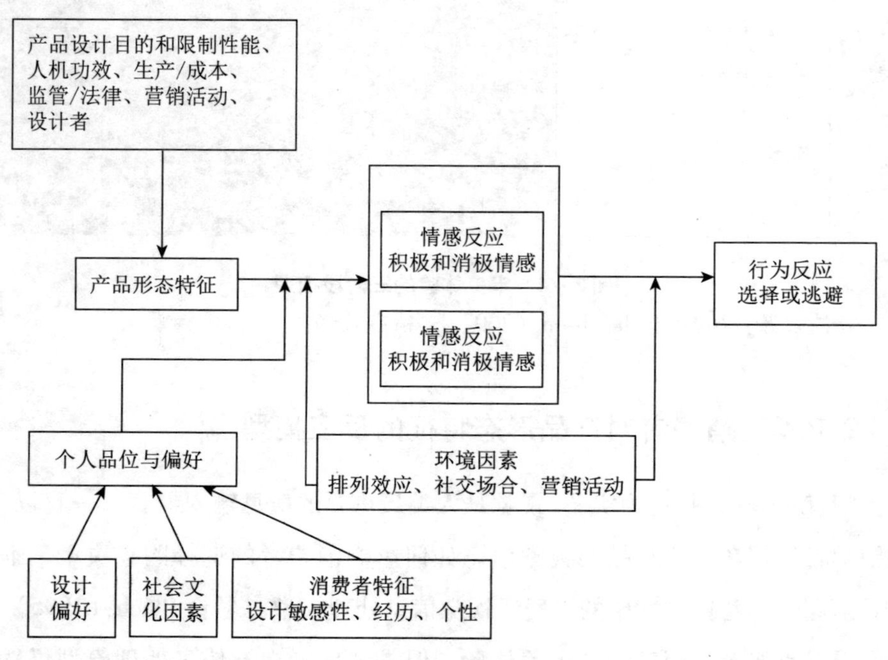

图2－5　消费者对产品形态特征的反应模型

资料来源：Bloch（1995）。

本小节总结和归纳了审美体验的理论模型。审美体验是一种重要的消费者价值，是营销学研究的重要主题之一。审美体验是产品对消费者的感官系统进行刺激的结果，但影响消费者审美体验的因素并不局限于产品形态的因素。另外，审美体验会显著地影响消费者的产品评价、选择和购买行为。接下来，本书将归纳、梳理学者们关于审美体验影响因素和效应的实证研究发现。

表 2－1　消费者对产品形态特征反应的 14 个命题

序号	命题内容
P1	产品形态取决于具体的设计目的和限制条件。当产品的设计目的和限制条件增加之后，产品的设计任务也就变得复杂起来
P2	产品形态能够影响消费者对产品属性和功能的判断
P3	产品形态能够影响消费者对产品的分类
P4	与现有产品形态存在较低或较高的不协调程度相比，中等程度不协调设计能够激起消费者更为积极的认知反应
P5	情感反应的强度和积极程度取决于消费者对产品形态的感知状态
P6	对产品形态的心理反应越积极（消极），消费者就越（不）喜爱该产品
P7	产品形态和个人偏好之间的美观匹配度调节了产品形态对心理反应的影响作用
P8	个人的品位和偏好受到先天设计偏好、社会文化因素、对产品设计的敏感程度、经历和个性的影响作用
P9	产品形态和其他陈列商品的美观匹配度调节了产品形态对心理反应的影响作用
P10	产品形态和其他陈列商品的美观匹配度调节了心理反应对行为反应的影响作用
P11	环境因素调节了产品形态对心理反应的影响作用
P12	环境因素调节了心理反应对行为反应的影响作用
P13	营销活动调节了产品形态对心理反应的影响作用
P14	营销活动调节了心理反应对行为反应的影响作用

资料来源：整理自 Bloch（1995）的研究。

2.3　审美体验在消费过程中的重要影响

毫无疑问，产品的审美体验已经成为企业重要的竞争策略（Smith，1994），为企业提供了差异化的机会（Veryzer，1995；Ravasi & Stigliani，2012）。产品的外观审美体验已经成为企业影响消费者购买行为的重要工具（何佩云、邓德胜、王建军，2014；Bloch，1995）。为了更深刻地认识审美体验的重要意义，本书有必要系统地整理和归纳学者们关于审美体验对消费者行为的影响研究。

2.3.1 产品评价

差异化是企业获取竞争优势的重要途径，而产品的审美属性是企业实施产品差异化战略的重要手段之一（Luchs & Swan，2011；Creusen & Schoormans，2005）。研究表明，产品的审美属性是产品的非实用性（非功能性）属性，却能够显著地影响消费者对产品特征、功能用途、整体印象和喜爱程度的评价。

（1）产品特征的认知。

消费者的产品审美体验能够显著地影响消费者对产品特征的判断和认知。例如，Kreuzbauer 和 Malter（2005）的研究发现，企业可以使用产品外观的渐进式变化来支持企业产品线扩张战略。具体地，企业的设计部门可以利用渐进方式改变企业的产品外观，以此改变消费者对产品用途和品牌类别的认识。Sonderegger 和 Sauer（2010）的研究发现，相比于外形美观程度较低的情况，消费者认为更具美观性的手机具有更高的可用性和更好的产品性能表现，并能显著地减少消费者完成产品评价的时间。Hagtvedt 和 Patrick（2014）则认为，在产品的感知功能较低时，产品外观只能对消费者进行产品功能判断的影响作用产生较微弱的作用。特别是对于功能性产品来说，产品外观不再显著地影响消费者的产品功能判断。

与文字信息相比，消费者更依赖产品的审美特征来判断产品的特征。例如，Hoegg，Alba 和 Dahl（2010）的研究发现，当产品的文字信息与审美属性信息相冲突时，消费者更信任产品的审美属性信息。具体地，如果产品的外观具有吸引力，消费者将忽略产品的文字信息，并认为产品具备较好的功能表现；然而，当产品的外观吸引力较低时，消费者对产品的功能评价较低，即使产品文字信息表明产品具有较好的性能表现。Hoegg 和 Alba（2011）重复了 Hoegg，Alba 和 Dahl（2010）的研究，还研究了消费者注意力对结论的调节作用。他们发现，当消费者对产品的特定属性拥有较高的注意力之时，产品外观形态不再显著地影响消费者对产品功能表现的判断。

视觉刺激还能影响消费者对食物特征的判断。例如，Garber Jr，Hyatt 和

Starr Jr（2000）发现，食物的颜色主导了消费者对食物气味的判断，进而影响了消费者的偏好和选择行为。与其他感官刺激相比，视觉刺激在影响消费者的产品特征认知方面更具主导性。比如，Hoegg 和 Alba（2007）发现，在进行产品味道判断时，与产品的气味相比，产品的颜色有更高的诊断能力。也就是，消费者更依赖于产品颜色来判断产品味道。Garber Jr，Hyatt 和 Starr Jr（2000）也发现，在食物颜色的影响下，食物味道标签对消费者的影响作用将变得不再显著。朱国玮和吴雅丽（2015）探索网络购物环境下，模特视觉因素（面部表情、性别、体型）对服装触觉感知（保暖度、质地、软硬度和弹性）的影响。

（2）产品的整体印象。

研究表明，产品的视觉审美元素也能够显著地影响消费者对产品的评价和喜爱程度。Schoormans 和 Robben（1997）的研究发现，产品的外观形态设计能够显著地影响消费者的注意力和产品评价。具体地，当产品外观设计越具有新颖性之时，该产品就越能引起消费者的注意。然而，产品外观的新颖性和产品评价之间呈现"∩形"的关系。随着外观新颖性的提升，消费者对产品的评价也越高；但是在新颖性达到一定程度之后，消费者的产品评价就开始下降了。以汽车和移动电话为产品类别，Landwehr，McGill 和 Herrmann（2011）研究了拟人化设计如何影响消费者的产品喜爱程度。他们发现，产品的拟人化设计能够显著地激发消费者的情感反应，从而提升消费者对产品的喜爱程度。相比于黑色，人类更喜欢白色，并且这种偏爱是无意识的。Kareklas，Brunel 和 Coulter（2014）研究了人类对颜色的无意识偏爱是否影响人们对产品的喜爱程度。以消费者产品和广告为研究背景，他们发现人类对产品的喜爱程度受到了对颜色无意识偏爱的影响，进而能够增加消费者选择白色产品的可能性。

Underwood 和 Klein（2002）研究发现，相比于没有图片的包装，有图片的包装能够显著地提升消费者对产品和品牌的评价。这是因为消费者将包装上的图片作为线索来推断产品质量和品牌形象。Hagtvedt 和 Patrick（2008）认为，在产品外观设计中，艺术图片的使用具有显著的外溢效应。具体地，产品外观的艺术图片能够增强消费者的奢侈感知，从而提升消费者的产品评价。Rindova 和 Petkova（2007）的研究发现，产品的审美元素也能够显著地影响消费者对创新产品的价值感知。当企业对产品进行价值性创新时，产品外观的审美程度能够正向地增加消费者了解和学习产品知识的动机和行为，从而增加了对产品创新的价值感知。视觉元素对产品评价的影响也受到某些变量的调节作用。Honea 和 Horsky（2011）的研究发现，产品的实际质量能够调节图片对产品质量感知的影响。具体地，对高质量产品来说，审美图片对消费者的产品质量感知具有积极的影响作用；而对低质量产品来说，审美图片负向地影响了消费者的产品质量感知。Pandelaere，Millet 和 Van den Bergh（2010）研究了审美元素暴露顺序对消费者喜爱程度的影响作用。他们发现，相比于第二顺序的图片，消费者更喜欢第一顺序见到的图片。在利用音乐作为刺激物的实验中，三位作者得出了相同的结论。这是因为第一顺序的刺激物能够显著地提升消费者感知原型性，从而提升了消费者的喜爱程度。

蒋玉石（2012）考察被试对网络广告版式中 Logo 要素最佳视觉搜索规律。结果表明，当图片要素固定在广告中央时，建议将 Logo 要素优先放在与图片要素平行的中间位置（右中、左中）以及左上位置；尽量避免将 Logo 要素放在图片要素的底部位置，尤其是左下方位置。设计人员应该根据 Logo 要素视觉搜索效应，结合实际营销目的确定最佳网络广告版式。在这之后，蒋玉石、范婷、阳爽（2014）考察背景图案以及酒瓶位置如何影响人们对川酒广告注意的内在机理。结果表明，当酒瓶位于平面广告的左下角时，被试对酒瓶兴趣区的注视时间和次数都是最低的，并且无论以哪种图案为背景；当酒瓶位于酒瓶平面广告的上部分（左上角和右上角）时，酒瓶兴趣区往往能够获得更多关注。当以风景图案为背景时，被试对酒瓶兴趣区的注视时间和次数都最多，人物背景居中，文字背景最差；酒瓶位置对于背景兴趣区的注视次数没有显著影响，并且相较于风景和人物背景而言，人们对描述川酒产品的文字背景关注时间更长，注视次数更多。范钧、沈东强和林帆（2014）研究了网店商品图片的完整性和图片来源对顾客购买意愿的影响，并考察了产品类型的调节效应。结果表明，不完整的网店商品图片会显著降低顾客购买意愿，且其对体验型产品的负面影响大于搜索型产品；网店同时使用“企业发布图片”和“顾客分享图片”会显著提高顾客购买意愿，且其对体验型产品的正面影响大于搜索型产品；无论是体验型还是搜索型产品，网店单一使用“企业发布图片”或“顾客分享图片”对顾客购买意愿的影响均无显著差异。

2.3.2　品牌评价

品牌是市场营销学的核心领域之一。研究表明，审美体验是影响消费者品牌评价的重要手段之一。Underwood（2003）发现，通过影响消费者的感知利益（体验的、功能的和象征的），产品包装可以显著地影响消费者的品牌身份认知。Van Rompay 和 Pruyn（2011）研究了产品的形状和包装字体的匹配度对品牌认知的影响作用。具体地，产品形状和包装字体表达的象征意义一致时，消费者对品牌的信誉、美观和价值感知都较高。在这其中，消费者信息处理的流畅性起着显著的中介作用。

Orth 和 Malkewitz（2008）深入研究了产品包装特征对消费者品牌评价的影响作用。他们认为，产品包装的三个重要特征影响了消费者的品牌评价：自然性（较少人工痕迹）、协调性（平衡和对称）和延展性（复杂性和活跃性）。他们还将五种典型的包装风格与典型的品牌形象进行了匹配。五种典型的包装风格包括厚重型、对比型、自然型、雅致型和普通型。这些典型的包装风格分别适合的品牌形象是真诚的、令人激动的、有能力的、圆滑世故的和粗犷的形象。

Hagtvedt 和 Patrick（2008）的研究发现，艺术图片能够显著地提升消费者对品牌延伸的评价。在这其中，品牌形象和感知匹配度起着显著的中介作用。这是因为艺术图片的存在能够显著地提升消费者对品牌的奢侈感知和灵活性认知，进而提升了消费者的品牌形象和感知匹配度认知。Lee，Chen 和 Wang（2014）发现，艺术图片能够提升消费者对奢侈品牌的声望价值感知（显眼性价值感知、独特性价值感知、质量价值感知和享乐价值感知）。

Labrecque 和 Milne（2012）研究了颜色与品牌个性之间的关系。他们发现，白色、黄色和粉色能够显著地提升消费者对品牌的真诚性感知；而橙色、黄色和红色能够显著地提升消费者对品牌的刺激性感知；蓝色和棕色能够显著地提升消费者对品牌的能力感知；黑色、紫色和粉色能够显著地提升消费者对品牌的世故圆滑感知；棕色和绿色能显著地提升消费者对品牌的韧性感知。Cian，Krishna 和 Elder（2014）发现，品牌标识的动态化设计能够提升消费者认识品牌标识的涉入度，从而提升消费者对品牌的评价和态度。进一步地，Cian，Krishna 和 Elder（2015）的研究发现，与静态化的交通标识相比，动态化的交通标识设计也能够显著地提升驾驶员的物体移动感知，这能够显著地增加驾驶员的风险感知，达到提升安全驾驶意识。

2.3.3 情绪反应

Underwood，Klein 和 Burke（2001）认为，相比于没有图片的产品包装，产品包装上的图片能够吸引消费者的注意力。这种影响关系受到品牌熟悉度和图片体验利益的调节作用。并且，产品包装的美学元素还能够显著地提升消费者的情感涉入度，增加消费者浏览商品的时间；从神经学的角度来看，产品包装的图片能够显著地提升被试大脑皮层中阿肯伯氏核和腹内侧前额叶皮质的活跃度（Reimann，Zaichkowsky，Neuhaus，Bender & Weber，2010）。零售环境的视觉元素也能显著地吸引消费者的注意力，延长消费者闲逛的时间，增加消费者发现目标商品的可能性（Otterbring，Wästlund，Gustafsson & Shams，2014）。

Townsend 和 Kahn（2014）认为，相比于文字信息的商品陈列，消费者更喜欢图片信息的商品陈列。这是因为，用图片展示的商品陈列能够提升消费者的商品多样性感知，这是消费者在浏览商品陈列之时希望获得的信息。但是，由于多样性感知的提升，消费者感觉选择将变得复杂起来，甚至可能出现选择过载的情况、Miller 和 Kahn（2005）研究了文字信息对消费者颜色和气味认知的影响作用。他们发现，消费者更喜欢不太常见的颜色或气味名字。因为消费者认为这种不太常见的名称可能在向他们传递某种产品信息；如果不太常见的名称没有传递有用的信息，消费者就会试图寻找这种奇怪名称的存在理由。这个过程能够增加消费者对目标产品的喜爱程度。

Cyr，Head 和 Ivanov（2006）的研究发现，手机网站的审美元素设计能够提升用户对网站的有用性、易用性和娱乐功能的感知，进而提高用户的网站忠诚度。在零售网的建设中，网页界面的改变能够激发消费者较高的唤起状态，进而引发消费者较高的愉悦度（Ainsworth & Ballantine，2014）。钟科、王海忠和杨晨（2014）研究了在服务失败的情境下，与事件无关的触觉体验对顾客态度的影响作用，研究表明，与硬触觉体验相比，软触觉体验让消费者对服务失败事件有更加容忍的态度；消费者的内隐人格观倾向对这一影响起到了中介作用，即软触觉体验让消费者更倾向于"渐变论"，硬触觉的消费者则更倾向于"实体论"，而消费者内隐人格观倾向影响了消费者对服务失败的态度。钟科和王海忠（2015）提出了品牌拉伸效应——长条形的品牌标识形状（相对于正方形）会使消费者认为产品能够使用的时间更长，即品牌标识形状的长宽比能够拉长消费者对产品时间属性（如电池的使用时间）的评估。

2.3.4　消费数量

研究表明，产品的视觉元素显著地影响消费者的消费量。例如，Raghubir 和 Krishna（1999）认为，消费者主要依靠产品的高度来判断物体的体积。通过实验研究，他们发现，在相同体积的情况下，消费者将认为较高的产品拥有更大的体积。但是，当消费者依靠触觉进行产品体积判断时，产品的宽度将成为决定产品体积感知的关键因素（Krishna，2006）。也就是说，当触觉成为产品体积判断的途径时，相比于高细的产品，矮粗的产品将被认为拥有更大的体积。

Raghubir 和 Greenleaf（2006）认为，产品包装的高宽比能影响消费者的购买意愿。具体地，相较于高宽比较大的包装，消费者更愿意购买高宽比较小的产品。Madzharov 和 Block（2010）发现，包装袋上展示的产品数量能够影响消费者对产品容量的感知和实际的消费量。具体地，相比于包装袋上展示较少产品的情况，展示较多产品的包装袋能够提升消费者对产品容量的感知和实际的消费数量。Nenkov 和 Scott（2014）发现，产品的可爱程度诱发了消费者的纵欲消费行为。相比于婴儿式的可爱产品，异想天开式的可爱产品能够增加消费者的消费数量。这是因为，异想天开式的可爱产品能激发消费者寻找乐趣，因而促使消费者通过增加消费量来进行自我奖励；而婴儿式的可爱产品能激发消费者易受伤害和需要悉心照顾的感觉，因而促使消费者减少使用产品的次数。

2.3.5 其他方面

（1）价格感知。

Babin，Hardesty 和 Suter（2003）研究了零售环境的颜色与灯光对消费者价格预期的影响。他们发现，相比于橙色，蓝色的环境能够提升消费者对零售环境的整体评价和较高的购买意愿。但是，在柔软的灯光和橙色环境中，消费者的价格公平感较高。Orth，Campana 和 Malkewitz（2010）研究了产品包装对价格预期的影响作用。他们发现，产品包装是消费者价格预期的重要线索之一，质量判断和吸引力感知在其中起着显著的中介作用。并且，相较于低审美需要的被试，高审美需要的被试更依赖产品包装的价格线索作用。

（2）自我评价。

产品具有强烈的社会象征意义，是人们展示身份、地位和自我品位的重要标志（Solomon，1983）。因此，人们对自己所用产品的主观感受影响了其对自我的评价。Townsend 和 Sood（2012）认为，通过消费高美观程度的产品，消费者能够加强对自我价值的肯定。譬如，在选择一件审美体验较高的产品之后，被试对反对其观点的争论保持了较高的开放程度，并提高了其努力完成可能失败任务的承诺。De Bock，Pandelaere 和 Van Kenhove（2013）发现，环境的审美元素能显著地改变人们的道德准则。他们发现，红色背景能够显著地提升被试对非道德行为的接受程度。Venkatesh，Joy，Sherry Jr 和 Deschenes（2010）认为，女性服装的美观程度能够显著地影响其对自己外貌的态度和评价。

（3）金融行为。

研究表明，审美体验还能影响以理性计算为显著特征的金融决策行为。Townsend 和 Shu（2010）发现，被试将公司年报的美观程度与公司股票的价值联系了起来。年报美观程度越高的公司，被试认为其股票价值越高。另外，当审美价值是该公司涉及产品的价值元素时，年报审美程度对股票估价的影响作用将消失；当审美价值不是该公司涉及产品的价值元素时，年报审美程度对股票估价的影响作用依然显著。Fisher 和 Ma（2014）发现，被捐助对象的吸引力大小能够影响人们的捐款数量。相比于较有吸引力的捐助对象，人们愿意给外貌吸引力较小的捐助对象捐助更多的钱款。这是因为捐助对象的吸引力大小影响了人们对其需要帮助程度的感知。Bagchi 和 Cheema（2013）认为，环境的颜色能够影响被试的谈判和拍卖行为。相比于蓝色背景，红色背景显著地降低了消费者在谈判中的提价幅度，增加了在拍卖过程中的提价幅度。这是因为红色激发了被试的攻击性。

2.4 影响审美体验的重要因素

根据消费者对产品形态特征的反应模型，产品因素、消费者的个体因素和环境因素是三个影响消费者心理和行为反应的因素。目前，在实证研究中，影响审美体验的环境因素较少能引起学者们的关注。在本节中，本书将从产品因素和消费者的个体因素两个方面归纳、梳理与消费者审美体验相关的研究。

2.4.1 产品因素

图形元素（如点、线、面、颜色）和结构特征（如原型性、典型性、对称性等）都是影响产品审美体验的重要因素。学者们也就这些方面进行了大量的实证研究。

（1）颜色。

在日常生活中，任何物品都通过自身的颜色向人们传递着某种意思。颜色的变化能影响人们的愉悦度感知（Valdez & Mehrabian，1994）。研究表明，波长较长的颜色（如蓝色）更能够激发轻松的感觉，而波长较短的颜色（如红色）则更能激发紧张兴奋的感觉（Hardin，2000）。这一结论也得到了其他学者研究的支持。比如，Elliot，Maier，Moller，Friedman 和 Meinhardt（2007）检验了红色环境与任务绩效之间的关系。Elliot 等（2007）的研究表明，红色环境会降低被试完成特定任务（如 IQ 测试）的表现，主要原因是红色暗示了失败的可能，进而无意识地激发了被试的躲避动机。Elliot，Maier，Binser，Friedman 和 Pekrun（2009）则发现了成就需要对红色与躲避动机（行为）之间关系的调节作用。具体而言，在高成就感的情境下，相比绿色环境，红色环境显著地增加了被试的躲避行为倾向；但是在低成就感的情境下，绿色和红色环境对被试躲避行为的影响不存在显著的差异。

在营销广告研究中，颜色是影响消费者审美体验的重要因素。Meyers - Levy 和 Peracchio（1995）研究了平面印刷广告中颜色对消费者审美体验的影响作用。研究发现，颜色能够影响广告对消费者的说服效果，并且这种影响作用还受到消费者处理广告信息动机和能力的影响。具体地，在低处理动机的情况下，多颜色广告的说服效果优于黑白广告。当消费者处于高处理动机但处理能力不足的情况下，黑白广告和只在重要信息点使用颜色的广告对消费者的说服作用明显优于全部彩色和在非重要信息点使用彩色的广告。但是，当消费者处于高处理动机且拥有足够处理能力的情况下，全彩色和只在重要信息点使用颜色的广告对消费者的说服作用明显优于黑白广告和在非重要信息点使用彩色的广告。

与 Meyers - Levy 和 Peracchio（1995）的研究不同，Gorn，Chattopadhyay，Yi 和 Dahl（1997）探究了在平面印刷广告中颜色的基本要素维度（明度、纯度和色相）对消费者的影响效果。Gorn 等发现，颜色的变化能够激发被试兴奋或者放松的感觉，进而影响被试对广告和品牌的评价。首先，颜色的明度越高，被试对广告和品牌的评价越高，放松感而非兴奋感在这其中起着中介作用。其次，颜色的纯度越高，被试对广告和品牌的评价越高，兴奋感而非放松感在这其中起着中介作用。最后，颜色的色相（红色与蓝色）不能显著地影响被试对广告和品牌的评价。这是因为，红色能够激发被试的兴奋感，蓝色能够激发被试的放松感，而这两个变量（兴奋感和放松感）都能影响被试对广告和品牌的评价。不仅如此，Gorn 等的研究还发现，颜色影响广告和品牌评价的原因是颜色能够影响被试的感觉（兴奋感或放松感），而非被试对颜色的认知结果。进一步地，Gorn，Chattopadhyay，Sengupta 和 Tripathi（2004）研究了在网络环境下颜色对时间感知的影响。由于颜色对被试放松感的影响作用，颜色能够影响被试对网络下载时间长度的判断，进而能够影响被试对网站服务的评价和向他人推荐的意愿。

（2）典型性（新奇性）。

典型性（typicality）是指某件产品能够代表某品类商品特征的程度（Loken & Ward，1990；Veryzer & Hutchinson，1998）。一件具有较高典型性的产品能够较好地反映某类产品的特征，是该类产品的示范模型（Hekkert，Snelders & Wieringen，2003）。Barsalou（1985）认为与理想形式、大众流行形式和常见形式的相近程度决定了消费者对商品的典型性感知。在实证研究中，部分学者将典型性处理成“与典型产品的偏离程度”（Veryzer & Hutchinson，1998；Blijlevens，Carbon，Mugge & Schoormans，2012），而另一部分学者将典型性处理成“某产品是好例子的程度”（Barsalou，1985；Hekkert，Snelders & Wieringen，2003）。新奇性（novelty）与熟悉度相对（Tulving，Markowitsch，Craik，Habib & Houle，1996），是指与以往的经历相比，某件产品的图形元素和组织方式给消费者带来的新颖感知度（Fiore，2010）。Berlyne（1971）提出了两类新奇性：绝对新奇性和相对新奇性。绝对新奇性是指消费者从未接触过的全新产品，相对新奇性是指以一种新的形势组合消费者以前接触过的产品成分。

学者们对典型性和新奇性之间关系的认识尚存若干争议。多数学者认为，两个概念是相对的，是同一事物连续渐进变化的两端。总的来说，相较于典型性较低的产品，消费者对典型性较高的产品更具好感。比如，Veryzer 和 Hutchinson（1998）的研究表明，随着产品典型性的增加，消费者的审美体验呈线性递增的趋势，并且，伴随着审美体验的增加，消费者对产品的喜爱程度也越高。Hirschman（1980）认为，新产品的新奇程度越高，消费者就需要花费更高的努力程度来认知和理解该产品。而消费者选择新产品的可能性与其付出的努力程度成反比，也即，新产品的新奇程度越高，消费者越不可能选择该产品。与典型性与审美体验呈线性关系的结论有所区别，Berlyne（1974）认为，产品典型性和消费者审美评价之间呈“∩”形关系，也就是说，相比于较高和较低的典型性产品，消费者更青睐具有中等程度典型性的产品。这一结论也得到了其他学者研究的支持（Meyers - Levy & Tybout，1989；Hung & Chen，2012）。

但是，也有学者认为典型性和新奇性是两个不同的变量。Hekkert，Snelders 和 Wieringen（2003）分别测量了被试对刺激物的典型性和新奇性评价，并研究了二者对产品审美体验的联合影响作用。Hekkert 等发现，典型性和新奇性都影响着消费者的产品审美体验，但是，二者对审美体验的联合作用却不显著。也就是说，在典型性（新奇性）对审美体验的影响作用具有显著性的情况下，新奇性（典型性）对审美体验的作用就不再显著了。值得注意的是，在 Hekkert 等的研究中，典型性和新奇性之间具有较明显的负向相关关系。这可能是典型性和新奇性对审美体验的联合作用不显著的原因所在。

典型性对消费者审美体验和喜爱程度的积极效应受到了产品暴露次数的调节（Landwehr，Wentzel & Herrmann，2010）。Janiszewski 和 Meyvis（2001）研究了品牌标识新奇程度对消费者品牌喜爱程度的影响作用。他们发现，品牌标识新奇程度显著地影响了消费者的品牌喜爱程度，并且，这一影响关系受到了品牌暴露次数的影响。具体地，在初次暴露的情况下，消费者更加喜欢新奇程度较高的品牌标识。然而，随着暴露次数的增加，这种影响关系却发生了逆转。也就是说，在多次暴露的情况下，消费者更加喜欢新奇程度较低的品牌标识。

Landwehr 等（2010）发现，在刚投入市场的时候，高典型性的产品（如汽车）能够获取消费者的好感，从而迅速打开市场，但是随着时间的推移，典型性较低的产品也会逐渐地被消费者所接受。这是因为，在这段时间内，典型性较低的产品有较多的机会暴露于消费者面前，比如，广告、实物产品的接触等。Blijlevens，Carbon，Mugge & Schoormans（2012）则研究了产品典型性和消费者唤醒状态对审美评价的影响作用。Blijlevens 等（2012）的研究支持了产品典型性和消费者审美评价之间呈“∩”形关系的观点。并且，他们还发现，产品典型性对消费者审美评价的影响作用不受消费者唤醒状态的影响。

典型性影响消费者审美体验的一种解释是典型性提升了消费者的审美流畅感。流畅感是人们进行启发式决策的重要线索之一（Hertwig，Herzog，Schooler & Reimer，2008）。Winkielman，Halberstadt，Fazendeiro 和 Catty（2006）测试了被试对随机分布和呈规律几何形状刺激物的喜爱程度，并测试了被试进行喜爱程度测试的时间（也就是流畅程度）。分析结果显示，被试的流畅感在典型性对被试喜爱程度之间的关系中起着显著的中介作用。Novemsky，Dhar，Schwarz 和 Simonson（2007）的研究指出，在初次接触某产品之时，消费者的流畅感显著地影响着消费者对产品的喜爱程度，但随着接触次数的增多，消费者得以了解产品的更多信息，此时流畅感的中介作用也就变得不再显著了。Novemsky 等（2007）的研究发现可以用来解释 Landwehr 等（2010）发现的暴露机会对典型性对消费者审美体验和喜爱程度之间影响关系的调节作用。

（3）对称性。

对称性是指某个物体的二分之一部分与其另外二分之一部分之间的相似程度（Little，2014）。高对称性的物体则意味着可以被分成基本相似的两部分。对称性能够为人们带来视觉上的平衡感。学者们研究了面部的对称性对审美体验的影响（Little，Jones & DeBruine，2011）。一些学者发现，相比于完全对称的面部，稍微不对称的面部更受人们的喜爱（Swaddle & Cuthill，1995；Samuels，Butterworth，Roberts，Graupner & Hole，1994）；而另一些学者则得出了相反的结论（Perrett，Burt，Penton - Voak，Lee，Rowland & Edwards，1999；Rhodes，Roberts & Simmons，1999）。对于这些相互矛盾的研究结论，Rhodes（2005）的解释是在制造实验刺激物的时候，持前一种观点的学者过于强调面部的对称性，而忽视了被试对刺激物的真实性感知。

鉴于此，还有一部分学者将研究兴趣聚焦于影响面部对称性对审美体验影响作用的情境变量。比如，Kowner（1996）发现，当实验刺激物是老年人的面部时，被试更加偏爱具有对称特征的面部，这是因为面部的对称性被当成了身体健康的标志；而当实验刺激物是正常人群的面部时，稍微偏离完美对称性的面部更受被试的喜欢，这是因为稍微偏离完美对称性的面部被认为更真实、自然。Vingilis－Jaremko 和 Maurer（2013）发现，被试的年龄显著地调节了被试的面部审美体验。随着年龄的增长，被试更加喜欢具有对称性的面部；并且相比于女性面部，被试的年龄更为显著地调节了被试对面部对称性的审美体验。

对称性也影响着人们对艺术品的审美体验。人类与生俱来地喜欢具有稳定性和对称性的物体（Gottlieb，1958）。很早之前，学者们的研究就发现，具有对称性特征的艺术品更受人们的喜爱（Lund & Anastasi，1928；Campell，1941）。但是随着年龄的增长，人们对对称性的偏爱程度却逐渐降低，尤其是那些接受过艺术学教育的成年人（French，1956）。研究表明，从整体上看，那些享有盛名的艺术品都具有对称性的特征，但是为了避免枯燥和僵化，艺术家又会适当地插入一些非对称的结构元素（McManus，2005）。非对称的艺术品能够产生一种“动”的感觉，这是因为人们能够主观地重构艺术品的对称性（Samuel & Kerzel，2013）。尽管如此，相较于非对称的物品，人类对具有对称性（尤其是镜面对称的物品）物品的思维反应更快（Wagemans，1997；Wenderoth，1994）。

在营销领域，学者们对对称性的关注还较少。Bauerly 和 Liu（2006）研究了被试对计算机操作界面对称性的审美体验。他们建立了对称性与审美体验的相关关系——相较于非对称性的操作界面，被试更喜欢具有对称特征的界面。但是，当增加界面构成元素的数量时，对称性对审美体验的影响效应开始下降。他们的研究结论能够为电子购物网站的界面设计提供有益的指导作用。

（4）复杂性。

复杂性（complexity）是指线条、方向、形状、尺寸、颜色、色调和质地等图形元素之间的和谐、对比和平衡等关系（Osborne & Farley，1970）。根据调整的动机模型，人们偏爱那些能引起唤醒状态的物品（Berlyne，1971）。Berlyne（1971）认为，低唤醒能力的审美对象不会受到人们的喜欢，而高唤醒能力的审美客体因为难以理解也不会受到人们的喜爱。只有那些中等程度唤醒能力的审美客体才能引起人们的强烈愉悦感。基于此，Berlyne认为，审美客体的唤醒能力与审美愉悦感之间是“∩形”的影响关系。以审美客体的复杂性为例，Berlyne验证了这一假设。Berlyne的研究得到了很多学者的支持（Frith & Nias，1974；Osborne & Farley，1970）。另外，复杂程度与偏好之间也存在“∩形”关系。也即，适度复杂的产品更受人青睐（Saklofske，1975；Cox & Cox，2002）。

Janiszewski和Meyvis（2001）研究了品牌标识复杂程度对消费者品牌喜爱程度的影响作用。他们发现，品牌标识复杂程度显著地影响了消费者的品牌喜爱程度，并且，这一关系受到了暴露次数的影响。具体地，在初次暴露的情况下，消费者更加喜欢复杂程度较低的品牌标识。然而，随着暴露次数的增加，这种影响关系却发生了逆转。也就是说，在多次暴露的情况下，消费者更加喜欢复杂程度较高的品牌标识。在这其中，消费者的流畅感起着显著的中介作用。

Krishen，Kamra和Mac（2008）研究了网站界面的复杂性对用户体验（感知复杂性、购物满意度和网站喜爱程度）的影响作用。首先，网站界面的实际复杂性不会影响用户的感知复杂性。但是，考虑购物网站的商品类型（功能型产品与享乐型产品）之后，网站界面的实际复杂性显著地影响了用户的感知复杂性。其次，网站界面的实际复杂性显著地影响用户的购物满意度（网站喜爱程度）。网站界面的实际复杂程度越高，用户的购物满意度（网站喜爱程度）越低。并且，网站界面的实际复杂性对购物满意度（网站喜爱程度）的影响作用受到所购商品类型的调节作用。也就是说，当所购商品是功能型产品时，网站界面的实际复杂性显著地影响用户的购物满意度（网站喜爱程度）；而当所购商品是享乐型产品时，实际复杂性对用户购物满意度（网站喜爱程度）的影响作用不再显著。

Tuch，Presslaber，Stöcklin，Opwis 和 Bargas－Avila（2012）则比较研究了网站界面的复杂性和典型性对网站第一印象的影响作用。他们发现，网站暴露时间调节了复杂性和典型性对网站第一印象的影响作用。具体地，相比于较长的暴露时间（500ms、1000ms），只有在更短的暴露时间（50ms）条件下，复杂性和典型性对网站第一印象的影响作用才显著。进一步研究发现，与复杂性相比，典型性对网站第一印象的影响作用更具有时间的敏感性。也就是说，在较短的暴露时间内（50ms 以内），复杂性对网站第一印象的影响作用不会受到暴露时间的影响；而典型性对网站第一印象的影响作用则显著地受到暴露时间的调节作用。Mai，Hoffmann，Schwarz，Niemand 和 Seidel（2014）则发现，网站界面的复杂程度负向地影响了用户对网站下载速度的感知。不仅如此，网站界面的复杂程度也显著地影响了用户的浏览容易度感知、感知控制度、浏览注意力的集中程度、浏览乐趣和对网站的评价，并且，这些影响关系都呈“∩”形趋势。

（5）统一性。

统一性（unity）是指各元素之间具有较高程度的一致性（Veryzer & Hutchinson，1998）。在统一性较高的情况下，各设计元素之间具有较高的匹配性和整体性。它们被组合成同一件产品的事实不会让消费者觉得很突兀，或者只是因为一些偶然的原因被聚合在一起。根据格式塔完形法则，空间上的接近（各元素相互靠近）、相似性（各元素之间具有相似形状）和共同方向运动（各元素之间的变化规律相同）都能达到较高程度的统一性（Katz，1950）。

Veryzer 和 Hutchinson（1998）研究发现，消费者更加喜爱具有统一性的产品。并且，产品统一性对消费者喜爱程度具有超线性的影响关系。此外，产品的统一性也显著地影响了产品的典型性，这一关系也是超线性的影响关系。而与典型性相比，产品统一性对产品审美体验的影响作用更大。Altaboli 和 Lin（2011）发现，计算机界面的统一性会显著地影响使用者的审美体验。消费者对具有较高统一性的计算机界面具有更高的审美评价。

与仅仅强调统一性的观点不同，Post，Blijlevens 和 Hekkert（2013）指出，设计人员应该运用“多样性中追求统一性”的策略来提高消费者的审美愉悦感。所谓的“多样性中追求统一性”，是指在产品设计过程中，设计人员既要追求设计元素之间的统一性，也要尽可能地追求设计元素的多样性。Post, Blijlevens 和 Hekkert（2013）的研究发现，增加设计元素的统一性和多样性都能够提升消费者对汽车内饰设计的审美评价。并且，统一性对审美体验的影响效应大于多样性的影响效应。也就是说，在保持统一性最大化的前提下，设计人员应该尽可能地增加设计元素的多样性。

2.4.2 个体因素

产品审美体验的过程必须要有消费者的参与（Bloch, Brunel & Arnold, 2003）。因此，消费者的自身特征也影响着产品的审美体验。

文化背景对消费者审美体验的影响不仅可以通过慢性方式——熏陶浸染——发生作用，而且也可以以快速方式——偶然激发——产生作用。自我建构方式是文化对人们自我概念的影响结果之一（Cross, Hardin & Gercek - Swing, 2011）。独立自我建构的个体将社会情境和自我进行分离，认为自我是独立稳定的个体，常见于西方以个体为中心的文化中；而关联自我建构的个体依赖于自我与社会的关系来界定自己，并用社会关系和情境等因素来规范自己的行为，常见于东方以集体为中心的文化中。Zhang, Feick 和 Price（2006）研究了自我建构方式对审美体验的影响作用。他们的研究发现，独立自我建构的被试偏爱“棱角分明”的图形，而关联自我建构的被试则更喜欢偏圆的图形。这是因为，棱角分明的图形代表了一种独立、表达自我的生活态度，因而更符合独立自我建构被试的审美偏好；而偏圆的图形代表了和谐、亲近和友好的生活态度，因而更受关联自我建构被试的喜欢。

Chattaraman, Rudd 和 Lennon（2010）研究了双重文化背景对审美评价的影响。研究发现，相比于象征美国文化的产品，美国的西班牙后裔对象征西班牙文化的产品具有更高的审美评价。然而，消费者所暴露的文化背景调节了这一影响关系。具体地，当美国的西班牙后裔暴露于西班牙文化线索之时，相比于象征美国文化的产品，美国的西班牙后裔对象征西班牙文化的产品具有更高的审美评价；但是当美国的西班牙后裔暴露于美国文化线索之时，这一影响关系不再显著。这是因为，产品自身的文化背景线索和消费者所暴露的文化线索相一致之时，消费者的审美流畅感更高些。

Yang，Zhang 和 Peracchio（2010）重点研究了消费者的自我概念对审美偏好的影响。个体的自我概念可以分为两类：理想自我和应该自我（Higgins，1987）。理想自我的个体更关注个人的愿望和志向，而应该自我的个体更在乎个人的责任和职责。Yang，Zhang 和 Peracchio（2010）的研究发现，相比于理想自我的被试，应该自我的被试对仰角照片的审美评价更高；但是，相比于应该自我的被试，理想自我的被试对俯角照片的审美评价更高。这是因为消费者的自我概念会影响信息处理方式（Pham & Avnet，2004）——理想自我的被试采取积极影响的策略，而应该自我的被试则采用被动适应的策略。罗盛锋、黄燕玲、程道品和丁培毅（2011）的研究发现，消费前情感因素显著影响游客对旅游产品的体验评价与属性评价，消费后情感因素显著影响游客对旅游产品的感知价值评价，感知价值进而显著影响满意度形成。游客对产品的体验评价较产品属性评价更显著地影响消费后情感、感知价值及游客满意度。同时，游客对审美体验与教育体验的感受更强烈地影响他们对产品的体验评价。

Loewy（1951）认为，部分消费者可能会更为关注或欣赏产品的审美价值。为此，Bloch，Brunel 和 Arnold（2003）提出了视觉产品审美向心性的概念（Centrality of Visual Product Aesthetics，CVPA）。视觉产品审美向心性是指在消费者与产品的关系中视觉审美的重要程度。Bloch，Brunel 和 Arnold（2003）发展了测量视觉产品审美向心性的三维度量表。视觉产品审美向心性的三个维度分别是审美价值（value）、审美天赋（acumen）和审美反应（response）。此后，学者们围绕消费者的视觉产品审美向心性展开了大量的实证研究。比如，Kim（2010）证实，高视觉产品审美向心性的消费者对服装产品具有更高的审美体验，进而更容易导致冲动购买行为。Jeon 和 Park（2011）的研究表明，高视觉产品审美向心性的消费者更容易接受较为时尚和前卫的服装产品。Yang（2012）发现，外包装的美观程度显著地影响了消费者对食品的味道判断，而只对于高视觉产品审美向心性的消费者来说，这一影响关系才成立。Cunha（2014）的研究则表明，高视觉产品审美向心性的消费者具有更高的品牌忠诚度，而品牌体验在其中起着显著的中介作用。

2.5 简要评述

在营销实践中，企业越来越多地利用产品的视觉元素来影响消费者的认知和决策（Peck & Childers，2008）。产品的审美元素发挥着无意识的触发作用，从而影响消费者对与产品和品牌相关的抽象特征（如品牌个性等）的理解。审美元素能够促使消费者自发运用自己的思维系统形成对产品属性的认知。与企业以文字信息的形式向消费者传递的产品属性相比，这种自发形成的产品属性认知更具有说服力（Sengupta & Gorn，2002）。产品审美体验对消费者的影响作用是多方面的。首先，产品审美体验能够影响消费者对产品和品牌的基本评价，比如产品特征、功能用途、整体印象、喜爱程度、品牌个性和品牌延伸等。其次，产品审美体验还能影响消费者在购物过程中的情绪反应，比如注意力和愉悦度等。最后，产品审美体验还能影响消费者最终的购买和消费数量。

产品因素（如颜色、典型性、对称性、复杂性和统一性等）和个体因素（如文化因素和自我概念）都是影响消费者审美体验的重要因素。就文献梳理情况来看，学者们在这方面的研究至少存在三个方面的局限性：

首先，对消费者个人因素的研究较少。学者们很早之前就已经开始关注产品因素对消费者审美体验的影响作用了（Krishna，2010），并且已被研究的产品因素也较多；相比而言，学者们进行对消费者个体因素对审美体验的影响研究相对较晚，并且这方面的研究还很少。继产品经济、商品经济与服务经济之后，人类社会开始进入体验经济时代。“当企业有意识地以服务为舞台，以商品为道具，使消费者融入其中时，体验经济就产生了”（Pine II & Gilmore，1999）。在体验经济时代，企业需要更关注消费者的身心感受和心理体验，并以此为市场提供物而获取企业生存和发展所需的利润收入。在购物和消费过程中，审美体验是消费者主观感受，一种重要的消费者价值形式，更是企业在体验经济时代的市场提供物之一（Atwal & Williams，2009；Joy & Sherry Jr，2003）。因此，为了更加深入、系统地认识消费者的审美体验价值，为企业的营销活动提供理论指导，学术界有必要更多地关注消费者个体因素对审美体验价值的影响作用。

其次，消费者个人因素的次要地位。从现有文献来看，产品因素往往居于审美体验价值产生过程的主导地位，而消费者的个体因素则往往被设成了调节变量。Poulsson 和 Kale（2004）认为，在消费者进行体验消费时，消费者在其主观体验过程中发挥着主导性的作用。从实证研究模型来看，确立消费者的主导作用就是要将消费者个人因素设置为影响消费者审美体验的自变量。因此，我们有必要改变这种研究状态，确立消费者个人因素在其产品审美体验中的主导地位。在这种背景下，加强对消费者个人因素的全面系统地认识和理解能够为企业进行由商品经济和服务经济向体验经济的转型提供更有效的理论指导。

最后，在少数以消费者为主导的研究中，学者们尚未深入分析这种主导视角的背后逻辑。笔者认为，将消费者个人因素从调节变量的位置变成自变量的位置不是简单的变量位置变化，因而必须从理论上对其进行系统的阐述和解释。

因此，为了理解以消费者为主导的审美体验研究视角及其背后逻辑，本书将从审美体验的哲学观点、营销学理论、心理学理论等方面揭示消费者审美体验的本质，并提出以消费者个人因素为主导的审美体验价值研究视角。紧接着，本书还将运用实证方法研究消费者自我意识对审美体验价值的影响作用。

第3章　审美体验的理论解释

在文献综述部分，笔者发现，在进行审美体验研究时，学者们大多持有产品为主导的研究视角，而很少关注以消费者为主导的研究视角。即使有少数以消费者为主导的研究，也没有详细深入地解释这种研究视角能够成立的理论逻辑。本章的目的就是为以消费者为主导的研究视角寻找理论支撑——深入分析该视角背后的理论逻辑，构建以消费者为主导的审美体验价值理论框架。为了实现这个目的，本章将以哲学、营销学和心理学等学科领域的理论为基础，重点解析审美体验的本质并解析其产生的过程。

3.1　审美体验的哲学解释：客观论与主观论

很久以来，人们就希望弄明白审美体验到底是什么。为此，哲学家们进行了深入的探讨和分析。在历史长河中，哲学家们的美学思想对我们仍然具有重要的启发意义（朱光潜，2002）。本小节试图借助哲学家们对审美体验的论述来探讨审美体验的本质以及审美主体在其中的作用。按照时间的先后顺序，西方思想界经历了审美体验的客观论、过渡时期和主观论（Graham，2005）。

3.1.1　审美体验的客观论[①]

在《理想国》里，柏拉图认为艺术品是对客观真实世界的模仿（mime-

① 除特别标注之外，本节对西方哲学家美学思想的分类和观点的论述主要参考自 Graham (2005)。

sis）。柏拉图的美学思想是建立在客观唯心主义基础之上。在他看来，人们所感受到的客观现实并不是真实的世界，只有理想世界才是真实的世界，现实世界是人们以理想世界为蓝本而建立起来的。柏拉图的美学思想直接体现了他的客观唯心主义思想。以床为例，柏拉图认为在理想世界里存在一张完美的床。人类不可能让理想世界的床变成真实世界的床，因为没有人能够制造出完美的床。因此，木匠制造出来的床只是理想床的一个摹本而已。而艺术家所画的床则更糟糕，因为画板上的床是以真实世界的床为蓝本而画出来的。画板上的床不仅缺少真实床的功能，并且只是画家从某一角度看到的床。并且，画家还受到情绪的困扰，故其不可能进行绝对理性的思考。因此，柏拉图认为艺术只是对现实世界的模仿而已。

与柏拉图的观点相同，亚里士多德也认为艺术品是客观现实世界的模仿。不同之处在于，亚里士多德认为艺术品不是对真实世界的歪曲，而是对客观世界的真实描绘。尽管知道戏剧是对客观世界的模仿，但是人们还是能够拥有身临其境的真实感。这是因为戏剧是建立在客观现实的基础之上的。由于人们实实在在地生活在这客观现实世界之中，当在欣赏临摹自客观现实世界的艺术品时，自然就能产生强烈的真实感。因此，在亚里士多德看来，艺术品描述了客观世界的普遍性，这也是艺术品值得人们欣赏的原因和价值所在。

柏拉图和亚里士多德的模仿理论对西方社会的艺术家产生了深远的影响。模仿理论认为，艺术品是对客观现实世界的模仿。以绘画为例，在模仿理论的影响下，艺术家们需要将客观现实的三维世界变成画板上的二维作品。这点和视觉系统很像。在晶状体的作用下，眼睛将外界的三维世界投影到二维表面（视网膜）上，然后视网膜上的视神经细胞再将这些信号传送至大脑皮层。为了创造出与客观现实世界高度逼真的绘画作品，艺术家们需要掌握渊博的知识和熟练的绘画技巧。直到15世纪文艺复兴时期，当马萨乔、达芬奇等开始研究数学和物理等科学知识之时，艺术家们才真正掌握了这些必要的知识和技巧（如线条、投影、明暗手法等），得以实现对客观现实世界进行逼真模仿的目的。

从上可知，在模仿理论的影响下，画家们需要在画板上准确无误地临摹他们所见到的自然和人文风景。如此一来，绘画作品仅仅是人们认识、了解和欣赏外部世界的一扇窗户而已。直到 19 世纪中期，绘画作品与客观现实世界的逼真程度才是人们评价一幅绘画作品的唯一标准。实际上，与客观现实世界的逼真程度是一个客观的标准，不受欣赏者的主观状态所影响。因此，在模仿理论的范畴内，审美体验是客观的，取决于审美对象的特点，不受审美主体的影响。

3.1.2　客观论向主观论的过渡

在启蒙运动时期，哲学家们提出，在临摹客观现实世界之时，艺术品的主要目的是传递某种情绪体验——激发人们关于美的感受。哈奇森认为，艺术品的目的就是向人们灌输美和愉悦的感觉（见于《论美与德性观念的根源》）。哈奇森强调，在进行审美活动时，人们的审美体验独立于艺术品的目的或功能。哈奇森承认，尽管存在美的绝对标准，但是人们对美的认识是不尽相同的。

休谟进一步发展了哈奇森关于审美体验的主观论。休谟认为，脱离人来讨论美是不恰当的，美仅仅只存在于人们的主观世界而已——只有当人们在欣赏美之时，美才存在（见于《论鉴赏力的标准》）。休谟强调，由于美的主观性，每个人所体验到的美是不一样的。即使是同一件艺术品，不同的审美主体将有完全不同的审美感受。这是因为，没有人能够真正完全领会艺术品的美。然而，休谟的审美主观论并没有完全抛弃艺术品的客观基础。休谟认为，因为人们之间的审美鉴赏能力存在差异，所以不同的人对同一件艺术品拥有完全不同的审美体验。良好的审美鉴赏能力有赖于审美主体的专业知识和审美训练。另外，人们还必须克服个人偏见和文化背景对审美体验的影响。由此可见，与哈奇森一样，休谟也认为人类社会存在美的基本标准。

在休谟之后，德国人康德也对审美体验进行了深刻的思考。康德认为，人类的知识全部来自人类的实践积累，并且这些积累的知识远比人类的感官体验重要。康德强调，当试图解释外界世界之时，人类需要将感官体验与之前所积累的概念或理念联系起来。因此，感官体验与知识之间的互动就成为康德美学思想的基本出发点。在现实世界中，很多东西都能给人带来美的享受，比如可口的食物、可爱的房子以及性爱等；但是，人们又能以另一个原因来拥有这些东西，比如填饱肚子、躲避风雨和繁殖后代。康德坚持审美体验的主观性——审美体验应该抛开客观对象的功能用途，只是一种主观判断。

在哈奇森、休谟和康德等看来，艺术品的作用仅仅在于让人们产生和获得美的感觉。这种价值取向的美学流派被称为表现主义。在这里，艺术品已经失去其反映客观现实世界的功能了，不再是人类认识、了解和欣赏外部世界的一扇窗户。艺术品只为艺术品的目的而存在——激发美的感觉。但是，表现主义的艺术家并没有完全将美的决定权交予欣赏者。在表现主义看来，艺术品的创造需要以艺术家想表达的感觉为基础。因此，艺术家成功的标准就是他的作品是否能够成功地向人们传递艺术家想要表达的感觉（Tolstoy，1898）。因此，审美主体的审美体验还是不能完全摆脱绘画作品的影响。但是，相比于模仿理论的客观论，表现主义仍然强调对客观现实世界进行逼真的临摹，但是已经开始极大地重视欣赏者的主观感受了。

3.1.3 审美体验的主观论

19 世纪后半叶，西方艺术界逐渐抛弃了以临摹客观现实世界为目的的美学思想取向。印象派画家逐渐站上了历史舞台。印象派画家认为，绘画作品不能以逼真地临摹客观现实世界为目的。印象派画家完全凭借自己对客观现实世界的印象而创作作品，不再强调绘画作品的立体感和真实感。自文艺复兴时期发展起来的绘画手段和技巧主要表现为线条、投影、明暗手法等方面，以加强所绘对象之间的远近距离感，达到增强绘画作品立体感的目的。但是，这些技巧开始被认为只是一些过时了的小把戏而已。艺术家们不再强调绘画作品的层次感和远近距离感，开始注重绘画作品的视觉感知质量，特别是绘画的色彩应用，以此给审美主体带来强烈的视觉冲击感。

马奈、莫奈、高更和梵高是印象派画家的代表性人物。他们的作品注重对画板二维空间的利用和掌控。在他们的作品中，各部分内容是不相关的。他们极力利用线条、颜色和各种抽象的形状来创造出夸张和抽象的视觉冲击感。在欣赏印象派画家的作品时，人们不必考虑其所刻画的客观现实世界基础，而只需感知、认识和解释作品中抽象的视觉效果就行了。印象派作品的审美体验完全取决于人们对抽象作品形式的解读方式和程度。在解读抽象作品的过程中，个人的经历、背景知识甚至当时的心情状态都能够影响最终的审美体验结果。很明显，即使是同样的作品，不同的人将有不同的认识和解读，甚至是同一个人在不同的时间对同一作品也可能有不同的审美体验。由此可以看出，自 19 世纪后半叶开始，审美主体已经在审美活动中居于主导地位了，审美主体因素直接影响了其审美体验。

20 世纪初，绘画艺术家们开始利用绘画作品传递自己的思想观念。这一趋势起源于达达主义画家杜尚。杜尚的作品不符合以往艺术家们的创作特点，既非写实，也没有创造某种抽象的形式。杜尚希望通过自己的作品唤起人们对绘画艺术本质的思考。20 世纪后半叶，西方艺术界出现了所谓的后现代主义。达达主义是后现代主义的早期表现。后现代主义绘画艺术家往往在作品中注入自己对绘画艺术的主观认识。例如，是否只有艺术家的作品才能被称为艺术品？艺术品一定要美观或具有抽象形式吗？艺术品和非艺术品的区别是什么？

后现代主义绘画艺术家们利用自己的作品来表达自己对这些问题的思考和认识，而不以立书著作的方式。在欣赏后现代主义的作品时，人们需要对艺术的语言有较好的掌握。这就要求审美主体了解绘画作品中的各种象征物、绘画艺术的历史以及各种艺术表达手法。但是，即使对这些知识有过详尽的了解，审美主体的艺术欣赏能力也不尽相同。在对后现代主义作品的解读中，个人因素居于主导地位，审美体验完全是主观的，完全依赖于自己的艺术欣赏能力。

哲学家们对审美体验的探讨有利于我们正确地认识和理解审美体验的本质。直到文艺复兴时期，绘画就是为了真实地临摹客观现实世界；而临摹的逼真程度就成为判断绘画作品是否成功的标准。因此，审美体验是客观的。而自启蒙运动开始，西方绘画艺术界逐渐放弃了临摹客观现实世界的艺术取向，开始转向以建构抽象性形式、表达自己的主观认识的道路。到了后现代主义时期，人们的审美体验是主观的，“所想即所见”（Shimamura，2012）。

3.2 审美体验的营销学解释：价值创造范式的演变

在营销学研究领域来看，消费者价值是一个重要的主题，而审美体验就是消费者价值的重要形式之一。本小节将首先从经济形态的演变阐述审美体验价值的重要性，其次从营销学消费者价值创造范式的转变论述消费者价值创造过程中的重要作用，最后探讨消费者在审美体验价值创造过程中的主导地位。

3.2.1 审美体验是一种重要的价值形式

Pine II 和 Gilmore（1998）指出，在经历了产品经济、商品经济和服务经济时代等经济形态之后，人类社会即将迎来体验经济时代。从消费者和企业的角度，Pine II 和 Gilmore 分别运用现实中的案例说明和比较了这四种经济形态的特征。为了说明消费者消费活动的变化，两位学者运用了生日蛋糕的例子进行说明（Pine II & Gilmore，1998）。在产品经济时代，家庭主妇们利用各种原料自己制做蛋糕为孩子们过生日。而在商品经济时代，母亲们向蛋糕店支付 1 美元或 2 美元购买已做好的蛋糕为孩子们过生日。在服务经济时代，母亲们不再需要去蛋糕店购买蛋糕了，而是花费 10 美元订购蛋糕。在体验经济时代，母亲们会花费 100 美元甚至更多为孩子们“购买”一次难忘的生日庆祝事件，这样的事件能为孩子们带来终生难忘的人生体验。

为了说明企业经营活动的变化，两位学者运用了咖啡的例子进行说明（Pine II & Gilmore，1999）。当咖啡豆被当作一种原料进行出售时，冲一小杯咖啡的量大概值 1 ~5 美分；而当咖啡豆被加工成咖啡成品之后，一小杯咖啡大概值 5 ~25 美分。如果一个一般的咖啡店或酒吧出售现煮的咖啡时，消费者大概需要为一小杯咖啡支付 0. 5 ~1 美元；但是当一家五星级酒店或蒸汽加压咖啡店出售同量的咖啡时，消费者将十分愿意支付 2 ~5 美元一小杯的价格。在那种背景下，消费者置身于某种格调或氛围中，能够获得不同寻常的奇妙体验。

Pine II 和 Gilmore（1998，1999）分析了经济形态演变的原因。在产品经济时代，产品是人类从自然界采集、发掘和提炼的原始材料，是天然的、比较粗糙的，产品的价值有待进一步的开发和利用。在商品经济时代，各种生产企业以产品为原料生产出各色有形的商品，消费者通过各种销售渠道与企业进行交换而获得这些有形的商品。相比于产品，商品的价值得到了较大的开发和提升。在服务经济时代，消费者在市场上购买服务。服务是企业根据消费者需求而提供的无形活动。以商品为依托，企业为其服务的消费者或消费者的财产和物品进行某种活动，以达到帮助消费者解决问题的目的。服务比商品更有价值，因为企业帮助消费者完成了其不可能单独完成的事情。在体验经济时代，企业向消费者出售的是某种体验（Poulsson & Kale，2004；Sundbo & Darmer，2008），企业只是消费者体验的策划者。体验是当一个人的情绪、体力、智力和精神等达到某种状态时，他所感受到的某种美好感觉（Pine II & Gilmore，1999）。

很明显，在体验经济时代，消费者的主观体验就是消费者消费的价值形式（Holbrook，2006；Manschot & Visser，2011）。Pine II 和 Gilmore（1999）进一步确认了体验价值的类型（如图 3 - 1 所示）。横轴表示消费者的参与度。积极的参与者表示消费者将主动融入其消费过程，甚至自己创造了自己的消费体验；消极的参与者意味着消费者并不会积极地介入企业的活动，消费者只是被动地接受企业提供的消费过程。纵轴表示消费者与体验本身的关系。吸入一端表示消费者的注意力通过了解体验的方式而被吸引，即体验走进了消费者；浸入一端表示消费者成为真实体验的一部分而融入其中，即消费者走进了体验。

根据这两个维度，Pine II 和 Gilmore（1999）将消费者体验分成四类：娱乐（Entertainment）、教育（Education）、逃避现实（Escape）和审美（Esthet-icsm）。四种体验相互兼容，形成了个性化的消费体验。第一，娱乐体验是一种被动地通过感觉吸收的体验，也是最常见、最普通的一种体验了，比如看电影、听音乐会等。第二，与娱乐类似，在教育体验中，消费者也是通过感觉吸收来获取体验的。但是，教育体验需要消费者的积极参与，这是因为消费者必须积极使用自己的大脑、配合眼前的体验情境才能完成教育体验过程。第三，与娱乐和教育相比，逃避现实的体验更令人着迷。在逃避现实的体验中，消费者需要积极沉浸于眼前的体验情境（如主题公园、网络空间或角色扮演等）之中，暂时忘记世间俗事的困扰，以获取一种超脱的精神体验。第四，审美体验也是日常生活中常见的一种体验。在欣赏大自然风景或参观画廊时，人们就是在审美。在进行审美体验时，消费者需要积极融入，但是却不改变其所在的环境。

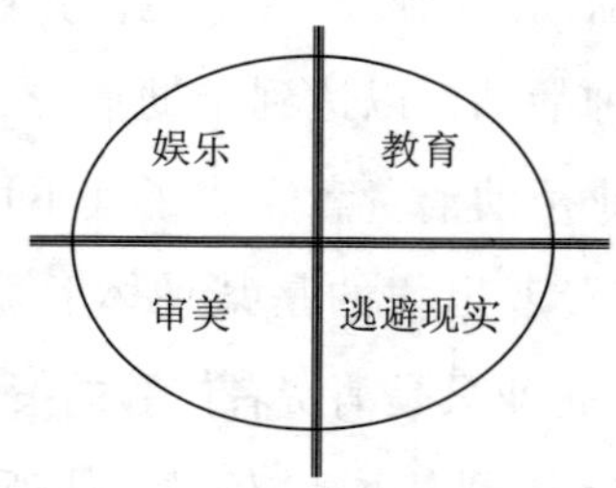

图 3－1 消费者体验类型

资料来源：Pine II & Gilmore（1999）。

无疑，在体验经济时代，审美体验是一种重要的消费者价值形式。在以往的营销文献中，审美体验的价值属性也引起了其他学者的关注。例如，Holbrook（1999）认为审美体验是一种消费者价值，并且将审美体验扩展至所有消费品，而并不局限于艺术品。Holbrook 使用了三个维度来区分各种消费价值的内涵（见表 3－1）。首先，内部导向与外部导向。外部导向的价值注重产品或服务的功能、性能，或作为实现消费者进一步的目的的实用型工具；而内部导向的价值是顾客在消费完产品或者服务之后对整个消费过程体验的内心评价。其次，自我导向与他人导向。自我导向的价值以“我”为中心来评价某件物品的价值，而他人导向的价值超越了“我”的范围，以他人（如家人、朋友、邻居、同事）或者别的事物（如国家、地球、宇宙、大自然、神）为中心来评价某件物品的价值。最后，主动与被动。主动的价值是消费者主动行为的结果，包括身体和心理的行为；被动的价值是消费者对现成价值的发现和欣赏。Holbrook 认为，审美体验的内涵是根据自己内心体验和评价，消费者以自我为中心对客观产品的美观程度进行发现和欣赏。

表 3－1　消费者价值的分类

		外部导向	内部导向
自我导向	主动	效率（消费者的投人与产出之比、便利性）	娱乐（享乐、安逸、欢乐）
	被动	卓越（质量与满意）	美感（悦目、时尚、美丽、产品设计）
他人导向	主动	地位（消费者通过自己的消费行为来表明自己的地位、成就，以影响他人对自己的看法）	伦理道德（公正，具有优良的道德品质、道义）
	被动	尊敬（消费者拥有财产，提高自己的声望）	精神性价值（高尚、信念、心醉神迷、神圣）

资料来源：Holbrook（1999）。

Mathwick，Malhotra 和 Rigdon（2001）建立了网络购物行为下的顾客价值矩阵（见图 3－2）。这个矩阵的横纵轴类似于 Holbrook 的分类标准：纵轴是内部价值和外部价值，而横轴是积极价值和被动价值。外部价值是就购买行为的形势而言的，由于顾客把购物的行为当成了一种任务，当完成任务变得简单方便之时，顾客便收获了外部价值；而内部价值来自消费者对购物行为的主观认识，当消费者能够从购物行为中感受到乐趣而不论其完成方式之时，顾客就获得了内部价值。积极价值与被动价值的区分和 Holbrook 模型是一致的。

	积极价值	被动价值
内部价值	趣味价值	审美价值
外部价值	消费者的投资回报	卓越的服务价值

图 3－2　网络购物行为下的顾客价值矩阵

资料来源：Mathwick et al.（2001）。

在这个 2×2 矩阵里，三位学者区分了四种不同的顾客价值。消费者的投资回报是消费者在付出金钱、时间和相应的精力之后能立即获取的收益，表现为购买到合适的商品。卓越的服务价值来自商品使消费者达到其最终目的的可能性。审美价值来自消费者对购物环境视觉元素和服务本身的喜爱和欣赏。趣味价值是消费者在购物过程中感受到的快乐。

从上面的分析可知，审美体验是一种重要的价值形式。特别是在体验经济时代，审美体验的价值属性显得更为重要。那么，审美体验价值到底是如何被创造出来的？消费者在其中居于何地位？

3.2.2 营销学中消费者价值创造范式的演变

一般而言，价值创造就是使得消费者在某些方面变得更好的过程（Grönroos，2008；Nordin & Kowalkowski，2011；Vargo & Lusch，2008），当然也可以包括负面的效应（Echeverri & Skålen，2011）。在营销学领域，消费者价值创造的研究范式依次经历了产品主导逻辑（Goods dominant logic）、服务主导逻辑（Services dominant logic）和消费者主导逻辑（Customer dominant logic）等三个阶段（Vargo & Lusch，2004）。Heinonen，Strandvik，Mickelsson，Edvardsson，Sundström 和 Andersson（2010）认为，产品主导逻辑和服务主导逻辑的实质是提供者主导逻辑（Provider dominant logic），与消费者主导逻辑完全不同。

（1）产品主导逻辑范式。

传统的营销学观点认为，市场供应商控制了价值创造的过程。在很大程度上，营销学的这一观点受到了经济学中商品交换理论的影响。因此，产品交换就成为营销学中研究消费者价值创造的最初主导逻辑。在产品主导逻辑下，企业生产经营活动就是通过制造并分配商品以获取利润。为了在竞争中取得比较优势，企业所提供的产品必须高于竞争对手的产品价值。这种价值就是消费者最终通过交换而获取并消费的价值形式。价值的创造过程隐藏在企业的生产经营过程中。企业的目的就是获取最大化的利润。在产品占主导阶段，产品是企业和消费者之间的交易对象和媒介，顾客被动地接受企业已经生产好的产品；产品价值是在企业的生产经营活动中创造的（Vargo & Lusch，2004）。

在产品主导逻辑范式下，企业可以采取的价值创造形式包括保持消费者平和的心态（Woodruff，1997）、让消费者的生活变得更简单（Miller，Hope，Eisenstat，Foote & Galbraith，2002）、解决消费者的问题（Sawhney，Wolcott & Arroniz，2007）、满足顾客的需求（Tuli，Kohli & Bharadwaj，2007），分担消费者的某些责任（Normann & Ramirez，1993；Strandvik，Holmlund & Edvardsson，2012）。Vargo 和 Lusch（2004，2008）将这些观点归结为产品主导逻辑，消费者的价值创造于企业的生产经营过程之中。

（2）服务主导逻辑范式。

到20世纪中后期，经济发展模式开始发生转变，服务业开始兴起并兴盛起来。Solomon 和 Buchanan（1991）指出，企业不仅需要提供质量上乘的产品，更要提供适合顾客需求的产品，即以顾客需求为根本出发点，在企业与消费者的互动中创造价值。Moran 和 Ghoshal（1999）进一步分析指出，对于企业的成功来说，资源本身可能不是关键所在，而获取、配置、交换及整合资源的能力则是价值创造的本质核心，这就涉及企业是否能够有效地处理与顾客需求（Strandvik，Holmlund & Edvardsson，2012）、内部各部门之间的联系（Edvardsson，Tronvoll & Gruber，2011）、相关目标及企业在顾客消费中的角色（Vargo & Lusch，2011）、营销网络体系（Gummesson，2006）等相关的内容。在这种情况下，服务主导逻辑开始取代产品主导逻辑（Vargo & Lusch，2004）。

在产品主导逻辑下，价值是以商品为载体的。但是，在服务占主导逻辑下，商品只是企业提供服务的基本元素之一，服务的范围远远大于商品的范围，逐渐成为一个完整的经济运行系统。在服务主导逻辑下，独立运行的企业或个体通过采用某些技能（如知识和技巧）而进行价值创造的行为和过程（Epp & Price，2011）。服务价值具有无形性，不以商品的存在为必要条件。服务主导是一种经营理念，更是一种哲学价值取向，对企业的营销实践和理论起到了重要的作用。在服务主导逻辑下，知识和技巧成为影响企业竞争优势的关键因素（Heinonen，Strandvik & Voima，2013）。

Vargo 和 Lusch（2004，2008）在对比和分析两种主导逻辑的基础上，提出了如何实践和研究服务主导逻辑的指导性思想，影响甚大。这些指导思想包括：①对特殊技能和知识的运用才是市场交换活动的基础；②服务交易的间接性特征隐藏了交换的基础，这是因为服务是由产品、知识、技能等构成的复合体，交易过程的服务并不显而易见；③价值产生和被创造于消费者的使用过程之中，商品仅仅变成了服务的扩散机制之一；④知识和技能是企业进行服务经济的竞争优势来源；⑤市场上的所有经济活动都离不开服务，是服务经济；⑥企业需要与消费者进行直接互动才能创造价值，消费者是价值的共同创造者；⑦价值具有易逝性，因此企业不能传递预先已存在的价值，企业只能提供某种形式的价值主张，并与消费者进行互动以共同创造价值；⑧服务必须以消费者的需要为根本出发点；⑨价值创造活动具有网络性特点，所有社会个体都是价值创造的参与者；⑩价值是独特的，并由消费者的特征决定。

（3）消费者主导逻辑范式。

在产品主导逻辑下，企业主要是生产价值，并以商品为载体传递至消费者手中，而消费者则毁灭企业生产的价值。在服务主导逻辑下，企业与消费者在互动过程中共同创造价值，价值的创造和毁灭具有同步性的特点。在这两种主导逻辑下，企业始终处于价值创造活动的主导地位。Grönroos（2009）认为，企业之所以将消费者卷入价值创造过程，并以互动的形式完成价值创造活动的目的在于从消费者的需求出发更好地创造出更多的价值。Heinonen，Strandvik，Mickelsson，Edvardsson，Sundström 和 Andersson（2009）提出，不管产品主导逻辑还是服务主导逻辑，二者的实质都是产品或服务的提供者在经济活动中占主导地位。因此，学者们开始提出，价值创造于消费者的产品使用过程之中。

Grönroos（2008）提出，价值产生于顾客的日常生活实践，顾客在其价值创造过程中处于主导地位，而企业只是起着促进的作用。经济运行的基本逻辑不再是企业的产品和服务能为消费者提供什么价值，而是消费者是否以及如何利用企业的产品和服务创造自己需要的价值。而 Grönroos 和 Voima（2013）更是明确指出，价值创造的研究不应再关注于以某一价格进行产品或服务的交换活动，而应关注消费者利用其可利用的资源获得来自产品和服务之外的价值；产品之外的价值才是消费者真正需要并渴求的价值，创造于消费者在使用产品过程之中所获取的各种消费体验。这就是消费者主导逻辑（Customer Dominant Logic）的观点，价值的创造过程由消费者自己完成，不需要企业的参与。在消费者主导逻辑范式中，消费者居于整个生产营销活动的核心地位。与提供者主导逻辑相比，消费者主导逻辑强调，企业应以消费者如何根据自己的目标和兴趣爱好而利用产品或服务实现价值，企业营销重点应关注消费者的生活与实践。

Voima，Heinonen 和 Strandvik（2010）从五个方面总结了消费者主导逻辑下价值创造的过程：①价值创造既可能是一个消费者主动积极的过程（消费者单独创造或与企业在互动中共同创造），也可能是一个消极被动的过程；认知、思考和情感体验等都是消费者进行有意识或无意识的价值创造活动。②价值创造范围已经扩展至消费者生活和实践等领域（如身体、精神、社交、虚拟等），而不再局限于企业所控制和能触及的范围。③与提供者主导逻辑不同，消费者主导逻辑将价值扩展到消费者日常生活和实践之中，价值已不再局限于交换价值和使用价值，而具备了时间性、情景性等方面的特征，是消费者生活中的组成部分之一。④在消费者主导逻辑下，价值创造过程具有动态性和多元性的特征。消费者有可能将自己的生活体验与生活的某个特殊时刻或场景进行结合，创造自己所需的价值形式。⑤在消费者主导逻辑下，价值创造过程并不是孤立存在于消费者的世界，而是消费者、企业和环境之间的动态交叉过程。

3.2.3　消费者在价值创造过程中的作用

依次出现的三大研究范式能够帮助人们更为清晰和深刻地认识价值创造的过程及本质。在不同的经济形态下，消费者在价值概念中的作用越显突出；类似地，在不同价值创造的范式下，消费者在价值创造过程中的作用也越显突出。在产品主导逻辑、服务主导逻辑和消费者主导逻辑范式下，营销学中价值创造过程依此经历了企业创造价值、企业和消费者共同创造价值以及消费者单独创造价值的研究观点（Vargo & Lusch. 2008；Grönroos & Helle，2012）。

在产品主导逻辑下，生产和消费是完全分开的。企业组织各种人力进行生产活动，将各种原料转换成最终的产品。产品是消费者价值的载体。在市场上，消费者以货币为媒介交易获取企业生产的产品，并在消费过程中毁灭隐藏与产品中的价值。在交易过程中，消费者获得使用价值，以产品为载体的价值；而企业获得交换价值，以货币为其表现形式（如图 3－3 所示）。在这种逻辑范式下，消费者根本不参与价值的创造过程，也不对其最终获取的价值施以任何影响。

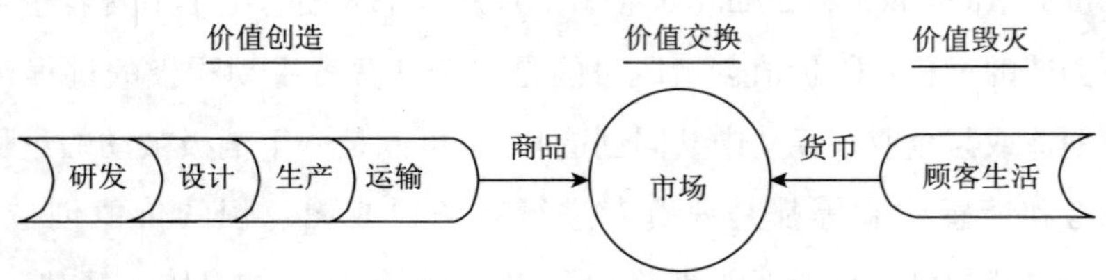

图 3-3　产品主导逻辑下的价值创造过程

资料来源：刘林青、雷昊和谭力文（2010）。

在服务主导逻辑下，企业的生产活动开始与消费过程进行结合，二者在互动过程中共同完成价值创造。企业不再直接提供包含价值的产品，而是进行价值主张营销，通过与顾客的互动参与顾客的价值创造过程，价值由生产者和消费者共同创造（Skålén，Gummerus，von Koskull & Magnusson，2015）。与产品主导逻辑相比，服务主导逻辑不再关注产品的交换价值，而是使用价值。产品主导逻辑下，企业和消费者之间就交换价值达成交易合约，从而各自获取所需。但是，在服务主导逻辑下，价值必须在消费者的使用过程中才能被创造出来，这就是价值共同创造。在价值共同创造过程中，企业和消费者都是价值的创造者，双方必须通力合作才能完成价值创造活动（如图 3-4 所示）。在文献归纳和总结的基础上，万文海和王新新（2013）认为企业与消费者之间的价值共同创造活动包括两种不同的形式：生产领域的价值共同创造和消费领域的价值共同创造。生产领域的价值共同创造是指企业邀请消费者进入其生产过程中，与消费者共同完成价值创造活动；消费领域的价值共同创造是指消费者邀请企业进入其消费过程中，与企业共同完成价值创造活动。在消费领域，价值共创行为能够极大地提升消费者的品牌忠诚度（王新新、万文海，2012）。

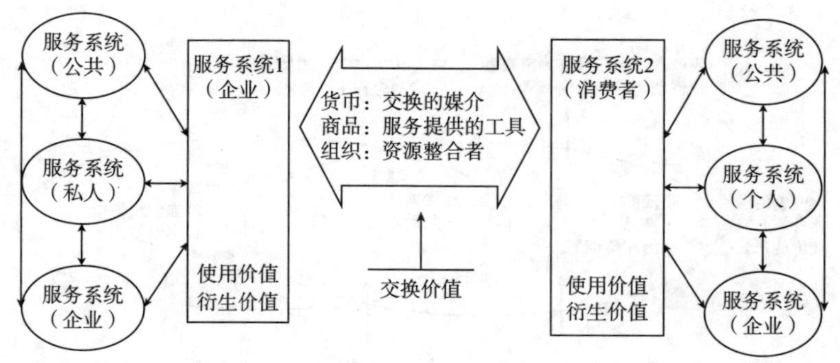

图 3－4　服务主导逻辑下的价值创造过程

资料来源：刘林青、雷昊和谭力文（2010）。

在消费者主导逻辑下，消费者将企业所掌握的资源和价值主张纳入自己的日常生活和实践中。企业的产品和生产活动只包含潜在价值，为消费者的日常生活提供辅助性支持，而非实实在在的真实价值。消费者以其日常生活为背景和基础，根据自己的知识和技能创造自己所需的价值形式。很明显，这种价值创造活动已经完全脱离了企业。在消费者主导逻辑下，价值创造形式也包括两种形式：消费者和企业共同创造价值与消费者单独创造价值（Grönroos & Voima，2013）。消费者和企业共同创造价值是指消费者与企业发生互动关系，在消费者的日常生活中共同参与、相互协作以完成价值创造活动。例如，消费者与旅游公司积极配合，以完成旅游路线的规划、酒店预订等工作，为度假活动做好准备。从形式上来看，这与服务主导逻辑下的消费领域共同创造价值有点接近。消费者单独创造价值是指消费者在其日常生活中单独完成价值创造活动，无须企业参与进来。例如，度假回来后，消费者以照片、纪念品等为线索回忆当日的旅游情形，勾起很多美好的回忆。价值的内容虽然仍是使用价值，但是还包括体验价值、学习价值、身份认同价值等方面。Grönroos 和 Voima（2013）对消费者主导的价值创造进行了清晰的界定和总结（如图 3－5 所示）。在消费者主导逻辑下，消费者是价值创造的“主人翁”。

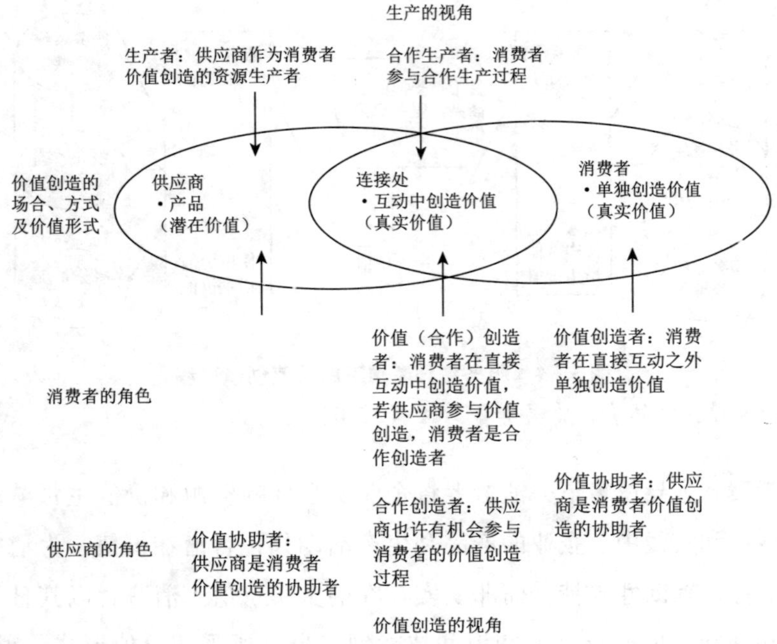

图 3－5　消费者主导逻辑下的价值创造过程

资料来源：Grönroos 和 Voima（2013）。

3.3　审美体验的心理学解释：审美心理机制

前两小节分别从哲学和营销学的视角分析了审美体验的价值属性和价值创造范式的演变过程。从前面的分析可知，审美体验是一种重要的价值形式，并且这种价值形式是消费者在其日常生活中运用认知、思考和体验等心理活动单独创造的价值。那么，从微观角度（消费者个体角度）来讲，审美体验价值到底是如何产生的呢？对这个问题有必要在心理学的理论中寻找答案。接下来，本书基于微观的个体角度，对心理学理论中关于审美体验心理活动过程的解释和论述进行详细的归纳、梳理和整理，并在此基础上建立解释个体审美体验心理过程的理论框架。

3.3.1 单纯暴露理论

单纯暴露理论（Mere Exposure）也许能够帮助我们解释为什么人们会认为某些物体更美观一些。单纯暴露理论指出，外界物体的单纯暴露刺激能够影响人们对该刺激物的喜好程度（Zajonc，1968）。也就是说，重复多次单纯暴露之后，人们会提升对某物体的喜爱程度。所谓单纯暴露，是指外界物体的刺激仅仅只需被人们的信息系统所接收到，而无须被人们的信息系统进行进一步的加工和处理（Zajonc，2001）。因此，单纯暴露效应是发生在人们毫不知情的情况下，也就是通过阈下认知活动（Subliminal Recognition）而发生了作用（Hicks & King，2011；Bornstein & D' Agostino，1992）。这种特征也被学者称为内隐学习过程（Gordon & Holyoak，1983）。也就是说，人们无法察觉到底发生了什么，但是外界刺激物的单纯暴露已经毫无征兆地改变了人们的偏好和情感。单纯暴露效应的刺激物既可以是毫无意义的抽象刺激物，如直线、多边形、象形文字、音节或声音等（Bornstein，1989），也可以是有意义的社会刺激物，如人或物体的照片、音乐片段等（Szpunar，Schellenberg & Pliner，2004）。

就形式来看，单纯暴露效应非常简单，但是其内在机制却有很多不同的解释。Harrison（1977）认为，陌生的刺激物能够使人产生恐惧、不确定等负面情绪，但是，陌生刺激物的反复出现却能显著地减弱恐惧感和不确定感的情绪强度。在恐惧感和不确定感不断变弱的同时，人们对陌生刺激物的喜好感却在增强。Bornstein（1989）通过元分析发现，相较于简单结构的刺激物，人们对复杂结构的刺激物更不容易产生厌烦的感觉。Nordhielm（2002，2003）提出，外界刺激物的复杂程度能够调节单纯暴露效应，是因为在面对不同复杂程度的刺激物时，人们进行信息加工的努力程度不同。具体地，在面对简单结构的刺激物时，人们将采取浅加工（Shallower Processing）的信息处理模式，此时随着暴露次数的增加，单纯暴露效应将不会出现下降的情况；而面对复杂结构的刺激物时，人们将采取深加工（Deeper Processing）的信息处理模式，此时随着暴露次数的增加，单纯暴露效应将会出现下降的情况。

研究表明，单纯暴露理论也可以用来解释人们的审美评价（Leder，2001）。Temme（1988）的研究发现，随着重复暴露次数的增加，人们对刺激物的审美评价也升高了。这是因为，伴随着重复暴露次数的增加，人们对刺激物的熟悉感也逐渐增加，导致了对刺激物的积极适应感，进而对刺激物的审美评价也升高了。Cutting（2003，2006）深入研究了单纯暴露与审美体验之间的关系，影响甚大。在一个学期中，他每次在课堂上向学生们展示某幅绘画作品2秒，没有任何解释和评价。在学期末，Cutting要求学生们对绘画作品进行审美评价。分析结果显示，学生们对绘画作品的审美评价显著地受到了暴露频率的影响。也就是说，接受暴露次数越多的学生，对绘画作品的审美评价越高。

研究还发现，单纯暴露对个体审美体验的影响作用也显著地受到其他因素的调节作用。例如，Jankovic（2012）研究发现，刺激物的抽象程度能够调节单纯暴露对审美体验的影响作用。具体地，刺激物越抽象，人们关于刺激物的可提取知识越少；在此情况下，单纯暴露对审美体验的影响作用将不再显著。另外，Meskin，Phelan，Moore和Kieran（2013）发现，只有绘画作品是“好”作品时，单纯暴露对审美体验的影响效应才显著。在消费品审美领域，Berlyne的唤起理论也得到了学者们的关注。Cox和Cox（2002）研究发现，相较于结构简单的产品，人们对结构复杂产品的审美评价更易受到重复暴露作用的影响。

3.3.2 唤起理论

唤起理论（Arousal）也为人们理解审美偏好问题提供了一种可能的解释。Berlyne（1957，1960，1971）在这方面进行了大量且极具影响力的研究。Berlyne认为，在欣赏绘画作品时，绘画作品所引致的唤起状态决定了人们的审美愉悦感。Berlyne指出，能够影响人们唤起状态的变量大致可以有三类：对照变量（Collative Variables）、心理生理变量（Psychophysical Variables）和环境变量（Ecological Variables）。对照变量实际上就是刺激物本身的某些特征被人们进行初步加工的结果状态，如新奇度、复杂度、不确定性、冲突和熟悉度等；心理生理变量就是那些刺激物的视觉元素特征，比如刺激物的强度、倾斜度、明亮程度和光滑程度等；环境变量是指审美环境以及由此而带来的意义。

Berlyne 认为，这三类变量都能够引起人体初级奖励系统（Primary Reward System）和初级厌恶系统（Primary Aversion System）发生变化。Berlyne 指出，个体的审美愉悦感主要受到人体初级奖励系统变化的影响，而初级厌恶系统则对过高的唤起状态具有抑制作用，以免个体受到过大的刺激。可见，初级奖励系统具有先行性，而初级厌恶系统则监督和调节初级奖励系统的活动。这两个系统变化的综合作用就引起了人们不同的唤起状态，最终决定了个体的审美愉悦感。Berlyne 进一步指出，人们的唤起状态对审美愉悦感的影响呈现“∩”形关系。也就是说，在唤起状态较低时，在审美对象的持续刺激下，人体初级奖励系统能够提升人们的唤起状态水平，进而提升人们的审美愉悦感；但是当达到一定程度之后，在审美对象的持续刺激下，人体初级厌恶系统开始活动，抑制人体的唤起状态水平，从而降低了人们的审美愉悦感。

Berlyne 还指出，相较于其他两类变量，对照变量对审美愉悦感的影响作用最大。学者们的实验研究支持了审美愉悦感的唤起理论解释，但是也有一些依据唤起理论所做的审美体验推测并没有得到实证研究结果的支持（Martindale，Moore & Borkum，1990）。例如，Evans（1971）运用图片的复杂程度来操控被试的唤起状态。实验结果表明，图片的复杂程度与被试的唤起状态之间呈“∪”形关系，而被试的唤起状态与审美愉悦感之间呈现负向相关关系。因此，图片的复杂程度与被试的审美愉悦感呈现“∩”形关系。在这里，Evans 尽管发现了被试唤起状态与审美愉悦感之间存在显著的相关关系，但并非 Berlyne 所预期的那样呈现“∩”形关系，而是呈负向的线性关系。

Leonard 和 Lindauer（1973）研究发现，人们对刺激的唤起状态与审美愉悦感之间存在显著的相关关系（相关系数为 0.36）。Walters，Apter 和 Svebak（1982）运用颜色的变化来操控被试的唤起状态水平。实验结果发现，被试的唤起状态水平显著地影响了被试的审美愉悦感。进一步地，Walters，Apter 和 Svebak 还测试了颜色对被试唤起状态水平的影响作用，由此验证了唤起水平状态作为审美愉悦感的内在机制作用。Blijlevens，Carbon，Mugge 和 Schoormans（2012）验证了唤起状态对审美评价的影响作用。他们发现，唤起状态与审美评价之间呈现单调递增的线性关系，而不是"∩"形关系。Noseworthy，Di Muro 和 Murray（2014）发现，唤起状态显著地影响了消费者对产品的评价。具体地，在低唤起状态下，消费者更加偏爱中等程度偏离自己期望的产品，而不是较大程度偏离期望的产品；但是在高唤起状态下，消费者对两类产品的喜爱程度没有差异。

3.3.3 原型理论

在研究语义信息时，Rosch（1975）提出了原型理论（Prototype Theory）。首先，Rosch 收集了十类物品的典型特征。Rosch 发现，用语义的方式向被试提示某类物品的典型特征之后，被试识别该类物品的速度明显加快。并且，越是接近这些典型特征的物品，被试对这些物品的反应越快。Rosch 还发现，某类物品的名称并不能影响被试对该类物品的反应速度，影响被试对物品认知和反应速度的关键在于该类物品的典型特征理解。由此，Rosch 认为，对事物原型特征的认知能够加速被试对该类事物的识别和反应速度。

自原型理论被提出之后，很多学者研究了原型感知对审美评价的影响作用。简单地说，人们是否认为具原型性的物体更为美观。Whitfield 和 Slatter（1979）利用人们选择家具的过程研究了原型性对审美评价的影响作用。首先，被试需要将不同的家具归于三种不同的家居风格类别。实际上，此过程就是用来检验被试对不同家具的原型性感知。其次，被试再对这些家具的美观程度进行评价。结果发现，被试对那些被归于某类家居风格（原型性感知较高）的家具具有更高的审美评价。可见，原型性感知确实能够影响被试对物体的审美评价。

Light，Hollander 和 Kayra－Stuart（1981）发现，那些被认为更有吸引力的面孔往往也具有最为大众化的面容特征。也就是说，面孔的美观程度也显著地受到原型性感知的影响。但是，那些极具吸引力的面孔也难以被记住，因为过于大众化，个性化特征不明显。在这些研究的基础上，Martindale 和

Moore（1988）明确提出，原型理论可以解释人们的审美偏好问题。Martindale和Moore认为，审美体验取决于刺激物在多大程度上符合人们对美的心理呈现，也就是人们对美的原型认识。当刺激物越接近美的原型，人们对刺激物的审美评价越高。运用实验法研究，两位学者发现，在典型性激发的情况下，被试对刺激物的审美评价得到了显著提升。两位学者还发现，语义刺激也能够显著地激发被试的原型认识，从而增加被试的审美评价。

Farkas（2002）以超现实主义的绘画作品为刺激物检验了原型性感知对审美评价的影响。首先，被试学习了超现实主义作品的典型特征。紧接着，被试对40幅作品进行了原型性感知评分。实验将30幅得分较低的作品分为一组，10幅得分较高的分为一组。被试对10幅那组的画作具有较高的审美评价。另外，实验还将原型性得分较高的30幅作品分为一组，而10幅得分较低的分为一组。结果发现，被试对30幅那组的画作有较高的审美评价。

那么，原型性感知为什么能够影响人们对物体的审美评价？有些学者认为，审美的原型理论只是唤起理论的另一种形式而已——只是将研究目光聚焦于环境因素对审美评价的影响。Martindale，Moore和West（1988）对比了原型理论和唤起理论对审美评价的解释力。他们发现，两种理论都具有较强的解释力，但原型理论的解释力比唤起理论的解释力大很多。Martindale，Moore和West（1988）也发现，原型性感知对审美评价的影响呈单调递增的线性关系，而非“∩”形。这就使得原型理论与唤起理论的关系具有争议性。

也有学者提出，原型性感知影响人们审美体验的真正原因在于人们分类信息处理方式（Categorical Processing）。Whitfield（1983，2000）提出了“分类—动机模型”（Categorical - Motivation Model）来解释原型理论。Whitfield指出，在接受新的外界信息之后，人们有强烈的动机去对新信息进行分类处理。而原型性感知较高的信息将很容易被进行分类处理，因为人们在自己的记忆系统里面已经存在现成的“模子”了。Whitfield对比研究了抽象性和具体性两类信息对审美评价的影响：抽象性信息具有较低的诊断能力，能够较容易被人们进行分类处理，因而人们对其审美评价也较高；而由于较难被分类，人们对具体信息审美评价较低。

继而有学者提出，原型性只不过是人们对客观世界物体具有某种约定俗成的社会规范和标准而已。例如，Konkle 和 Oliva（2011）的研究要求被试将客观世界的某件物体描绘在画板上。结果发现，人们对真实世界物体的心理呈现具有相近的尺寸和视角；而被试对偏离该尺寸和视角（原型性）的物体具有较低的审美评价。Linsen，Leyssen，Sammartino 和 Palmer（2011）的研究支持了 Konkle 和 Oliva（2011）关于物体心理呈现尺寸的研究。不仅如此，Linsen 等还发现，在改变物体局部成分的尺寸之后，人们对其的审美评价也显著地降低了。这也能证明人们对客观世界物体的大小确实存在某种约定俗成的标准。Sammartino 和 Palmer（2012a）发现，相较于在垂直方向上与被试视线等高的物体，被试更加偏爱偏离被试视线高度的物体。这是因为，物体与视线等高的状态是一种非常见状态，不具有典型性，而偏离状态才是常态。Sammartino 和 Palmer（2012b）发现，对物体状态的语义描述也能显著地影响被试的审美评价。他们发现，“飞翔”（Flying）和“起飞”（Departing）都是对同种状态下飞机的语义描述，但是被试认为“飞翔”状态的飞机更为美观，这是因为飞翔才是飞机的典型特征。

3.3.4 完形理论

研究表明，在进行审美活动之时，信息处理模式显著地影响了人们的审美体验（Cupchik，1992）。在处理与审美对象的相关信息时，人们可以采用两种完全不同的思维方式：整体的或局部的（Kimchi，1992）。审美主体的时间压力、信息载荷程度、任务目标等（Hutchinson & Alba，1991）和审美刺激物的某些结构特征（Kemler Nelson，1984）都能影响人们的审美思维方式。

整体的信息处理方式是指人们关注客观对象整体属性，而不是客观对象的局部或个别组成部分（Tanaka & Farah，1993）。格式塔学派（Gestalt）强调物体的整体性，认为整体不等于部分之和（Kellett，1939）。尽管格式塔心理学家们不否认“部分”的存在，但是他们相信整体的各个组成部分之间以非线性的方式相互影响，共同决定了整体的“印象”（Köhler，1947）。也就是说，各组成部分之间的相互关系和关联决定了整体的外观和特征（Palmer，

1990）。格式塔心理学家强调，在观察一个物体时，人们更倾向于对物体各组成部分进行“完形”（Configurations）处理，重点关注和理解物体的整体布局结构（Patterns）（Fanselow，2000），而不会单独地关注组成物体的各个部分。各部分或元素之间的格式塔规律有利于人们对物体信息的完形处理过程（Arnheim，1949）。格式塔心理学家们总结了若干经典的完形规则：接近性（Proximity）、相似性（Similarity）、同向性（Common Fate）、对称性（Symmetry）、平行性（Parallelism）、连续性（Continuity）和闭合性（Closure）等（Palmer，1990；Koffka，1935）。

局部的信息处理方式是指人们主要依据物体各组成部分或元素的属性对客观物体的认识、评价和分类等信息处理活动（Tanaka & Farah，1993）。局部的信息处理方式也被称为基于特征的（Featural）或理性的（Analytical）信息处理方式（Halberstadt，Goldstone & Levine，2003；Shepp，1989）。Treisman（1986）也曾提出，人们可以通过对成分解析来实现对客观物体的识别。Treisman认为，我们生活的世界包罗万象，如果给所有的客观对象都进行一一识别的话，这将是一项巨大的工作。因此，Treisman主张通过对客观物体进行基本结构的分析，以达到高效认识客观世界的目的。类似地，Biederman（1987）提出成分识别理论（Recognition - by - Components Theory，RBC）。成分识别理论指出，任何复杂的物体结构都可以被拆分成36种最基本的形状或成分。这些基本形状或成分也被称为“几何离子”（Geon）。Biederman认为，客观世界的物体就是由这些几何离子的排列和组合而构成的。因此，人们可以通过识别这些基本几何离子的属性特征来认识客观物体。一般地，人们比较关注几何离子五个方面的属性特征：弯曲度（Curvature）、共线性（Collinearity）、对称性（Symmetry）、平行性（Parallelism）和共端性（Cotermination）。

从认知心理学的角度来说，整体和局部的思维方式是两种完全不同的认知模式（Koriat & Norman，1989）。整体的思维方式是一种自上而下（Top - Down）的信息处理方式，而局部的思维方式是一种自下而上（Bottom - Up）的信息处理方式（Kinchla & Wolfe，1979）。在这里，“上”是指知识，“下”

是指感官信息。自上而下的信息处理是指人们利用已有的知识指导认知活动，是一种感性认知方式；而自下而上的信息处理是指感官信息驱动信息处理过程，最后积累为认知外部世界的知识系统，是一种理性认知的方式（Donnelly，Cave，Greenway，Hadwin，Stevenson & Sonuga - Barke，2007）。

从本质上来看，审美体验是一种主观感受，是人们进行感性认识而非理性计算的结果（Holbrook，1999）。Gombrich（1960）认为，整体（自上而下）的信息处理方式能够帮助人们获取较高的审美体验价值。人们需要在已有的知识之上形成对物体审美价值的期望，以此指导人们获取重要的审美信息并对这些信息进行解释活动。Gombrich（1960）强调，物体审美价值实质上就是人们已积累知识的体现，因此也就要求人们用知识对审美客体进行解释。

3.3.5 审美流畅性理论——一个整合的框架

不管是单纯暴露理论，还是唤起理论和原型理论，抑或完形理论都没有较好地解释理论背后的作用机制，它们只不过是对审美体验的作用机制进行了某种表象的、后见之明的解释而已（Mura & Troffa，2006）。尽管学者们对这些理论是否和如何能够解释审美体验进行了大量的理论和实证研究，但是并没有得到一致性的观点。因此，学者之间就这些理论是否成立、解释力度以及适用范围等问题仍然存在很大的争议（Palmer，Schloss & Sammartino，2013）。在此背景下，学者们将研究视线转向了人们在进行审美体验之时的主观感受——流畅性体验（汪夏，2010；Reber，Schwarz & Winkielman，2004）。

（1）流畅性体验的概念。

一般来讲，流畅性体验（Fluency Experience）可以分为认知流畅性和概念流畅性两种类型，是指在处理信息时，信息流进入和“流过”人们认知系统的难易程度（Lee & Aaker，2004）。Greifeneder 和 Unkelbach（2013）总结了流畅性体验的五个特征：第一，流畅性体验是一种主观感觉。流畅性体验不是人们将已储存在记忆系统中的信息进行再提取，而是一种关于认知系统在处理信息时工作状态的体验性信息。类似于情感体验和肢体感觉，流畅性体验能够被人们感受到，是一种阈上的主观意识。第二，流畅性体验是人们心理活动的结果。在处理信息时，内部监控系统需要时时监控并向大脑汇报信息处理的状态。流畅性体验就是内部监督系统获取关于信息处理进程的“信号”。第三，流畅性体验能够表征信息处理过程的难易程度。很显然，尽管还可能包括其他特征维度（如强度），但是难易程度是流畅性体验最重要的特征维度。这也就使得难易程度成为学者们在测量流畅性体验时最关注的维度。第四，流畅性体验不是绝对的，具有相对性。以往的信息处理难易程度是流畅性体验的比较标准。若与以往经历相比，某信息处理起来较难，那么人们的流畅性体验将较低；反之亦然。第五，流畅性体验是人们对信息处理情况的一种综合认知。必须认识到，很多因素可以影响人们的流畅性体验，比如信息存储的状况、以往处理此类信息的经历以及信息处理的动力等。由于流畅性体验的综合性，人们不但关注流畅性体验差异的来源，也依靠流畅性体验进行决策。

（2）流畅性体验对认知和决策的影响。

很多学者都深入地研究了流畅性体验对人们判断和决策的影响效应。在这些研究中，Tversky 和 Kahneman（1973）的研究可能是最有名的。在一个实验中，Tversky 和 Kahneman 要求被试判断“r”位于开头位置和第三位置单词的数量多少。结果发现，被试认为“r”位于开头位置的单词显著地多于“r”位于第三位置的单词，尽管后者的实际数量多于前者的数量。这是因为被试更容易记起以“r”开头的单词，导致流畅性体验较好。也就是说，事物提取过程的流畅性体验影响了被试对事物出现频率的判断。Combs 和 Slovic（1979）发现，在日常生活中，报纸往往过度报道灾难性事件和暴力行为致死的新闻，而很少报道疾病致死的事例。这就使得人们往往过度地估计了灾难性事件和暴力行为的致死概率。这一发现也说明，事件提取的流畅性显著地影响了人们的判断。

在 Tversky 和 Kahneman（1973）之后，大量学者研究了流畅性体验对人们认知、判断和决策的影响。Whittlesea（1993）发现，被试的流畅性体验能够显著地增加被试对事物的熟悉感。Hasher，Goldstein 和 Toppino（1977）研究了流畅性体验对真实性判断的影响。被试需要判断关于政治、体育和艺术的60个评论，被试对这些评论所涉及的内容都有所了解，但是又不是十分确定。在这60个评论中，有些评论是重复出现的。研究发现，评论出现的频率显著地影响了被试对其真实性的感知，也就是重复出现的评论被认为更可信。Hasher，Goldstein和Toppino认为，重复出现显著地提升了被试处理这些信息的流畅性体验。Begg，Anas和Farinacci（1992）也发现，那些熟悉的和难以忘记的信息能够显著地提升被试的流畅性体验，进而提升了被试对这些信息的信任程度。许淑莲、孙弘舸和吴志平（1989）的研究发现，流畅性感知显著地影响了成年人词语记忆的效果，并且年龄起着显著的调节作用。张旭锦（2010）发现，知觉流畅性（受到颜色对比度、字体类型和清晰程度等的影响）会影响一系列判断和决策任务，如命题真实性、类别判断、偏好、熟悉性等。

陈琳、莫雷和李光远（2008）的研究发现，在不同转换条件下，流畅性体验能够显著地影响人们检索自然概念类别的时间。Greifeneder，Müller，Stahlberg，van den Bos和Bless（2011）发现，在进行决策时，信息本身的内容可能是不重要的，而信息给人的感觉有可能变得更为重要。尤其是，当流畅性体验较高时，人们愿意遵循感觉即信息的原则进行决策。Koch和Forgas（2012）发现，情绪状态能够调节流畅性感知对真实性判断的影响。相比于负面情绪，当处于正面情绪之中时，人们将更多地依靠流畅性体验对事物做出真实性判断。因为，负面情绪使得人们花费更多的精力去适应环境的变化，因此更加注意环境中的线索和信息，不再倚重流畅性感知的作用；而正面情绪使得人们使用同化的决策方式，倚重流畅性体验的启发作用。

Feustel，Shiffrin和Salasoo（1983）研究了流畅性体验对单词识别任务的影响。首先，被试将阅读若干个单词，这些单词中就包含实验涉及的目标单词。紧接着，被试需要识别一些用图片形式表示的单词。实验结果发现，相比于预先没有接触的单词，被试对那些预先接触了的单词拥有更快和更准备的识别率。预先接触能够增加被试从记忆中提取该单词的流畅性，从而提升被试完成任务的速度和准确性。Jacoby，Kelley，Brown和Jasechko（1989）发现，在被试接触到一些非著名的名称之后，在 24 小时之后被试将认为这些名称也是十分著名的，这种现象被称为睡眠者效应（Sleeper Effect）。但是，如果要被试在接触之后马上进行评价的话，睡眠者效应并不会出现。侯瑞鹤和俞国良（2008）的研究发现，一般儿童在学习完一个项目立即判断的条件下主要利用加工流畅性，在延时判断的条件下主要利用提取流畅性进行个体学习判断；而在两种条件下，学习不良儿童主要利用提取流畅性线索进行个体学习判断。

Jacoby 等（1989）认为，在经历一定的时间间隔之后，被试已经开始无意识地遗忘原始消息的具体细节（如消息来源），最终只能保持一些比较模糊的记忆。此时，只有消息的熟悉程度能够影响被试的决策结果。也就是说，熟悉程度增加了被试的流畅性体验，从而增加了被试对非著名名称的好评。Reber，Wurtz 和 Zimmermann（2004）研究了图片—背景对比效果和字体对被试单词识别任务的影响。图片—背景对比效果显著地影响了单词被察觉（Detection）的速度；而字体则显著地影响了被试辨别（Identification）单词的速度。研究结果表明，尽管流畅性体验能够影响被试的信息处理速度，但是不同因素所导致的流畅性体验对信息不同处理阶段的影响是不尽相同的。Alter 和 Oppenheimer（2006）发现，名字发音较流畅的股票更受到人们的喜爱，并且拥有较高的估值。Song 和 Schwarz（2009）发现，流畅性体验能影响人们的风险预期。流畅性体验能够影响人们的熟悉度感知，而人们往往认为较熟悉的事物是低风险的。

Hertwig，Herzog，Schooler 和 Reimer（2008）认为，流畅性体验是人们进行启发式认知和决策的主要依据之一。流畅性体验能够有效地帮助人们认清环境变化、整合各项能力并降低搜索和处理信息的努力。更重要的是，在现实世界中，人们能够自觉地依据流畅性体验的感知差异进行决策。因此，流畅性体验是人们自觉且有效地利用已积累的知识认识外界的重要工具。Zitek 和 Tiedens（2012）研究了流畅性体验对社会阶层的喜爱程度。Zitek 和 Tiedens 认为，在社会生活中，社会阶层出现的原因是社会阶层更容易被人们记忆和认知，具有较好的流畅性体验，特别是在较为复杂的社会关系中。

Zitek 和 Tiedens 的研究能够说明，为什么人们不喜欢杂乱无章的社会关系，而偏爱有序的社会阶层。

在营销学研究中，流畅性体验感知也是影响消费者认知和决策的重要因素之一。Shapiro（1999）研究发现，不经意间的广告信息暴露能够显著地提升消费者处理相关产品信息的流畅性体验，从而增加消费者对广告信息所涉产品的评价，并且，这种影响作用是无意识的。Janiszewski 和 Meyvis（2001）发现，在消费者重复接触某产品广告之后，消费者显著地提升了消费者的流畅性体验，从而提升了对广告、产品和产品包装的喜爱程度。并且，与以往只关注暴露频率对流畅性体验的影响不同，两位学者还研究了暴露频率、广告特征和暴露方式对消费者流畅性体验的影响。Labroo，Dhar 和 Schwarz（2008）发现，产品的语义刺激也能显著地提升消费者的流畅性体验，从而提升消费者的产品喜爱程度。汪涛、张琴、张辉、周玲和刘洪深（2012）的研究发现，产品信息呈现方式能够显著地影响消费者信息处理的流畅性感知，造成元认知困难，从而达到削弱来源国效应的目的。Shapiro 和 Nielsen（2013）研究发现，在向消费者重复暴露某产品广告时，品牌标识放置位置的改变能够显著地增加消费者处理品牌标识的流畅性体验感知，从而提升消费者的品牌评价和选择意愿。

流畅性体验感知的影响作用也受到一些因素的调节作用。Petrova 和 Cialdini（2005）发现，激发消费者的想象力能够显著地增加消费者对产品的评价和喜爱程度；但是，若消费者的想象能力或产品生动程度不够的话，激发消费者想象力的策略有可能带来负面效果。这是因为，高流畅性体验能够显著地提升消费者的产品评价和喜爱程度，但是较低的流畅性体验也能带来负面效果。Shen，Jiang 和 Adaval（2010）发现，当消费者对两个产品的流畅性体验存在差异的时候，对比效应和同化效应都有可能发生。也就是说，当消费者认为这两个产品是独立的时候，两个产品之间将发生对比效应，因此消费者对高流畅性体验产品的评价较高；但是当消费者认为两个产品是相关的时，两个产品之间将发生同化效应，因此消费者对高流畅性体验产品的评价较低。Tsai 和 McGill（2011）发现，在低解释水平条件下，高流畅性能够显著地增加消费者的选择信心；而在高解释水平条件下，高流畅性体验反而减弱了消费者的选择信心。

（3）流畅性对审美体验的影响作用。

很显然，流畅性体验能够显著地影响人们的认知和决策。那么，流畅性感知是否能够影响人们的审美愉悦感呢？19 世纪，Fechner 要求他的学生对不同长宽比的长方形进行审美评价。Fechner 发现，某个固定长宽比的长方形被学生们一致地认为是美观度较高的。这一长宽比例就是著名的黄金比例（Ackermann，1895）。在这之后，一些学者开始研究黄金比例为何受到人们的偏爱。Birkhoff（1933）用数学方法研究了黄金比例背后的原因。他认为，当物体的复杂程度和有序程度达到某个最优的美观比例时，人们对物体的审美评价将达到最高点。与 Birkhoff 关注审美对象的特征不同，Eysenck（1941）认为，审美对象的特征并不是关键的影响因素，而人们的主观感受才是影响审美体验的关键所在。他指出，越复杂越有序的物体，越受人们的喜爱。这是因为，在进行审美活动时，人们的主观愉悦感直接受到人们处理物体信息难易程度的影响（Eysenck，1942）。这一观点应该是流畅性体验影响审美体验的最初表达。

Reber，Winkielman 和 Schwarz（1998）向被试展示了一些日常物体的图片，比如桌子、小鸟和飞机等。他们操控了图片的流畅性体验，要求被试对图片进行喜爱程度的评价。为了检验流畅性体验操控是否成功，Reber 等测试了被试对图片的认知反应速度。研究发现，流畅性体验显著地影响了被试对图片的审美评价。Leder（2003）发现，人们往往认为较为熟悉的物体具有更高的审美价值，这是因为熟悉感能够显著地提升流畅性体验，从而增加了人们的审美体验。Reber，Schwarz 和 Winkielman（2004）明确提出，在进行审美时，流畅性体验越高，人们的审美评价也越高。这一命题包含了四个基本假设前提：首先，流畅性感知的差异受到审美对象主要属性的影响，比如对称性等。其次，在进行审美活动时，人们遵循享乐主义原则而做出决策。再次，人们严重依赖自我的主观感受进行审美判断的决策。最后，流畅性体验对审美愉悦感的影响作用受到审美期望和归因的调节。也就是说，高流畅性体验的物体将大大超越人们的预期而带来惊喜之感，并且这种惊喜之情被归因于物体的审美价值。

大量的实证研究表明，流畅性体验感知能够显著地影响人们的审美体验（陈睿、高湘萍，2011）。Silvia（2007）研究发现，审美知识和技巧能够显著地影响人们的审美评价。这是因为，伴随着审美知识和技巧的增加，人们的审美流畅感也显著地增加了。Cho 和 Schwarz（2010）研究了他人试穿或试用某产品的行为是否影响消费者的购买决策。研究发现，当试穿或试用的人是自己熟悉的人时，消费者更偏爱正常情况下的试穿照片，而非镜子中的试穿照片；但是，当试穿人是陌生人的时候，这种效应将消失。这是因为，在日常生活中，消费者已经习惯了熟人的正常照片；当向消费者展示镜子中的照片时，消费者的流畅性体验将大大地降低。Halberstadt 和 Hooton（2008）发现，分析的思维方式能够显著地降低流畅性体验，从而显著地降低了人们的审美评价。Belke，Leder，Strobach 和 Carbon（2010）运用实验方法验证了流畅性体验→情感→审美评价的因果关系。在欣赏一幅抽象的绘画作品之前，被试将获得与绘画作品高和低相关的语义信息。结果显示，相比于低相关语义信息的情况，高相关语义信息能够显著地增加被试的流畅性体验，进而提升了被试对绘画作品的审美评价。并且，语义信息对审美评价的影响关系受到绘画作品抽象程度的影响。具体地，越是抽象的作品，语义信息对审美评价的影响效应越显著。

（4）流畅性体验影响认知和决策的内在机制。

流畅性体验影响人们认知和决策的内在机制是学者们十分关注的研究主题之一（罗黄金、井凯，2015）。这其中尤以棱镜模型最为有名。Brunswik（1955）提出了棱镜模型（Lens Model）用来解释流畅性体验影响人们认知和决策的基本原理。棱镜模型的核心观点是，人们需要依靠一些方便获取的信息（近端线索）来推测和判断某些无法直接观察的事物特征（远端真相）（Hammond，1955）。例如，人们无法观测某人的智商高低，但是某些线索（如考试成绩）可以帮助人们推断他人的智商。线索的有效性不一致，主要取决于线索与真相之间的相关性；而人们对每条线索的重视程度也不一致，线索利用就是赋予某条线索具体权重的过程（如图3-6所示）。很显然，线索的有效性影响了某条线索影响决策的权重。但是，由于有限理性的存在，人们不可能将线索的有效性与决策权重进行完美的匹配（Karelaia & Hogarth, 2008）。

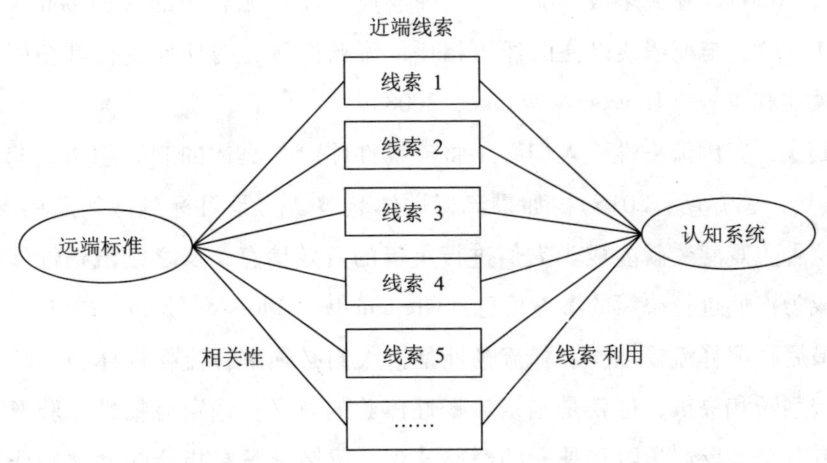

图3-6 棱镜模型

资料来源：Unkelbach 和 Greifeneder（2013），稍有改动。

流畅性体验是人们能够直接获取的线索，能够帮助人们认识和了解那些无法直接观测的客观事物（Unkelbach & Greifeneder, 2013）。首先，客观上来看，尽管流畅性体验不是十分完美的线索，但是流畅性体验是人们对信息处理过程难易程度的主观感受，非常容易获取（MacKay, 1982）。其次，主观上来看，流畅性体验具有明显的享乐性质。一般说来，高流畅性体验是一种积极的情感状态（Winkielman, Schwarz, Fazendeiro & Reber, 2003）。这是因为，高流畅性意味着人们拥有足够的知识和技巧来认识和了解刺激物（Silvia, 2007）。并且，高流畅性能够提升人们对刺激物的熟悉感，显著地降低人们对外界刺激物的风险感知（Song & Schwarz, 2009）。因此，流畅性体验是人们决策的重要线索。

流畅性体验可以帮助人们推测和判断无法观测事物的特征。那么这个过程究竟是怎么发生的呢？Unkelbach 和 Greifeneder（2013）提出，在借助流畅性体验来认识和了解客观事物时，人们一共需要完成三个阶段的信息处理活动：感知流畅性、归因流畅性和解释流畅性。

首先，感知流畅性。人体的内部监控系统需要持续不间断地监控信息处理活动的情况，而流畅性体验就是最重要且最方便获取的线索（Whittlesea & Leboe，2000）。在大多数情况下，这种监控活动是无意识的（Nisbett & Wilson，1977）。与期望或以往的经历相比，流畅性体验的任何变化都会引起人们的关注和重视（Hansen & Wänke，2008）。

其次，归因流畅性。人们必须将流畅性体验与具体的刺激物建立起联系（李兵兵、郭春彦，2015）。如果流畅性体验被认为是目标刺激物所引起的，那么这种主观感受就能成为人们进行决策的有效信息；反之则流畅性体验就不能成为人们进行决策的参考信息（Greifeneder，Bless & Pham，2011）。

最后，解释流畅性。解释流畅性是指人们必须解释流畅性体验为什么能够影响判断和决策，也就是确定流畅性体验的意义。确定流畅性体验意义的途径有两个：反馈学习和朴素的经验认识。反馈学习是指流畅性体验作为判断和决策线索的有效性可以通过环境中其他线索的应证而得到验证（Unkelbach，2007）；朴素的经验认识是多次认知活动所积累的结果——在某种情况下，人们已经确信可以依靠流畅性体验实现较完美的判断和决策效果（Oppenheimer，2004）。

（5）流畅性理论对其他审美理论的包容性。

审美流畅性理论重点关注了人们进行审美活动时的主观感受。这一特点也使得审美流畅性理论具备了较高的解释力度和较广的适应范围（曹新美、刘翔平、蒋曦宁、王铮芳，2007；林国耀、莫雷、王穗苹、罗秋铃，2014）。从文献梳理的结果来看，审美流畅性理论对其他审美理论具有较好的包容性。

首先，单纯暴露理论。各种刺激物（如面孔、表意文字、字句和音乐等）的单纯重复暴露能够显著地提升人们对刺激物的评价和好感（如判断、偏好、行为选择和心理反应等）（Bornstein，1989）。这就是单纯暴露理论的最核心观点（Zajonc，1968）。Zajonc（1968）指出，在遇见陌生新奇的刺激物时，人们将给予过多的关注，以判别刺激物是否是危险有害的；但在多次暴露之后，这种担心将逐渐平息。也就是说，单纯暴露效应是人类的预警认知机制。流畅性体验也可以被认为是一种对陌生新奇刺激物进行甄别遴选的机制（Rugg & Yonelinas，2003）。相较于陌生新奇的刺激物来说，重复暴力的刺激物能够显著地提升人们的流畅性体验。在多次暴露之后，人们的信息处理速度明显提升（Jacoby & Dallas，1981）。对于熟悉的刺激物，人们不需要花费过多的认知努力（Whittlesea & Price，2001）。人们可以遵循一些习惯性思维来处理与较熟悉刺激物相关的信息（Norman & O’Reilly，2003）。因此，流畅性体验被认为是单纯暴露影响人们认知、判断和决策的核心解释机制（Bornstein & D’Agostino，1994；Willems & Van der Linden，2006）。

其次，唤起理论。在处理信息时，人们必须保持一定的唤起状态，才能完成认知、判断和决策的过程（Silvia，2005）。很多学者都研究了唤起状态影响信息处理过程及结果的内在机制。在这里，本书仅关注唤起状态与流畅性体验之间的关系。Eysenck（1974）研究发现，较高的唤起状态能够加速人们自记忆系统中提取信息的速度。Morris，Cleary 和 Still（2008）发现，刺激物的熟悉程度能够引起被试唤起状态的变化；而唤起状态的变化影响了被试认知资源的分配。具体地，人们将对较熟悉的刺激物保持较高的唤起状态，较高的唤起状态促使人们将较多的认知资源分配给较熟悉的刺激物，这有利于人们对较熟悉的刺激物做出较为积极的评价。Hudock（2008）操控了结巴被试的唤起状态，然后要求结巴被试阅读一段文字，以观测唤起状态对阅读流畅性的影响。结果发现，唤起状态越高，被试的阅读流畅性越好。Bertamini，Makin 和 Rampone（2013）研究了对称性对被试唤起状态的影响。结果显示，相较于随机排列的刺激物，对称性的物体激发了被试较高的唤起状态，进而导致了较高的喜爱程度。这些研究说明，唤起状态对人们决策过程及结果的影响可以被流畅性体验所解释。

再次，原型理论。在认知心理学领域，很多研究表明刺激物的原型性能够显著地降低被试的信息处理难度。Posner 和 Keele（1968）发现，人们更容易确认高原型性刺激物所归属的类别。这是因为，人们更容易从记忆系统中提取关于高原型性刺激物的信息。并且，相较于处理低原型性的刺激物，在处理高原型性的刺激物时，大脑神经系统的活动强度较低。这说明，人们不需要花费较大的努力程度来处理与高原型性刺激物相关的信息，处理速度也较快（Reber，Stark & Squire，1998）。反之，研究发现，当某些刺激物的语义原型被激发之后，被试对该原型范畴之外的刺激物具有较低的敏感度（Estes，Verges & Barsalou，2008）。Whittlesea（2002）发现，在接受新概念之后，被试会将其所接触的实例存储为该类概念的典型代表物，并将对此类代表物拥有较高的熟悉度。也就是说，在被当成某类事物的典型代表之后，人们对此类事物的熟悉度也提升了。Winkielman，Halberstadt，Fazendeiro 和 Catty（2006）更能说明原型性对流畅性体验的影响。Winkielman 等发现，在进行审美活动时，审美刺激物的原型性显著地影响了被试的审美流畅性和审美评价，并且审美流畅性在这一影响关系中起着显著的中介作用。因此，流畅性体验能够解释刺激物的原型性与被试喜爱程度之间的关系。

最后，完形理论。在处理信息时，人们更愿意对客观对象的各部分信息进行完形处理，关注事物的整体性而非各组成部分。学者们的研究表明，完形的处理方式能够显著地降低信息处理的难度，提升人们的流畅性体验。Navon（1977，1981）发现，相比于局部特征信息，人们更加优先处理整体的特征信息。这是因为，整体信息能够更有效地帮助人们判别物体的特征。只有在必要的情况下，人们才会关注和处理局部的特征信息。Love，Rouder 和 Wisniewski（1999）提出了一个替代性的解释。Love 等认为，人们并非天生就偏爱整体特征信息，信息处理的速度在其中发挥了关键性的选择作用。也就是说，相对于局部特征信息来说，整体的特征信息更容易处理，无须花费较大的努力程度。在实验研究中，Love 等操控了整体和局部特征信息的处理难度。结果发现，在整体信息处理难度较大的情况下，被试会优先处理局部特征信息。不难看出，完形的信息处理难度较小，具有处理速度上的优势。

通过以上分析可以看出，在解释审美偏好方面，流畅性体验理论确实具有较好的理论包容性。单纯暴露理论、唤起理论、原型理论和完形理论都可以借助流畅性理论来解释其理论背后的作用机制。

（6）审美流畅性理论的局限性。

如前文所述，审美流畅性理论具有较强的解释力度和较广的适应范围。但是，这并不意味着审美流畅性理论是一个“万能”的理论，在某些条件下，审美流畅性理论也会遇到解释困难。审美流畅性理论的局限性主要体现在如下几个方面：

首先，审美流畅性理论认为，流畅性体验越高，审美评价也越高。这就使得流畅性理论不能解释某些审美影响因素（如复杂性）与审美评价之间的“∩”形影响关系。例如，在重复欣赏一首歌曲之后，人们会产生厌烦的感觉，尽管对这首歌曲有着较高的流畅性体验。Van den Bergh 和 Vrana（1998）提出，在未知流畅性体验的原因时，流畅性体验对审美评价有积极的影响作用；但若能确定流畅性体验的来源，流畅性体验的积极效应将消失。

其次，刺激物的情绪体验效价（正面、中性和负面）是否影响流畅性体验对审美评价的作用。显然，对于正面和中性情绪体验的刺激物来说，流畅性体验越高，审美评价也越高。但是，对于那些能带来负面情绪体验的刺激物来说，是否还是意味着流畅性体验越高，审美评价也越高呢？或者，还是相反的效果？学术界尚未就此问题达成一致观点。Zajonc，Markus 和 Wilson（1994）发现，随着重复暴露次数的增加，人们对负面情绪体验的刺激物具有更高的评价；而 Brickman，Redfield，Harrison 和 Crandall（1972）却发现了相反的作用方向，也就是随着重复暴露次数的增加，人们对负面情绪体验刺激物的评价逐渐降低。

3.4 本章小结

在第2章中发现，在进行审美体验研究时，学者们大多基于产品为主导的研究视角，而很少关注以消费者为主导的研究视角。这一章的目的在于从哲学、营销学和心理学领域寻找这种研究视角转变的理论支持。

首先，哲学家们对审美体验的认识经历了由客观论向主观论的转变过程。柏拉图和亚里士多德认为，审美体验是客观存在的。艺术品只是人们认识和欣赏客观世界的一扇窗户，艺术品审美价值完全取决于艺术家是否能够逼真地临摹他所见到的景色。哈奇森、休谟和康德等认为，艺术品的作用在于激发人们关于美的感受，这推动了审美价值客观论向主观论的转变。而在19世纪后半叶，艺术家开始创造出夸张和抽象的视觉冲击感，而审美知识和技巧则决定了人们对艺术品的审美评价。也就是说，个人因素居于主导地位，人们的审美体验完全是主观的，完全依赖于自己的艺术欣赏能力。不难看出，伴随着哲学家对审美体验的认识演变，人（欣赏者）在审美过程中的作用越来越重要。

其次，审美体验是一种消费者价值。从营销学的发展来看，消费者价值的研究范式经历了产品主导逻辑、服务主导逻辑和消费者主导逻辑等三个阶段。在产品主导逻辑范式下，产品是企业和消费者之间的交易对象和媒介，顾客被动地接受企业已经生产好的产品；产品价值是在企业的生产经营活动中创造的。在服务指导逻辑范式下，企业的生产活动开始与消费过程进行结合，二者在互动过程中共同完成价值创造，价值必须在消费者的使用过程中才能被创造出来。在消费者主导逻辑下，消费者将企业所掌握的资源和价值主张纳入自己的日常生活和实践中；而企业的产品和生产活动只包含潜在价值，为消费者的日常生活提供辅助性支持，而非实实在在的真实价值。显然，营销价值创造范式经历产品主导逻辑到消费者主导逻辑的演变过程，也凸显了消费者在价值创造过程中的主体地位。

最后，借助心理学的审美理论，本章从微观的个体角度详细地解析了审美价值的产生过程。审美流畅性理论重点关注了人们进行审美活动时的主观感受。这一特点也使得审美流畅性理论具备了较高的解释力度和较广的适应范围。流畅性体验理论确实具有较好的理论包容性。单纯暴露理论、唤起理论、原型理论和完形理论都可以借助流畅性理论来解释其理论背后的作用机制。

综合以上分析，本书明确了两个问题：消费者在审美价值创造过程中的地位和审美价值产生过程的心理机制。从理论的分析来看，在审美价值创造的过程中，消费者确实发挥着价值创造的主导作用。也就是说，消费者的个体因素是影响审美体验价值的重要因素。那么，是否真是如此？接下来，本书将利用实证研究来验证消费者个体因素在价值创造过程中的作用。具体地，本书将选择消费者的自我意识作为自变量，研究其对审美体验的影响作用及中间机制。

第4章　研究模型及假设推导

从传统观点来看，产品的价值取决于产品自身的特征和属性。在第3章中，本书从哲学、营销学和心理学角度论述了消费者个人因素对审美体验价值产生的重要作用及背后逻辑。借助不同学科（哲学、营销学和心理学）的理论，本书为以消费者为主导的审美体验价值研究视角提供了理论支撑。接下来，本书将深入解析消费者自我意识对审美体验的影响作用以及中间机制。本章研究的主要目的在于建立实证研究模型：研究模型的理论基础和研究假设的推导。

4.1　心理想象决策

人类拥有认识和了解外部世界的能力。伴随着对外部世界认识的深入，人类社会完成了从原始野蛮走向现代文明的伟大历程。但是，人类不能仅仅依靠自己的认知能力来完成这一历程，还必须拥有记忆以往经历的能力。试想一下，假如某人只能记住短时间内（二十四小时以内）发生的事情，超过期限之后就忘记了。在上学的第一天，老师教会他认识了十个阿拉伯数字。这十个阿拉伯数字是人们进一步学习科学知识的基础，但是这人却很快就忘记了。所以，在上学的第二天，老师又需要重新教他认识十个阿拉伯数字。

很显然，如果没有记忆功能，人类不可能完成从野蛮走向现代文明的伟大历程。有了记忆能力之后，人们才能记住以往的经历，并以此为基础不断深入地认识客观世界、推动文明发展。对于个体来说，人们也不可能只依靠自己的认知能力就能完成日常生活中的判断和决策任务。在很多时候，人们需要提取记忆中所积累的知识，并利用心理想象的方式完成判断和决策任务。

那么，什么是心理想象？如何激活记忆信息来进行心理想象？如何依靠心理想象进行决策？

4.1.1　心理想象的基本内涵

心理想象（Mental Imagery），也叫心理模拟（Mental Simulation）或心理再现（Mental Representation），是指人们对记忆信息进行激活、提取和利用，并完成认识客观对象的过程（Anderson，1978）。心理想象是一种准认识性质的主观体验，是大多数人都十分熟悉的生活体验之一（Marks，1999）。在没有适合的外部刺激物情况下，人们依据某种线索将以往的认知体验（也就是记忆）进行激活、提取并组合，以在精神世界里形成对客观事物的认识和理解（陈武英，2012；Finke，1985）。通常地，心理想象被理解为人们对过往体验的主观重复、模仿或重构；并依此预测、判断和感知尚未实际发生的主观感受体验（LeBoutillier & Marks，2003）。心理想象具有自发性和延展性（Wyer，2007）。自发性（spontaneous）是指在新信息进入大脑之后，心理想象开始发生了。新信息的输入将自发地激活大脑记忆系统中与之相关的记忆信息，并随之开始了心理想象的过程。延展性（deliberate）是指在完成对客观对象的认识和了解之前，心理想象活动将持续不断地激活以往的各种记忆信息，直至认识活动的完成。

根据时间的不同，心理想象包括反事实思考和预测（田琳，2013）。首先，反事实思考（Counterfactual Thinking）是对已发生的事情进行心理想象——以某些不存在的事实和条件为前提，对已有的结果状态进行替代性的虚拟推测和思索，表现为“要是当时是这样，那现在将怎么样”（陈俊、贺晓玲、张积家，2007；Roese，1997）。在日常认知活动中，当所渴望的结果状态没有实现时，个体就会考虑那些可能实现这些渴望结果的行为和手段（Boninger，Gleicher & Strathman，1994）。比如，“要是当时好好学习，现在考试就及格了”。反事实思考能显著地提升人们在今后遇到类似情况下的自我控制能力和行为绩效表现（Epstude & Roese，2008）。其次，预测（Prediction）是对尚未发生的未来进行心理想象——人们根据以往的经历，寻找客观规律，并推测未来的发展方向和趋势（Kahneman & Tversky，1973）。在进行预测时，人们需要尊重并归纳和总结已发生的过往经历，并为尚未发生的可能情况提供行动备案，以改善和提升行为绩效（Gilbert & Wilson，2008；罗扬眉、黄希庭、鞠恩霞、普彬，2010）。

根据认知对象的不同，心理想象可以被分成换位思考和自我想象。换位思考（Perspective Taking）是指人们根据自己所掌握的信息对他人所处的情境和形式、所持有的想法和观点进行心理想象（Laurent & Myers，2011）。换位思考能够让人们更加全面地认识和了解人际交往中的冲突和矛盾，显著地改善人际关系，促进人际间的团结和合作（Johnson，1975；Galinsky & Moskowitz，2000）。但是，换位思考也具有明显的自我锚定效应（Todd & Burgmer，2013）。自我想象是指人们针对各种形势和情境下的自我行为策略进行心理想象和模拟，并从各种可能的行为方式中做出最优的选择（Mikulincer，1995）。自我想象既可以是针对过往的反事实思考，也可以是面向未来的预测想象（Obodaru，2012）。

4.1.2 记忆激活

在进行心理想象时，信息处理系统不仅接受外界新信息，也需要激活和提取已储存的信息（Carlston，2010）。Wyer（2007）提出，记忆信息至少可以在两个方面影响心理想象的结果：一方面，新信息可能不够详细和具体，不足以帮助人们对客观事物完成认识和了解。此时，记忆信息可以帮助人们完善和填补某些缺失的细节信息。另一方面，与以往经历相比，新信息在某些方面可能让人觉得不可思议甚至是比较荒诞。在这种情况下，记忆信息就可以帮助人们判断和评估这些新信息，达到去伪存真的目的。可见，在进行心理想象时，记忆信息具有十分重要的作用。从有限理性角度来看，在一次心理想象过程中，人们不可能将记忆系统中所储存的全部信息都激活并进行处理。因此，在进行心理想象时，人们只能激活和提取部分信息。那么，记忆信息如何被激活和提取呢？研究表明，影响记忆激活的因素有两大类：短期的诱导线索和长期的习惯性因素（Mikulincer & Arad，1999；Bargh，Bond，

Lombard & Tota，1986）。

首先，短期的诱导线索是指在具体情势下，外部环境中能影响记忆激活和提取的线索（Higgins，2012）。当新信息表示某个语义概念时，新信息将具备语义激发作用（Semantic Priming）（Plaut & Booth，2000）。当人们的信息处理系统在处理某个语义概念时，其他与该语义概念相关或相近的记忆信息就很容易被激活和提取，并进入心理想象过程。并且，当某条或某类信息经常被激活和提取之后，在接下来（短期内）的心理想象过程中，信息处理系统也倾向于再次重复激活并提取该条信息。这一效应被称为就近激活原则（Repetition Priming）（Forster & Davis，1984）。某条记忆信息被使用的频率也影响其被激活和提取的可能性。Bruner（1957）举了一个很恰当的例子来描述就近激活原则。如果“苹果”的类别信息经常被使用，那么“苹果”的类别信息就十分容易被激活和使用；并且，只要与“苹果”具备某种程度的相似性之后，很多其他的物品更有可能被（错误地）认为是苹果，而不是这些物品应该归属的类别。

其次，长期的习惯性因素是在记忆激活和提取过程中，那些较为稳定的倾向和趋势，比如思维习惯、性格特点和文化背景因素等（Andersen，Glassman，Chen & Cole，1995）。比如，认知需求（Need for Cognition）代表了人们喜欢和享受思考的程度（Cacioppo & Petty，1982）。相较于低认知需求的个体，高认知需求的个体将在语义激发或就近激活效应的影响下，尽量激活和提取较多的记忆信息，以实现对认知对象进行较为全面的认识和了解（Petty，DeMarree，Briñol，Horcajo & Strathman，2008）。另外，在东西方文化的熏陶和影响下，人们具有不同的自我建构方式。东方文化更为强调个体所在的集体，因此东方人一般是关联型自我建构的个体；而西方文化更为强调个性和独立，因此西方人将更多地表现出独立型自我建构方式（Markus & Kitayama，1991）。很明显，自我建构方式将影响人们对记忆信息的激活和提取。独立型自我建构的个体更容易激活和提取与个性表达相关的记忆信息，而关联型自我建构的个体则更容易激活和提取与责任和义务相关的记忆信息（Gardner，Gabriel & Lee，1999）。

4.1.3 心理想象的决策标准——感觉即信息

在进行心理想象时，人们将获得各种不同的主观体验和感受，包括情绪、情感、元认知感觉（如回忆某事的难易程度、感知流畅性等）和身体感觉。这些主观体验和感受能够显著地影响人们对客观事物的判断和决策（Schwarz & Clore，2007）。在行为决策研究领域，感觉即信息理论是一个十分重要的研究主题。Schwarz（2012）简要地总结了这一理论的基本内容（如表4－1所示）。

心理想象是人们认识和了解客观事物的重要方式，而在心理想象过程的主观感受体验是人们进行判断和决策的重要原则和标准（Wyer，2007）。很多学者的研究能够体现这一点。首先，情绪体验。情绪被认为是人们需要对外部世界做出或不做出某种反应的信号（Frijda，1988）。比如，生气是人们对完成某事后应该得到而却未得到赞赏或奖励的情绪反应，而悲伤则是人们对其未能成功或较好地完成某事的情绪反应（Covell & Abramovitch，1994）。因此，生气和悲伤不但能让人意识到失去，还能暗示人们失去的原因（Tiedens，2001）。因此，主观情绪体验能够作为人们进行判断和决策的依据。

其次，元认知体验。一方面，在进行心理想象时，激活和提取已有记忆信息的难易程度，被称为记忆提取体验（Schwarz，1998）；另一方面，对新信息进行处理和重构的难易程度，被称为信息处理流畅性（Song & Schwarz，2008）。在进行心理想象时，元认知体验（如惊喜、枯燥和熟悉）能帮助人们认识自己对客观对象的了解程度。另外，较积极的元认知体验也能给人们带来愉悦感，从而影响人们的判断和决策（Alter & Oppenheimer，2009）。

最后，身体感觉。身体感觉是指人体各功能器官的感觉，比如饥饿、疼痛、血压和心跳等（Redfearn，1970）。从进化心理学的角度来说，身体感觉就是人体的示警系统（Shilling，2001）。比如，疼痛代表危险，告诉人们保持距离，以确保安全（Lichtenberg，2001）；而血压升高、心跳加速可能则预示着某件事情的重要性程度，告诉人们需要重视（Chatterjee & Eriksen，1962）。在社会心理学研究领域，身体的温度感知能够影响人们对自己是否受到他人欢迎和喜爱的判断（Zhang & Risen，2014），而身体感觉也能够显著地影响人们的主观情绪体验（Niedenthal，Winkielman，Mondillon & Vermeulen，2009）。更让人感到惊讶的研究表明，单纯身体位置或姿势的改变也能影响人们对推理线索的解读，进而影响人们对客观事物的评价（Taylor，Lord & Bond Jr，2009）。

表4-1 感觉即信息理论的要点

（1）	人们将自己的主观感受视为决策信息的来源之一 不同类型的主观感受代表不同的信息内容
（2）	主观感受对决策的影响力有赖于决策人对该感受的重要性程度感知 a. 人们往往不关注主观感受的来源，而只关注主观感受本身。因此，人们很容易将主观感受和其正关注的事物联系起来，并认为二者是相关的 b. 当人们将某种主观感受归因于某些偶然发生的原因之时，该主观感受对决策任务的重要性程度将大打折扣；相反地，当某种主观感受与人们正关注的事物之间的相关关系经得起推敲时，该主观感受对决策任务的重要性程度将较高 c. 与稳定的主观感受相比，人们更关注主观感受的变动
（3）	当主观感受成为决策信息之后，人们对它的使用也遵从一般信息使用的原则 a. 随着某条主观感受与决策任务之间相关程度的提升，它对决策的影响作用也相应地增大；但是，伴随着决策人对其他具有替代性诊断信息的获取和关注（受决策人的信息处理动机和能力影响），主观感受的影响作用将降低 b. 决策人是否仅仅依赖某条主观感受而得出判断和决策结果取决于：①对剩余疑问的忍耐程度；②常识性规律的使用
（4）	与其他决策信息类似，主观感受信息还具有某些特征 a. 主观感受信息也能带来决策偏误 b. 主观感受信息也能够影响决策人的信息处理方式。例如，当某种主观感受（如负面情绪体验）表示决策任务存在“恶性”问题时，决策人将采用分析的、自下而上的信息处理方式；当某种主观感受（如正面情绪体验）表示决策任务是一个“良性”问题时，决策人将采用全局的、自上而下的信息处理方式

资料来源：Schwarz（2012），稍有改动。

4.1.4 心理想象对消费行为的影响

在营销研究领域，越来越多的学者开始关注心理想象在信息处理中的作用。作为一种信息处理方式，心理想象比较适合处理那些类似于图片的、不适合进行客观描述的信息（MacInnis & Price，1987）。比如，在描述美容品效果时，某广告语进行了这样的描述，“白里透红，与众不同”。很显然，这样的信息不具备任何客观性，需要消费者进行主观解读。相对应的，描述性信息的处理方式主要适合处理那些能够客观描述的信息（Bettman，1979）。比如，某型号电脑的 CPU 处理速度是 3. 2GHz。另外，在传递这种可以客观描述的信息时，很多企业也选择使用非客观的描述方式。比如，某型号电脑的 CPU 处理速度快如风。可见，心理想象的信息处理方式受到了营销人员的喜爱。接下来，本书将简要地介绍心理想象对消费行为的影响作用。

（1）品牌评价。

消费者对自我与品牌的心理想象能够显著地影响品牌偏好和选择意愿。Mandel，Petrova 和 Cialdini（2006）的研究发现，在阅读他人（情况与自己相似，比如相同专业）的成功事迹之后，消费者对奢侈品牌的喜爱程度显著地提升了。这是因为，消费者会将自己想象成与所读故事主人公类似的成功人物。Cayla 和 Eckhardt（2008）发现，通过现代多媒体技术，营销人员可以引导消费者体验亚洲的风土人情及经济的发展和进步，以提高亚洲品牌的受欢迎程度。Rajagopal 和 Montgomery（2011）发现，尽管消费者没有真实的品牌使用经历，但是在暴露于能够激发品牌想象的广告之后，消费者能够产生某种品牌体验的记忆，从而提升消费者对品牌的态度强度。Cian，Krishna 和 Elder（2014）发现，具有动态效果的品牌标识能够显著地提升消费者的品牌态度。

（2）产品评价。

消费者的心理想象能够综合利用产品特征信息以及由此所激发的记忆信息来评价产品。Zhao，Hoeffler 和 Dahl（2009）发现，心理想象的形象化呈现方式能够显著地提升消费者对功能性创新产品的评价；记忆为依据的形象化呈现方式能够显著地提升消费者对便利性改进产品的评价。这是因为，心理想象能够显著地增加消费者对产品功能创新的价值认知。Zhao，Hoeffler 和 Zauberman（2011）研究了不同类型的心理想象和信息处理模式对产品评价的交互影响作用。在以认知为导向的信息处理模式下，产品的过程想象能够显著地提升消费者的产品评价；在以情感为导向的信息处理模式下，产品的用途想象能够显著地提升消费者的产品评价。Aydinoğlu 和 Krishna（2012）发现，女性消费者更偏爱那些尺寸标码小于实际尺寸的衣服。这是因为，在进行心理想象时，偏小的尺寸标码能够提升消费者对自己的积极评价。Spears 和 Yazdanparast（2014）发现，具体的产品感官刺激和使用情境是必不可少的信息输入。另外，心理想象还能够激发消费者对产品的占有感知，从而提升消费者的购买意愿。

（3）广告认知。

与产品评价类似，心理想象也能影响消费者对广告内容的认知。Unnava，Agarwal 和 Haugtvedt（1996）发现，广告的呈现方式调节了消费者对广告的心理想象程度。具体地，以声音为媒介的广告形式能够显著地提升消费者对图片广告的想象程度；而以图片为媒介的广告形式能够显著地提升消费者对声音广告的想象程度。这是因为，心理想象系统与信息感知系统之间需要争夺认知注意力。Thompson 和 Hamilton（2006）发现，心理想象的信息处理方式能够提升非产品比较型广告的效果，而分析式的信息处理方式能够提升产品比较型广告的效果。Forehand，Perkins 和 Reed II（2011）发现，与消费者的自我概念具有中等程度相似之处的产品广告，能够自动激发消费者的心理想象过程。因此，消费者会将产品广告所描述的情景与自我概念进行同一化处理。另外，广告对消费者心理想象的激发作用受到消费者过往消费经历的制约作用。Jiang，Adaval，Steinhart 和 Wyer（2014）发现，广告图片的拍摄视角和心理想象目标对产品评价具有交互影响作用。具体地，当消费者希望通过心理想象了解整个消费体验时，广告图片拍摄视角的变化则能显著地增加信息处理难度，降低消费者对产品或服务的评价；当消费者只希望了解产品或服务信息时，广告图片拍摄视角的变化则能显著提升消费者对产品或服务的评价。

（4）主观体验。

心理想象是人们的主观世界的思维活动，能够影响消费者的主观体验。Thompson，Hamilton 和 Petrova（2009）的研究发现，相较于以结果为导向的心理想象，以过程为导向的心理想象能够显著地提升消费者的选择难度感知。这是因为，以结果为导向的心理想象只关心产品的利益，而以过程为导向的心理想象需要同时关注产品的利益和实现利益的方式。Cho，Khan 和 Dhar

(2013) 的研究发现，相较于没有可比对象的情况，在有可比对象的条件下，心理想象能够显著地降低消费者的决策难度。Lee 和 Qiu（2009）的研究发现，在心理想象的作用下，不确定性（如买彩票）也能够为消费者带来积极的主观体验。这是因为，心理想象能够将消费者更多的注意力转移至不确定性事件的积极方面。Lakshmanan 和 Krishnan（2009）的研究发现，在对过往消费经历进行心理想象之后，消费者将很难区分真实的消费经历以及与之相关的错误记忆。这是因为，心理想象降低了消费者对错误记忆的怀疑程度。单纯触摸能够显著地提升消费者对物体的占有感（Peck & Shu，2009）。在这一研究基础上，Peck，Barger 和 Webb（2013）的研究发现，不需要实际触摸，想象触摸能够让消费者产生物理控制感，从而产生占有感。

(5) 食物消费。

在进行食物消费时，心理想象也是消费者进行判断和决策的重要方式之一。Morewedge，Huh 和 Vosgerau（2010）发现，与较少次数的心理想象、想象消费其他食物和没有心理想象相比，较多次数的心理想象能够显著地降低消费者的食物消费欲望，而不是降低了消费者对食物美味程度的感知，从而能够显著地减少消费者的食物消费数量。Elder 和 Krishna（2012）发现，通过激发消费者的具身心理想象过程，产品广告能够显著地增加消费者购买食物的意愿；但是，对于不健康食品来说，具身心理想象过程则能够显著地降低消费者的购买意愿。Krishna，Morrin 和 Sayin（2014）发现，当产品广告具有较形象的气味散发图片时，对食物气味的心理想象能够显著地增加消费者的唾液分泌量、实际的食物消费量和食物消费欲望。

(6) 自控行为。

韩德昌和王艳芝（2012）探讨心理模拟技术对消费者冲动购买的影响。研究发现，过程模拟可以显著降低消费者的冲动购买水平，而结果模拟则明显提高消费者的冲动购买水平。并且，高低冲动特质的人在这种效果上呈现明显差异；在不加控制的情况下，高冲动特质的人更偏好结果模拟，低冲动特质的人更偏好过程模拟。李晓、黄磊和张笑寒（2013）研究了心理模拟与信息处理模式对消费者延迟意向反转的交互作用和产品类型、时间距离在交互效应中的调节作用。研究发现，心理模拟与信息处理模式对延迟反转意向存在交互作用：与“我应该”的情况相比，在“我喜欢”的模式下，过程（与结果相比）模拟操控更能促进反转意向。李晓、程琪和尹聪聪（2014）研究了消费者处于不同情绪（中性情绪或负性情绪）时，心理模拟和基于自我的动机模式如何影响消费者的延迟偏好反转。研究表明，当消费者处于中性情绪时，心理模拟和基于自我的动机模式对延迟偏好反转意向具有显著的交互影响作用；当消费者处于负性情绪时，与结果模拟相比，过程模拟对消费者延迟反转意向的影响较大。武瑞娟和李东进（2014）研究了心理模拟在选择结果效价与后悔关系中的作用。研究表明，心理模拟调节了选择结果效价对后悔的影响效应。具体而言，与关注过程的心理模拟相比，在关注结果的心理模拟条件下，选择结果效价引发的后悔情感差异更大。

4.1.5　本节小结

本节详细地介绍和论述了心理想象（也叫心理模拟或心理再现）的内涵和过程，并且梳理和归纳了营销领域学者对心理想象的研究概况。本书的研究焦点是消费者的自我意识如何影响审美体验。本书认为，心理想象是消费者进行审美体验的重要方式。那么，消费者到底如何运用心理想象进行产品审美体验呢？而消费者的自我意识又是如何影响消费者的审美体验呢？在进行研究假设推导之前，本书有必要解释和论述与假设推导过程相关的心理学理论基础。接下来，在本章的第4.2节，将详细介绍这些心理学理论；而在本章的第4.3节，将在这些理论基础上对本研究假设进行严密的逻辑推导。

4.2　研究模型的理论基础

在假设推导过程中，本书主要涉及了自我意识理论、解释水平理论、心理想象理论和审美流畅性理论等。在第3章中，本书已对审美流畅性理论进行了详细的解释和论述。接下来，将具体解释和论述其他三个与假设推导相关的理论：自我意识理论、解释水平理论和心理想象理论。

4.2.1 消费象征论

自我是由其所拥有的客体对象所构成的（James，1890）。自我不仅包括人们的身体和生理力量，还包括其拥有的衣服和房子、妻子和孩子、先人和朋友、名誉和工作、土地等。也就是说，人们将其所拥有的一切都视为其自身的一部分。这是因为，人们对自我的认识往往处于比较模糊和不确定的状态，需要借助其所拥有的物、人或社会关系来维持和证明自己的存在（Tuan，1980）。因此，我们可以借助于消费者和消费对象之间的关系来理解产品对消费者的意义。

（1）消费中的自我延伸。

Belk（1988）研究了消费者与其占有物之间的关系。Belk 提出，占有物实质上就是消费者的自我延伸。也就是说，消费者的占有物是其自身的重要组成部分，是自我概念延伸的载体。借助于占有物，消费者可以采用直接或间接的方式来完成对自我的认识和感知。直接的方式是指消费者根据自己对其占有物的态度而形成对自己状态的感知。例如，在穿上新买的耐克鞋之后，消费者就会不自觉地觉得自己与众不同。间接的方式是指消费者还可以通过观察和了解他人对其占有物的评价来感知自我。并且，一旦失去对某物或关系的占有，消费者很有可能会在某方面迷失自我，陷入迷茫的状态。Belk 进一步分析了占有物对消费者的作用。在婴儿时期，占有物能够将刚刚来到世间的小生命与他生活的环境和他人区分开来，并且也促进婴儿的社会化过程。在成年阶段，占有物是人们进行社会形象管理的重要工具，例如，红色的衣服往往给人一种热情的感觉，而亮黄色的衣服则是活力扑面的感觉；而在老年时期和逝世以后，占有物又可以被视为是人们生命意义的延续，例如，人们可以通过繁衍后代或捐赠器官来延续自我的存在。

消费的自我延伸理论引起了学术界的极大关注。Sanders（1990）探讨了宠物对消费者自我认知的作用。Sanders 认为，宠物能够为人们带来舒服、保护、友爱、健康和友谊，从而扩展了消费者自我意识的范畴。更重要的是，消费者会将宠物赋予生活中的朋友、自己的一部分和家庭成员等角色（Hirschman，1994）。Jyrinki 和 Leipämaa – Leskinen（2006）发现，在进行宠物食物消费时，与那些非自我延伸的消费者相比，那些将宠物看成是自我延伸的消费者不仅关注食物的价格和质量，而且还关注喂养宠物所带来的快乐感受和自尊感等。Beggan（1992）的研究发现了单纯占有效应。单纯占有效应是一种“敝帚自珍”的现象，是指由于某种心理关联作用，人们与客体间的占有关系能够增强人们的社会存在感，从而显著地提升人们对占有对象的好感。研究发现，人们对占有物的好感并不是因为“熟悉即喜爱”，而是人们将其占有对象视为了自己的一部分。Sen 和 Johnson（1997）发现，在没有发生实际的占有行为（如仅仅提供可用的商品优惠券）时，单纯占有效应也照样存在。

在现代社会中，人们具有多重身份。那么，消费者如何整合这些不同的身份以形成统一的自我概念？Schouten（1991）发现，日常的消费活动能够帮助消费者维持和发展一个稳定和协调的自我认知状态。运用案例研究的方法，Ahuvia（2005）发现消费者经常用到的三种身份整合策略：①区别对待，随时转换；②角色间相互妥协；③角色联合。Gainer（1995）研究了消费经历分享仪式对消费者品牌选择行为的影响。在进入消费经历的分享仪式时，消费者会显著地提升自我社会角色的感知程度，从而将自己的注意力集中于消费者所在的小圈子。这种分享行为能够显著地提升消费者的品牌忠诚度和再购意愿。Noble 和 Walker（1997）发现，在消费者的社会角色发生转变时，占有物既能帮助消费者记住过往的经历，又能促进消费者快速地适应新角色的要求。

Wong，Hogg 和 Vanharanta（2012）拓展了影响自我认知的占有物范畴。不仅是自己实际占有的客体，而且还包括自己送给他人的礼物都能显著地影响消费者的自我延伸感。并且，礼物的自我延伸效应能够解释为什么人们之间的送礼行为有利于收赠双方维持良好的人际关系。Kim 和 Johnson（2012）研究了自我延伸现象对大脑活动的影响。研究发现，自我延伸现象能够显著地增加大脑的活动，特别是内侧前额叶皮质的活动强度。Wooliscroft 和 Wooliscroft（2014）发现，旅游目的地也能促使游客产生自我延伸效应。Cui，Fitzgerald 和 Donovan（2014）研究了自我延伸与原产国效应之间的影响关系。研究发现，当消费者将其国家形象视为自己的延伸时，原产国效应将更为明显。特别地，在产品危机中，自我延伸效应的消费者更愿意原谅危机品牌，并对他人的责怪行为表现出一定程度的愤怒反应。

在某种程度上，这些研究说明，消费的自我延伸现象是普遍存在的。Belk（2013）还研究了在数字化时代，自我延伸现象的新特点。在虚拟的数字世界，自我延伸新特点主要包括：占有物的非物质化、角色扮演行为、自我分享行为、自我重构行为和记忆整理行为等。正是由于这些变化，学者们必须重新思考自我延伸的概念（Belk，2014a）。并且，随着社会经济的发展和变迁，消费活动中的自我延伸效应始终处于一个动态变化的过程（Belk，2014b）。既然占有物是消费者自身的一部分，那么对消费者而言，消费活动到底具有什么意义呢？

（2）消费象征意义的两面性：社会意义与个人意义。

在营销学领域，产品或服务的意义是消费者价值的根本源泉（Gallarza，Gil－Saura & Holbrook，2011）。因此，产品或服务对消费者的意义是一个十分重要的研究主题（Furby，1978）。占有物是人们自身的延伸。也就是说，人们所购买或消费的商品就是消费者个人特征的体现。研究表明，人们都具有个性化和社会性的两种身份（Maslach，1974）。个性化身份是指个性化的自我概念——那些能将个人与社会环境区分开来的个体特征；社会性身份是指去个性化的自我概念——那些促进人们融入社会的个体特征（Brewer，1991）。

在这种情况下，消费活动至少具有两个方面的象征意义：社会意义与个人意义（Richins，1994），都是消费者价值的来源。社会意义是社会成员对某件物品所达成的共识性认知；而个人意义则是消费者个人对客观物体的主观感受。就单个消费者来说，个人意义包含了社会意义；就全社会来说，社会意义是个人意义的共识部分。Elliott 和 Wattanasuwan（1998）认为，在后现代社会，个体面临着自我认知困境的尴尬，而消费活动则是人们进行自我认知的重要途径。商品的象征意义至少包括两个方面：社会象征和个人象征。社会象征的目的在于构建个体的社会身份和形象，个人象征的目的是建构理想中的内在自我。

首先，消费活动具有明显的社会象征意义（Grubb & Grathwohl，1967）。Solomon（1983）提出，消费活动是消费者社会生活的一部分；消费者利用产品的社会象征意义定义自己的身份，并确保自己的行为符合特定身份的要求。因此，为了更好地理解消费者的行为，学者们必须将消费活动放置于社会生活的大环境之中，关注消费活动的社会象征意义对消费者的影响。产品的社会象征意义影响消费行为的原因在于消费者也是社会人，需要扮演社会角色并完成各种与该角色相关的行为（Kleine III，Kleine & Kernan，1993）。所谓社会角色，是指在某种特定的社会情境下，能够直接指导和影响人们行为的意义集合（Grossman & Wood，1993）。社会角色是人们在社会互动中达成的一致理解，并且被社会的全体人员所理解、接受和分享（Nezlek，Schütz & Sellin，2007）。各种社会角色的集合就组成了人们的社会自我，而各种与社会角色相关联的线索能够直接诱发人们的社会角色行为（Seta，Schmidt & Bookhout，2006）。

其次，消费活动也具有明显的个人象征意义。消费者与品牌间的关系最能说明个人象征意义对消费者的重要性。例如，Heilbrunn（1998）发现，品牌符合消费者对英雄原型的标准时，品牌就会被消费者视为英雄的化身。而这种品牌的英雄化形象是具有明显的个性化特征的，因为不同的消费者对英雄的期许是不一样的。Swaminathan，Page 和 Gürhan – Canli（2007）发现，消费者与品牌之间的关系可以分成个体层面和集体层面两个维度。个体层面的品牌关联是指消费者将品牌视为自己个性和独特身份的代表和符号。而消费者的自我建构水平决定了品牌关联维度的重要程度。对于独立自我建构的消费者来说，个体层面的品牌关联显得更为重要。Park 和 John（2010）发现，对于那些与品牌个性高度吻合的消费者来说，品牌个性具有强烈的暗示作用——能够显著地提升消费者对自我的积极认知。这是因为消费者将品牌当成了自我个性展示的机会。

4.2.2 自我意识理论

4.2.2.1 自我意识的内涵

从哲学观点来看，自我意识是指人们对自我及自我存在状态的感知。不管何时，人们都需要认识和掌握自我的状态，比如性格特点、思想状态和主观感受等。在社会心理学领域，自我意识理论是 Duval 和 Wicklund（1972）提出来的。一般说来，自我意识是指人们对自我状态的感知（Buss，1980），一般有两种类型：私隐自我意识与社会自我意识（Fenigstein，Scheier & Buss，1975）。自我意识既是一种人格特质，也是人们在受到外界线索刺激后所处的临时心理状态。当处于不同的环境之中，某些线索能够激发人们处于较高水平的社会自我意识状态或私隐自我意识状态。私隐自我意识（Private Self – Consciousness）是指人们倾向于通过自己内心的思想和感觉来认识和感知自我的状态，而社会聚焦意识（Public Self – Consciousness）是指人们认为自我是一种社会存在，通过自我与其所处环境之间的关系来认识和感知自我的状态（Nasby，1985）。

从本质上来看，私隐和社会自我意识的根源在于人们是否在意他人对自己的评价以及是否受此影响（Zeedyk，2010）。当更多地考虑他人眼中的自我之时，人们就会更多地站在他人的角度来审视自己，他人的评价就成为人们认识自我的重要参考标准，这就是社会自我意识。相反地，当人们不在乎他人眼中的自我之时，人们就会更看重自己内心的感觉，这就是私隐自我意识。自我意识将导致人们注意力聚焦点存在差异。在私隐自我意识的情况下，人们更多地将其注意力聚焦于自身，这种状态就叫作自我聚焦注意（Self – Focus Attention）；而在社会自我意识的情况下，人们将更多地注意和观察其所处的社会环境，这就是社会聚焦注意（Self – Focus Attention）（Scheier & Carver，1977）。自我意识是人们对自我的感知状态，而自我聚焦是自我意识所导致的个体注意力的聚焦状态。鉴于此，本书没有必要严格区分这两组概念的内涵。这种处理方法和现有研究是一致的（Bögels，Alberts & de Jong，1996；Fenigstein，1979）。

自我意识既是一个人格特质变量，又是一个据环境因素而变化的心理状态变量（Meston，2006；van Lankveld & Bergh，2008）。一直以来，情绪被认为是人们自我意识形成的关键影响因素。Wood，Saltzberg 和 Goldsamt（1990）的研究发现，相较于中性的情绪状态，处于悲伤情绪状态的被试更多地关注自己的内心状态，也就是：私隐自我意识状态。Salovey（1992）发现，相较于悲伤的情绪，快乐的情绪状态将使被试处于社会自我意识状态。而其他学者的研究基本也支持情绪对自我意识状态的影响：积极情绪导致社会自我意识状态，而消极的情绪将导致私隐自我意识状态（Green，Sedikides，Saltzberg，Wood & Forzano，2003；Silvia & Abele，2002）。作为心理状态变量来说，情绪因素能够被用来解释自我意识的形成原因；而作为人格特质变量来说，学者们还没有解释其背后的形成原因。

4.2.2.2 相关概念的辨析

在心理学领域，自我建构和自我指导也是人们对自我的认知状态，与自我意识很相似。因此，本书有必要就这些概念之间的差异性进行必要的解释。

（1）自我建构。

Markus 和 Kitayama（1991）进行了东西方文化的对比研究。他们发现，西方文化提倡个人利益优先于集体利益，个人应该寻求独立自由，并尽可能拥有区别于他人的个性特征；而东方文化则提倡集体利益优先于个人利益，个人应该融入集体，并尽可能与集体保持协调的关系。这就是自我建构（Self Construal）的核心内涵。根据人们对自己与他人或者集体的关系的不同认识和理解，两位学者提出了独立型（Independent）和关联型（Interdependent）的自我建构方式。

Markus 和 Kitayama（1991）发现，西方人认为自我就是一个独立的个体，他们将自己独立于社会关系，这就是独立型自我建构方式。高水平的独立型自我建构的个体将自我看作是一个有边界的、独特的、基本趋于稳定的动机和认知系统，一个能够将个人的意识、情绪、判断和行为统合为一个独特有机体系的动力中心。而在东方文化中，个体认为自我在本质上是与其他人或组织联系在一起的，只有将个体放在社会关系中才能认识和理解自我意义，这就是关联型自我建构方式。高水平的关联型自我建构的个体将自我看作是一个与周围其他个体（如家人、同事、朋友）或组织（如工作单位、生活小区）有交叉的、融入集体的、随情势而变化的动机和认知系统，而个人的意识、情绪、判断和行为与自身所处的社会关系或者环境状态有机地联系在一起。

(2) 自我指导。

自我指导（Self - Guide）是动机研究领域中一个基础性的概念。趋利避害是人类最基本的动机之一，也被称为享乐原则。Higgins（1997）提出了调节定向理论（Regulatory Focus Theory）来解释这一动机背后的原因。调节定向理论提出，在追求目标或完成特定任务时，个体需要适时地控制或改变自己的行为、思想和情绪反应等（Liberman，Idson，Camacho & Higgins，1999）。调节定向理论指出，当更为关注完成目标或任务所带来的利益或好处时，人们就处于促进调节定向状态（Promotion Focus）；而当更为关注完不成目标或任务所带来损失或坏处时，人们就处于预防调节定向状态（Prevention Focus）。因此，促进调节定向的个体将完成目标或任务看成是获取利益或好处的途径，而预防调节定向的个体将完成目标或任务看成是回避损失或坏处的手段（Keller，2006）。

调节定向理论指出，自我指导类型决定了人们的调节定向类型。自我指导类型包括理想型自我（Ideal - Self）和应该型自我（Ought - Self）。理想型自我的个体更强调自我的权利、希望、抱负和愿望等方面，往往更看重完成任务或目标后所获取的利益和好处；而应该型自我的个体则更关注自我的义务、责任和奉献等方面，往往更强调完成任务或目标后所规避的伤害和损失（Higgins，Klein & Strauman，1985）。显然，理想型自我的个体往往更多地处于促进调节定向状态，而应该型自我的个体则更多地处于预防调节定向状态（Higgins，Roney，Crowe & Hymes，1994）。在成长过程中，个体与监护人之间的互动方式影响了其自我指导类型。当监护人以（取消）奖励的方式来教育被监护人时，被监护人往往是理想型自我类型；而当监护人以（取消）惩罚的方式来教育被监护人时，被监护人往往是应该型自我类型（Higgins，

2012）。

从上面的分析可知，自我建构是人们受文化背景影响的结果。在东方文化（集体主义）中，人们的行为更多地表现出关联型自我建构方式；而在西方文化（个人主义）中，人们往往更倾向于独立型自我建构方式。而自我指导类型是动机研究领域的概念，受人们成长过程中教育方式的影响。

4.2.2.3 自我意识的影响作用

自我意识是人们对自我状态的感知结果，显著地影响了人们的行为。在心理学文献中，学者们主要集中研究了自我意识对人们情绪反应和自我表现行为的影响作用。另外，在营销学文献中，自我意识也是影响消费行为的重要因素。

（1）情绪反应。

自我意识状态显著地影响了人们的情绪状态。McFarland 和 Buehler（1998）发现，自我意识能够影响人们的情绪状态，从而影响人们回忆的具体方面。当被动地回忆与痛苦相关的事件时，私隐自我意识的被试处于与痛苦不符的情绪状态，因而更愿意回忆与痛苦事件相关的快乐方面；而在主动地回忆与痛苦相关的事件时，私隐自我意识的被试处于与痛苦相符的情绪状态，因而更愿意回忆与痛苦事件相关的不快乐方面。Chentsova - Dutton 和 Tsai（2010）研究了跨文化情境中自我意识对情绪的影响作用。当处于私隐自我意识状态下，相比于欧裔被试，亚裔被试的情绪反应更为强烈；然而当被激发了社会自我意识之后，欧裔与亚裔被试的情绪反应没有明显差异，这是因为亚裔被试是关联型自我建构的个体。因此，在激发私隐自我意识之后，亚裔被试明显感觉忐忑不安。

在临床心理学研究中，自我意识对情绪的影响作用也很明显（Ingram，1990）。Hofmann（2000）发现，社会恐惧症患者具有较高程度的自我意识水平；然而在接受了一些治疗措施之后，社会恐惧患者的自我意识水平明显降低。不过这只是一项相关研究，尚不能断定社会恐惧心理与自我意识之间是否存在因果关系。Bögels 和 Mansell（2004）的研究指出，临床心理学家可以利用自我意识干预的策略来治疗社会恐惧症患者。具体地，临床心理学家应该采取降低患者自我意识水平的办法。这一研究也就明确了自我意识与社会恐惧心理之间存在因果关系。自我意识还能够显著地影响人们的社会焦虑情绪。Pachankis 和 Bernstein（2012）研究了社会自我意识对男同性恋者情绪状态的影响作用。他们发现，社会自我意识的男同性恋者更在乎他人对自己性取向的看法和评价，因此拥有较为严重的焦虑情绪，也不愿意向他人公开自己的性取向。并且，随着同性恋恋爱时间的增加，这种焦虑情绪逐渐增强。Higa 和 Daleiden（2008）发现，自我意识能够引起人们对社会事件的理解偏差，导致较明显的社会焦虑。

总的来看，自我意识对人们的情绪状态具有显著的负面作用（Mor & Winquist，2002）。当然，自我意识对情绪状态的影响作用也受到情境因素的调节。比如，在临床和女性样本中，自我意识的负面作用表现得尤为明显；而对于心思较为缜密的个体来说，自我意识的负面作用也更加显著。另外，私隐自我意识显著地导致了抑郁情绪和一般化的焦虑情绪；而社会自我意识则与社会化的焦虑情绪显著相关。并且，对个体积极方面的关注和外界的积极事件能够有效地减弱人们的负面情绪体验。这些方法也被用来治疗某些精神病患者（如焦虑症、抑郁症）。

（2）社会互动行为。

首先，自我意识能影响自我呈现行为。Scheier 和 Carver（1977）发现，相比于低私隐自我意识的个体，高私隐自我意识导致人们更加关注自己的情感反应，进而引发更多的攻击性行为。Prentice - Dunn 和 Rogers（1982）研究发现，相比于私隐自我意识的被试，社会自我意识的个体将表现出更多的去个性化行为，较少地向他人表露自己的雄心壮志。Schlenker 和 Weigold（1990）发现，相比于社会自我意识的个体，私隐自我意识的被试更能抵抗社会压力。这种抵抗能力表现为：私隐自我意识的被试较少地考虑社会环境对自己的影响，更愿意向他人表达自己个性化的形象。而社会自我意识的被试则更强调个体与环境之间的统一性和和谐性。这是因为，社会自我意识的个体更多地从他人的角度来判断和感知自己的行为，更多地考虑了他人对自己的评价（Fenigstein，1984）。Chiou 和 Lee（2013）发现，点对多的无差别沟通（如在社交媒体上发布自己的照片）能够显著增加人们进行自我参照的信息加工行为。这是因为，点对多的无差别沟通提升了人们的社会自我意识，从而阻碍了人们的换位思考行为。

其次，自我意识也能显著地影响人们的工作绩效。Brockner（1979）研究了自尊与任务反馈对人们任务绩效的影响作用。研究发现，对于高自尊的被试来说，任务反馈情况对任务绩效没有任何影响作用。但是，对于低自尊的被试来说，前期任务的成功（失败）信息能够显著地提升（降低）任务绩效。这是因为，在前期任务失败的情况下，被试处于较高水平的私隐自我意识状态；在前期任务成功的情况下，被试的注意力更多地放在了任务之上。Baumeister（1984）发现，在承受压力的情况下，当人们处于较高水平的私隐自我意识时，人们的任务绩效将大大降低。这是因为，被用于任务的精力大大减少了。Silvia，McCord 和 Gendolla（2010）研究了私隐自我意识与任务难度对努力程度的影响作用。研究表明，只有在私隐自我意识较高且任务难度较高的情况下，被试才愿意付出的努力程度最高；但是在其他三种情况下，被试愿意付出的努力程度较低且无明显差异。并且，这种影响作用与被试对自己的绩效期望无关。

最后，自我意识还能够显著地影响人们的社交行为。Fenigstein（1979）研究发现，相较于低社会自我意识的个体，高社会自我意识的被试对社交情境中的拒绝行为更加敏感。Froming 和 Carver（1981）发现，相较于私隐自我意识的个体，社会自我意识的被试更愿意遵守社交行为规范。Burgio，Merluzzi 和 Pryor（1986）发现，自我意识和社交期望显著地影响了人们的社交表现。具体地，在自我意识水平较高时，社交期望显著地提升了人们的社交表现。Lyubomirsky 和 Nolen - Hoeksema（1995）的研究发现，相较于心浮气躁的焦虑被试，沉思的焦虑被试能够忍受更多的负面情绪，并且对未来较积极的结果拥有较为悲观的想法，也较难解决人际关系问题。Lalwani，Shrum 和 Chiu（2009）研究了文化价值观与社会期许性行为之间的关系。研究发现，在个人主义文化背景下，人们更多地出于自我提高的目的做出一些社会期许性行为，这是因为人们的私隐自我意识比较高，处于促进调节定向状态；在集体主义文化背景下，人们更多地出于印象管理的目的做出一些社会期许性行为，这是因为人们的社会自我意识比较高，处于预防调节定向状态。

（3）消费行为。

首先，自我意识能够显著地影响那些具有社交意义产品的购买行为。例如，Burnkrant 和 Page Jr（1982）发现，相比于低社会自我意识的个体，高社会自我意识的消费者更想利用各种商品来塑造自己的社会身份，以增强他人对自己的好感和评价。Gould（1990）研究发现，相比于私隐自我意识的被试，社会自我意识的消费者对视觉冲击类的产品更为敏感。Solomon 和 Schopler（1982）发现，自我意识会使人们更在意自己的衣着，男性受这种影响更甚。Lau－Gesk 和 Drolet（2008）研究发现，高公众自我意识的消费者对能够避免尴尬的产品有着更高的购买意愿。Workman 和 Lee（2011）发现，相比于低社会自我意识的个体，高社会自我意识的消费者往往具有较高水平的虚荣心。Sun，Horn 和 Merritt（2009）发现，个人主义和不确定性规避能够显著地降低消费者的社会自我意识水平，而权力距离和男子气息能够显著地提升消费者的社会自我意识水平。社会自我意识能够显著地提升人们消费健康食物的意愿。Kim 和 Drolet（2009）研究了文化对消费行为的影响作用。研究发现，集体主义文化的消费者更愿意选择彰显社会地位的商品，而个人主义文化的消费者则对商品的社会地位特征不太感兴趣。这是因为，（集体与个人主义）文化显著地影响了人们的自我意识。

其次，自我意识还能显著地影响消费者的产品评价。Bushman（1993）发现，公众自我意识高的人更偏好全国性品牌而不是销售商自有品牌，且在社会情境条件下这种偏好更为明显。Petrova 和 Cialdini（2005）发现，在运用想象的信息处理方式时，高私隐自我意识的消费者具有更好的想象流畅性体验，从而影响商品评价。Hung 和 Wyer Jr（2011）研究了自我意识与决策环境对消费者商品评价的影响作用。研究发现，心理想象是消费者进行商品评价的主要信息处理方式。相比于低私隐自我意识的情况，当处于高私隐自我意识时，消费者的商品评价则较高。另外，正常使用商品的社会环境有利于增强消费者的商品评价。Chang（2006）发现，相比于私隐自我意识的被试，社会自我意识的消费者对商品广告有着较高的评价。这是因为社会自我意识能够提升消费者的自我监控倾向。然而，这一因果关系也受到广告类别的调节作用。具体地，对于图片类广告来说，这一因果关系是成立的；但是对于功能说服型广告来说，自我意识对广告评价的影响作用不明显。

最后，自我意识还能影响其他消费行为。例如，Basil 和 Algie（2011）发现，相较于低自我意识水平的个体，高自我意识（不论私隐还是社会自我意识）的消费者更愿意回收生活中的垃圾。但是，两类自我意识影响垃圾回收意愿的作用机制不一样。私隐自我意识的消费者更倾向于忠于自己的个人价值观，因此内疚感在私隐自我意识与垃圾回收意愿之间起着显著的中介作用；而社会自我意识的消费者更倾向于遵守社会规范和道德，因此羞耻感在社会自我意识与垃圾回收意愿之间起着显著的中介作用。Tolbert，Kohli 和 Suri（2014）研究了自我意识与消费者忠诚的关系。研究发现，当消费者与零售商之间建立起某种排他的关系时，相比于私隐自我意识的个体，社会自我意识的消费者具有更高的忠诚行为；但是，如果消费者和零售商之间不存在良好的关系，自我意识对消费者忠诚是没有影响作用的。Marpuis 和 Filiatrault（2002）发现，与低社会自我意识的个体相比，公众自我意识高的消费者更不愿意排队等候服务，并且排队的时间与其对产品评价呈显著的负向相关性。这是因为，社会自我意识的消费者更加关注排队的时间，并且将排队问题归因为服务提供者的管理失误。

4.2.2.4　自我意识的研究范式

从文献来看，自我意识是一个慢性熏染的人格特质变量，又是一个受环境变化的心理状态变量。因此，在研究自我意识的影响作用时，学者们一般遵循两种最基本的研究范式：量表测量和主动操控。

（1）量表测量。

作为人格特质变量来说，自我意识是人们较为稳定的个性特征表现，可以使用心理学量表进行测量。在这其中，Fenigstein，Scheier 和 Buss（1975）开发的自我意识量表最为著名，引用次数超过 3000 次。该量表采用五分利克特设计（“0” =完全不符合，“4” =完全符合），一共 17 个测项。其中，私隐自我意识因子包括 10 个测项（α 系数 =0. 79），社会自我意识因子包括 7 个测项（α 系数 =0. 84）。两个因子之间的相关系数为 0. 23。很多学者对自我意识量表的测量效度和信度进行了检验（Carver & Glass，1976；Scheier & Carver，1984；Britt，1992）。在实证研究中，学者们一般需要在正式实验前两个星期测试被试的自我意识类型，主要原因在于在正式实验中测量被试的自我意识类型有可能干扰实验结果。

（2）主动操控。

作为心理状态变量来说，学者们可以采用某些方法来操控实验被试的自我意识状态。在实证研究中，镜子被用来激发被试的私隐自我意识（Canevello & Crocker，2010；Hull，Slone，Meteyer & Matthews，2002）；而摄像头或者旁观者被用来激发被试的社会自我意识状态（Duval & Silvia，2002；Fortune & Newby - Clark，2008）。有镜子和摄像头（或旁观者）的实验组就构成单因素自我意识（私隐与社会）的实验设计。有镜子的实验组和控制组就构成单因素私隐自我意识（高与低）的实验设计；有摄像头（或旁观者）的实验组和控制组就构成单因素社会自我意识（高与低）的实验设计。在进行自我意识的操控之后，研究人员还需要进行必要的实验操控检验，以判断实验操控效果。

4. 2. 3 解释水平理论

在日常生活中，计划、决策、预期和记忆等活动都涉及时空关系（如现在与未来、自己与他人、近处与远处、假设与现实等）。人们不仅能够认识和了解此时此地的事物，也能够预测过去（或未来）、空间距离较远的事物。比如，人们可能需要决定到底是在未来一个月还是一年后进行某项活动。那么，这种时间距离的变化是否以及如何影响人们的认知和决策呢？Liberation 和 Trope（1998）研究了时间距离（较近和较远的未来）对决策的影响。在 Liberation 和 Trope 对时间距离的研究基础上，学者们发展和提出了解释水平理论（Construal Level Theory）用来解释时空关系对人们认知和决策行为的影响。解释水平理论的核心观点是：①人们对外界事物的心理距离感知具有远近之分；

②心理距离的变化影响了人们认知事物的解释水平；③解释水平的变化影响了人们的认知和决策结果（Shapira，Liberman，Trope & Rim，2012）。接下来，本书将依次介绍和论述解释水平、心理距离以及解释水平理论的应用研究。

4.2.3.1 解释水平与心理距离

解释水平是人们对外界事物的心理表征方式，而心理表征状态具有层次化的特征，并形成一个由具体到抽象的连续变化趋势（Liberman & Trope，2008；李丹、尹华站、李祚山，2010）。为便于研究，解释水平被分为高解释水平和低解释水平。解释水平状态显著地影响了人们对外界事物的表征方式（见表4－2）。在低解释水平状态下，人们往往更多地运用那些较为具体、非核心、背景化的特征去表征客观事物；而在高解释水平状态下，人们则更多地运用那些较为抽象、核心、去背景化的特征去表征客观事物（祝帼豪、张积家、陈俊，2012；Trope & Liberman，2011）。比如，在低解释水平状态下，人们将具有即时通话功能的电子设备称为“蜂窝移动电话”；而在高解释水平状态下，人们将忽略该电子设备的具体信息称为“通信工具”。

表4－2 两种解释水平状态的区别

高解释水平	低解释水平
抽象的	具体的
简单的	复杂的
结构化的、本质的	非结构化的、非本质的
去背景化的	背景化的
主要的、核心的	次要的、表面的
上位的	下位的
全局的	局部的

资料来源：Trope 和 Liberman（2003）。

Trope 和 Liberman（2010）提出了两个最基本的标准来识别高解释水平和低解释水平因素。首先，相较于低解释水平因素来说，高解释水平因素决定了客观事物的意义。比如，相对于移动电话的外形和尺寸（低解释水平因素）

来说，通信功能和质量（高解释水平因素）决定了移动电话的根本特征。其次，低解释水平因素的意义有赖于高解释水平因素。比如，不管移动电话的外形和尺寸如何变化，只有在拥有了通信功能之后，移动电话设备才能被称为“移动电话”。

伴随着心理距离的变化，人们对客观事物的心理表征状态——解释水平也将发生显著的改变（Trope & Liberman，2011）。具体地，当心理距离感知较远时，人们将使用高解释水平状态来表征客观事物；而当心理距离感知较近时，人们将使用低解释水平状态来表征客观事物（李雁晨、周庭锐、周琇，2009）。在这里，心理距离是指人们以自我为中心，对自我与外界事物之间距离远近的心理感知状态（Maglio，Trope & Liberman，2013）。不难看出，相较于低解释水平状态，不管是远离还是靠近某物体或事件，高解释水平状态都具有更高的稳定性（孙晓玲、张云、吴明证，2008）。例如，在与朋友保持联系时，人们既可以使用电子邮件，也可以使用电话，还可以使用传统信件等方式。因此，保持联系是高解释水平的表征方式，而电子邮件、电话和传统信件则是低解释水平的表征方式。时间距离、空间距离、社会距离和可能性是心理距离的重要影响因素（Bar - Anan，Liberman & Trope，2006）。

（1）时间距离。

解释水平理论源于 Liberman 和 Trope 对时间解释理论的开创性研究。Liberman 和 Trope（1998）提出，相比于较近未来的事情，人们将更多地从较高的解释水平（如更抽象、更核心化的特征）来考虑较远未来的事情。也就是说，随着时间的由近及远的延长过程，人们的解释水平也会逐渐地由低变高。在目标导向的活动中，活动的渴望性代表了高解释水平，而活动的可行性则代表了低解释水平。Liberman 和 Trope 发现，在考虑较近的事情（如课程作业、学习计划等）时，人们将更多地关注实现事情的可行性因素；在考虑较远的事情时，人们将更多地关注事情的渴望性因素。Trope 和 Liberman（2000）发现，高解释水平因素显著地影响了人们对较远未来事情的偏好程度，而低解释水平因素则显著地影响了人们对较近未来事情的偏好程度。Liberman，Sagristano 和 Trope（2002）发现，相较于较近未来的事情，人们关于较远未来事情的分类标准具有更广的包容性，而人们对较远未来的事情具有更高的刻板印象，并且人们对较远未来的事情具有更为简洁的描述。这些研究都一致地说明，时间距离能够影响人们的解释水平状态。较近的时间距离能够激发较低的解释水平状态，而较远的时间距离激发了较高的解释水平状态。

（2）空间距离。

Henderson，Fujita，Trope 和 Liberman（2006）研究了空间距离对解释水平的影响作用。Henderson 等发现，相较于空间距离较近的事情，人们对空间距离较远的事情分类更少、更关注那些持久性而非情势化的特点。另外，在回忆某类事情时，相较于空间距离较近的情况，在空间距离较远时，人们更多地报告一些具有典型性和一般趋势的事例。Fujita，Henderson，Eng，Trope 和 Liberman（2006）发现，相较于空间距离较近的情况，在空间距离较远的情况下，人们更多地将某行为视为某事件的最终状态而非实现该事件的手段，并且更多地使用那些抽象化而非具体化的语言来描述这一事件。Rim，Uleman 和 Trope（2009）发现，相较于空间距离较近的情况，在空间距离较远的情况下，被试更多地关注他人行为的核心要素（如目的、持久性的特点等）。并且，空间距离对人们的关注点与时间距离的影响作用很类似。Amit，Algom 和 Trope（2009）发现，人们更偏爱用图片来表示空间距离较近的事情，但更喜欢用文字来表达空间距离较远的事情。这是因为，在处理用图片和文字呈现的信息时，图片更能拉近人们的距离感。也就是说，与空间距离相似，图片能够激发低解释水平状态，而文字则激发了高解释水平状态。这说明，空间距离也是影响解释水平的因素（Henderson，Wakslak，Fujita & Rohrbach，2011）。

（3）社会距离。

社会距离是人们对人际间关系远近的心理感知（Krackhardt & Kilduff，1999）。Smith 和 Trope（2006）研究了权力对人们信息处理方式的影响。研究发现，高权力感知能够提升人们之间的距离感（社会距离），从而导致人们更多地使用抽象化的思维方式。Liviatan，Trope 和 Liberman（2008）发现，人际间的熟悉程度能够影响人们判断他人行为或替他人进行决策的参考信息。具体地，当熟悉程度较高（社会距离较近）时，人们可以更多地利用一些细节信息来判断他人的行为或替他人进行决策；反之，人们将只能使用一些一般化的信息来判断他人的行为或替他人进行决策。也就是说，社会距离由于影响了人们参考的信息内容而改变了解释水平。另外，研究表明，空间距离的变化能够引起人们社会距离感知的变化。Bar－Anan，Liberman，Trope 和 Algom（2007）发现，相较于与较远空间距离相关的信息，在社会距离感知较近时，人们能够更快速地处理与较近空间距离相关的信息。Henderson（2009）发现，空间距离显著地影响了人们对他人是否属于圈内（外）人的判断。Matthews 和 Matlock（2011）的研究支持了空间距离能够影响社会距离感知的观点。

（4）可能性。

可能性是指某事件发生的概率，表现为概率高低、真实与假设。Wakslak，Trope，Liberman 和 Alony（2006）发现，相较于事件具有较高的可能性时，在较低可能性的情况下，被试能够更快速地处理与结果而非与手段相关的信息，并且被试的事件分类标准更具包容性，更倾向于对事件进行一般化的描述。Armor 和 Sackett（2006）发现，相较于不太可能参与的任务，被试对那些可能参与的任务具有较低的绩效预期。这是因为，高可能性激发了被试的低解释水平状态，从而加重了被试对完成任务的难度估计。Todorov，Goren 和 Trope（2007）发现，当某事件发生的可能性较低时，被试更多地关注和考虑事件发生之后的结果状态；而当某事件发生的可能性较高时，被试更多地关注和考虑那些能够更好地实现事件的方法和手段。因此，伴随着事件可能性的增高，实现事件的方法和手段而非事件发生之后的结果对人们决策的影响权重越来越高。由此可见，事件的可能性也能影响人们的解释水平状态。

4.2.3.2 解释水平理论的应用研究

在不到 20 年的时间里，因其较广的适应性和较强的理论解释力，解释水平理论引起了学术界的关注和重视（如何云、吴水龙、张媛、陈增祥，2013；

黄俊、李晔、张宏伟，2015）。解释水平理论被用来解释与人们社会生活相关的各种现象，比如预测和评价、自我控制、社交行为和消费行为等。

（1）预测和评价。

首先，解释水平理论可以解释人们对外界事物的预测。Nussbaum，Liberman 和 Trope（2006）研究了时间距离对科学预测的影响作用。根据解释水平理论的观点，在高解释水平状态下，人们更关注进行科学预测的理论依据，因而能够增强人们对预测的信心；而在低解释水平状态下，人们则更多地考虑科学预测不成立的因素，因而能够降低人们对预测的信心。Nussbaum 等的研究支持了上述观点。Liberman，Trope，McCrea 和 Sherman（2007）发现，不管使用何种方式操控被试的解释水平（如方法与目的、具体与抽象等），解释水平状态显著地影响了被试的空间距离估计。具体地，在高解释水平状态下，被试对事物的空间距离估计较远；而在低解释水平状态下，被试对事物的空间距离估计较近。Wakslak 和 Trope（2009）研究了心理距离对主观概率估计的影响作用。研究发现，当心理距离较远时，人们处于较高的解释水平状态，因而对客观事件发生的主观概率估计较低；而当心理距离较近时，人们将处于较低的解释水平状态，因而对客观事件发生的主观概率估计将较高。Peetz 和 Buehler（2012）发现，在高解释水平状态下，被试将更多地依据过往的经验来预测自己的绩效表现，因此拥有较高的预测正确率。Hansen 和 Trope（2012）发现，相较于高解释水平，在低解释水平状态下，被试将感觉时间流逝得更快一些。

其次，解释水平理论也可以被用来解释人们对外界事物的评价。Williams 和 Bargh（2008）的研究发现，相比于低解释水平状态，在高解释水平状态下，被试对拥有尴尬和暴力镜头的视频评价较积极。凤四海、张甜、黄希庭、李丹和苏丹（2008）发现，在未来和过去两个方向上，活动时间距离设定均存在显著的解释水平效应；而在过去活动时间距离设定上，事件性质和解释水平存在显著的交互效应：高解释水平与负性事件对应较远的时间距离，且不同解释水平的活动时间距离设定在负性事件上相差更大。Fujita，Eyal，Chaiken，Trope 和 Liberman（2008）发现，对于时间距离较远的目的物，那些强调主要特征、渴望性因素和一般案例的信息具有较好的说服作用；对于时间距离较近的目的物，那些强调次要特征、便利性因素和具体案例的信息具有更好的说服作用。Henderson 和 Wakslak（2010）发现，相较于心理距离较远的情况，在评价心理距离较近的事物时，被试更容易吸收他人的意见。Eyal，Hoover，Fujita 和 Nussbaum（2011）发现，解释水平能够影响人们评价事物的全面性。在高解释水平状态下，被试对外界事物的评价更为全面一些；而在低解释水平状态下，被试的评价则相对片面一些。徐惊蛰和谢晓非（2011）运用解释水平理论解释了自己—他人决策差异。研究发现，与为他人建议相比，自己决策更受可行性因素的影响——更为偏爱可行性高的选项，人际相似性能在一定程度上缩小上述差异。McCrea，Wieber 和 Myers（2012）发现，在进行社会对象的评价时，相较于低解释水平状态，高解释水平的被试更容易受到群体刻板印象的影响。王霞、于春玲和刘成斌（2012）通过考察解释水平，研究了时间间隔和未来事件效价的双向关系。无论是时间间隔对未来事件感知效价的影响，还是未来事件效价对感知时间间隔的影响，解释水平均在其中起到中介作用。

（2）自我控制。

在社会心理学研究中，自我控制是一个十分重要的研究领域和主题。最核心的问题就是，在什么情况下，人们没有实现那些需要实现而且有能力和机会去实现的目标。自解释水平理论被提出之后，大量学者运用该理论研究了人们的自控行为（Fujita & Carnevale，2012）。Fujita，Trope，Liberman 和 Levin – Sagi（2006）提出，由于在高解释水平状态下，人们更多地关注任务的目标，因而能够较好地集中精力完成应该完成的任务。运用实验研究的方法发现，相较于低解释水平状态，在高解释水平状态下，被试更加偏好长期而非短期结果、具有更强的身体忍耐性、拥有更强的自我控制意愿、更不容易受到短期诱惑的影响。Fujita（2008）运用问卷调研的方法研究了解释水平对自我控制行为的影响作用。Fujita（2008）的研究结果也较好地支持了 Fujita 等（2006）的研究结论。

Fujita 和 Han（2009）运用隐性联想法研究了解释水平影响自我控制能力

的内在机制。研究发现，相较于低解释水平状态，在高解释水平状态下，人们更容易将各种短期诱惑与负面结果联系起来。因此，为了规避这些负面结果，高解释水平能够帮助人们更好地实现目标和任务。Fujita 和 Roberts（2010）发现，解释水平还能促使人们采取某些增强自我控制行为的措施。相比于低解释水平状态，在高解释水平状态下，人们更有可能采取某些措施和策略（如选项清单、自我惩罚机制等）来保证目标和任务的完成。Rogers 和 Bazerman（2008）发现，相较于与欲望型自我，应该型自我具有较高的自我控制能力。这是因为，相较于欲望型自我，应该型自我往往具有较高的解释水平状态，能够更多地关注长期目标。Fujita 和 Sasota（2011）发现，在高解释水平状态下，短期诱惑能激发人们实现长期目标的动力，而长期目标则能促使人们抑制短期诱惑的干扰。

部分学者研究了解释水平影响与自我控制行为的边界条件。在日常生活中，拖延症是人们经常面临的苦恼。McCrea，Liberman，Trope 和 Sherman（2008）发现，相较于高解释水平状态，在低解释水平状态下，人们更容易拒绝拖延症的影响，也就是对自己的行为具有更强的自控能力。这是因为，在低解释水平状态下，人们对任务期限具有更近的时间距离感知，因而提升了人们对完成任务的紧迫性感知。这一研究成果得到了其他学者的支持。比如，Schmeichel，Vohs 和 Duke（2011）发现，在完成那些需要快速反应的任务时，低解释水平的被试具有更好的绩效表现；而在完成那些需要先停顿再反应的任务时，高解释水平的被试具有更好的绩效表现。这是因为，低解释水平能够降低人们的时间距离感知，而高解释水平则增大了人们的时间距离感知。

段锦云、朱月龙和陈婧（2013）研究了解释水平对风险决策的影响作用。研究发现，当心理距离越远（解释水平越高）时，被试产生明显的框架效应；而当心理距离越近（解释水平越低）时，框架效应明显减弱。王振华、柴俊武和张倩（2014）研究了认知模式和解释水平对冲动性购买的联合影响。研究发现，在群体购买情境下，消费者自我建构类别不同，冲动性购买意愿也不同，受到解释水平的调节影响，并且，在群体购买情境下，消费者对他人认知模式的不同，对自身冲动性购买的影响也不同，解释水平在其中也起到了调节作用。

（3）社交行为。

首先，权力感知。Smith 和 Trope（2006）研究了权力对人们信息处理方式的影响作用。权力能够影响人们的社会距离感知，进而影响解释水平状态。在高权力条件的刺激组，被试更多地使用抽象化的信息处理方式，更多地关注刺激物的主要和核心特征；而在低权力条件的刺激组，被试更多地使用具体化的信息处理方式，更多地关注刺激物的次要和非核心特征。Smith，Wigboldus 和 Dijksterhuis（2008）研究了解释水平对权力感知的影响。相较于低解释水平状态，在高解释水平状态下，人们的权力感知较明显，更加偏好高权力角色，并且也拥有对环境的较高控制感。这两个研究表明，权力与解释水平之间具有双向影响作用。而这种双向影响作用的关键点在于，二者（权力与解释水平）都显著地增加人们的社会距离感知（Magee & Smith，2013）。例如，Lammers，Galinsky，Gordijn 和 Otten（2012）的研究发现，权力感知能够显著地增加人际之间的距离感。这是因为，伴随着个人权力的增加，人们的自我效能感也得到了显著的增加。并且，权力对人际距离感的影响作用还受到权力合法性的调节作用。

其次，冲突与谈判。Henderson，Trope 和 Carnevale（2006）研究了时间距离对谈判行为的影响作用。相比于时间距离较近的情况，较远的时间距离能够促使被试保持全局和综合的谈判视角，增加（降低）了被试在最低（高）优先级别问题上让步的可能性，更倾向于就一揽子问题达成一致，更愿意就最低优先级别问题进行让步以换取在最高优先级别问题上达成一致。De Dreu，Giacomantonio，Shalvi 和 Sligte（2009）发现，在谈判中遇到困难时，相较于全局的视角，局部视角更容易让谈判双方陷入僵局。Giacomantonio，De Dreu，Shalvi，Sligte 和 Leder（2010）发现，相较于低解释水平状态，在高解释水平状态下，人们更加关注谈判的最终价值状态。Giacomantonio，De Dreu 和 Mannetti（2010）发现，当谈判双方对整个谈判结果的潜在利益较为关心时，相较于低解释水平状态，高解释水平状态更容易促使谈判双方达成双赢的结果；但是，当谈判双方对各个小的谈判议题较为关注时，相较于高解释水平状态，低解释水平状态更容易促使谈判双方达成双赢的结果。Henderson（2011）发现，当谈判双方的物理位置较远时，被试更为关注整个谈判的最终结果；而当谈判双方的物理位置较近时，被试更为关注谈判过程的次要方面。这是因为，谈判双方的物理位置显著地影响了被试的解释水平状态。

最后，其他社交行为。解释水平能够显著地影响人们对道德行为的判断。Eyal，Liberman 和 Trope（2008）的研究发现，相较于低解释水平状态，在高解释水平状态下，被试对（非）道德行为的评价更为泾渭分明。这是因为，在高解释水平状态下，被试在进行道德评价时能够更好地把握原则。在降低解释水平之后，被试有可能模糊道德与非道德之间的界限。Körner 和 Volk（2014）研究了信息处理资源和解释水平对道德判断的交互影响作用。研究发现，当信息处理资源（如时间）充足时，相较于低解释水平状态，高解释水平更容易促使被试做出符合道德原则的判断；但是，当信息处理资源（如时间）较急迫时，相较于高解释水平状态，低解释水平更容易促使被试做出符合道德原则的判断。解释水平状态还能显著地影响人们的礼貌行为。Stephan，Liberman 和 Trope（2010）的研究发现，在提升解释水平状态（如信息处理方式、时间距离、空间距离等）之后，被试更愿意做出较礼貌的行为；而在激发社交礼貌行为意识之后，被试的解释水平也得到了相应的提升（表现为信息处理方式、时间距离、空间距离等）。

（4）消费行为。

在消费者行为研究中，解释水平理论是学者们最常使用的心理学理论之一（赵建彬、陶建蓉，2015；杜伟宇、蒋运霞，2014；陈银飞、茅宁，2014）。近十年来，该理论被使用的频率之高、应用的范围之广，可称得上是“风头正劲，一时无两”。而在解释水平理论进入消费者行为研究领域之初，学者们就对该理论应用前景抱有极大的期望。Fiedler（2007）提出，解释水平理论可以帮助学者建立起一个整合的模型用来理解消费者的信息处理过程和消费决策。Liberman，Trope 和 Wakslak（2007）也提纲挈领地论述和阐释了解释水平理论在消费者行为领域的应用前景。这三位学者为解释水平理论的发展做出了重大贡献。接下来，本书将回顾和梳理该理论在消费者行为研究中的应用研究。

第一，价格感知。Albinsson，Burman 和 Das（2010）研究了解释水平如何影响网上商品的价格感知。在低解释水平状态下，消费者更加偏好捆绑标价的商品（标价为商品价格和快递费用之和）；在高解释水平状态下，消费者对捆绑标价和区别标价（分别表明商品价格和快递费用）的偏好程度受到快递费用合理程度的影响。在高解释水平状态下，消费者倾向于依赖价格来推测产品质量（Yan & Sengupta，2011）；但是在低解释水平状态下，消费者则将产品价格视为自己为获取商品所付出的代价（Bornemann & Homburg，2011）。因此，在低解释水平状态下，消费者需要为这种代价寻找合适的商品价值解释，这能够增强消费者对产品的喜爱程度（Lee & Zhao，2014）。Irmak，Wakslak 和 Trope（2013）发现，买方的商品价格感知显著地低于卖方的商品价格感知。这是因为，卖方更多地关注商品的渴望性因素（与结果相关的因素），这些因素意味着利益；买方则更多地关注商品的便利性因素（与过程相关的因素），这些因素意味着损失。刘宣文和李蕊（2013）发现，在远期心理距离情况下，儿童对广告产品的表征呈现较多的抽象性思维联想；在近期心理距离情况下，儿童对广告产品的表征呈现较多的具体性思维联想。在较远的心理距离条件下，儿童对理性广告的态度要显著高于对情感广告的态度；在较近的心理距离条件下，儿童对情感广告的态度显著高于对理性广告的态度。

第二，产品偏好。Castaño，Sujan，Kacker 和 Sujan（2008）发现，在时间距离较远时，消费者较为关心新产品所带来的利益，因此降低产品性能感知的不确定性能够提升消费者对新产品的购买意愿；在时间距离较近时，消费者较为关心新产品所带来的损失，因此降低新产品的购买成本感知能够提升消费者对新产品的购买意愿。Goodman 和 Malkoc（2012）发现，在高解释水平状态下，被试偏爱包含较少选项的商品陈列；在低解释水平状态下，被试偏爱包含较多选项的商品陈列。这是因为，伴随着解释水平状态的提升，被试对商品间的相似性感知也增加了；为了降低商品比较难度，高解释水平的被试将偏爱包含较少选项的商品陈列。Lamberton 和 Diehl（2013）和 Xu，

Jiang和Dhar（2013）的研究也能够表明，伴随着解释水平状态的提升，被试的商品相似性感知也显著地提升了。刘红艳、李爱梅、王海忠和卫海英（2012）发现，在不同时间距离的条件下，消费者对促销产品决策存在显著差异，并且时间距离对促销方式与任务类型的表征水平匹配关系有增强、扩大作用。Spassova和Lee（2013）发现，那些能够激发高解释水平状态的广告能够显著地提升独立型自我建构消费者的产品评价；而那些能够激发低解释水平状态的广告能够显著地提升关联型自我建构消费者的产品评价。王财玉、何安明和惠秋平（2013）发现，在近期时间距离下，大学生功能性价值的自我品牌联结强于象征性价值；在未来时间距离下，象征性价值则强于功能性价值。张如慧、张红霞和雷静（2013）发现，相比于整合了实用型新增功能的融合产品，产品类别与解释水平的匹配度对整合了享乐型新增功能的融合产品的调节作用更强。

第三，自控行为。在进行自我控制时，人们需要消耗某种心理资源，而伴随着这种心理资源的消耗，人们的自控能力也随之下降，这种现象被称为自我损耗（Inzlicht & Schmeichel，2012）。Agrawal和Wan（2009）发现，在低解释水平状态下，被试较多地关注自我损耗状态（如疲劳程度），进而加剧了自我控制失败行为；在高解释水平状态下，被试较多地关注自我损耗对长期目标的影响作用，进而显著地提升了自我控制能力。Wan和Agrawal（2011）发现，自我控制行为能够显著地降低被试的解释水平状态，进而降低了自控能力。Chiou，Wu和Chang（2013）发现，提升解释水平状态能够有效地减少被试的吸烟量。但是，相较于低解释水平状态，高解释水平状态并不一定能够增加人们的自我控制能力。比如，Ülkümen和Cheema（2011）发现，在高解释水平状态下，有具体目标的储蓄任务要求能够显著地提升被试对储蓄重要性的感知，进而提升了被试的储蓄意愿；在低解释水平状态下，无具体目标的储蓄任务要求能够显著地降低被试对储蓄困难程度的感知，进而提升了被试的储蓄意愿。Mehta，Zhu和Meyers－Levy（2014）发现，在被试认为自己重要的情况下，提升解释水平状态能够有效地增加被试的长期目标导向行为；在被试认为自己不重要的情况下，提升解释水平状态导致短期目标导向行为的增加。黄赞和王新新（2015）发现，解释水平能够显著地调节体育比赛结果对纵欲消费行为的影响作用。

第四，品牌评价。Kardes，Cronley 和 Kim（2006）的研究发现，在进行购买决策时，零售商向消费者呈现其他品牌的策略能够降低消费者的解释水平状态，从而能够促使消费者保持较稳定的品牌偏好，维持较高程度的偏好—行为一致性。这是因为，在进行品牌选择决策时，降低消费者的解释水平能够增强消费者的品牌记忆。Kim 和 John（2008）发现，在高（低）解释水平状态下，消费者对品牌延伸的匹配度感知较高（低），从而对品牌延伸的产品具有较高（低）的评价。柴俊武、赵广志和何伟（2011）研究了解释水平对品牌联想和品牌延伸评估的影响作用。研究发现，在接触到品牌名称时，具有高水平解释倾向的消费者，将比低水平解释倾向的消费者呈现更多的原型性联想；而具有低水平解释倾向的消费者，将比高水平解释倾向的消费者呈现更多的范例性联想；在低水平解释条件下，消费者对范例性契合延伸产品的评估要好于对原型性契合延伸产品的评估；而在高水平解释条件下，消费者对原型性契合延伸产品的评估要好于对范例性契合延伸产品的评估。Meyvis，Goldsmith 和 Dhar（2012）提出，品牌延伸的产品图片和可比较品牌的出现能够提升消费者对品牌延伸产品的质量评价。这是因为，在二者出现的情况下，消费者将使用具体化的思维方式来处理品牌延伸信息，从而提升了对延伸产品的质量感知。Hansen，Kutzner 和 Wänke（2013）发现，金钱能够提升消费者对品牌延伸的评价。这是因为，金钱能够显著地提升消费者对其所掌握资源和地位的认知，从而能够显著地提升消费者的解释水平状态；而在高解释水平状态下，消费者有较高的品牌延伸匹配度感知。刘英、张剑渝和杜青龙（2014）发现，在低解释水平状态下，消费者对功能型匹配赞助活动态度及赞助品牌评价要好于形象型匹配；在高解释水平状态下，消费者对形象型匹配赞助活动态度及赞助品牌评价要好于功能型匹配。

第五，情绪体验。情绪体验能够显著地影响人们的解释水平状态。Labroo 和 Patrick（2009）发现，正面的情绪体验象征着事情的开端，能够显著地提升被试的解释水平；而负面的情绪体验代表着事情即将发生变故，能够显著地降低被试的解释水平。Winterich 和 Haws（2011）进一步研究了积极情绪对解释水平的影响作用。希望指向较远的时间距离，能够显著地激发被试的高解释水平状态；而自豪和高兴则指向较近的时间距离，能够显著地激发被试的低解释水平状态。Han，Duhachek 和 Agrawal（2014）发现，内疚感能够激发被试的低解释水平状态，而害羞感则激发了被试的高解释水平状态，并且，这种作用关系受到情绪体验来源的调节。另外，解释水平也能够显著地影响被试的情绪体验。Hong 和 Lee（2010）发现，消费者对混合情绪的体验受到解释水平的调节作用。具体地，在高解释水平状态下，被试将经历积极的情绪体验；但是，在低解释水平状态下，被试将经历消极的情绪体验。Thomas 和 Tsai（2012）研究发现，伴随着解释水平状态的提升，被试对任务的困难程度感知则随之降低。Williams，Stein 和 Galguera（2014）研究发现，心理距离和解释水平对情绪体验的影响效应并不完全相同。具体地，心理距离能够显著地影响人们的情绪体验强度，而解释水平则显著地影响人们的情绪体验正负性。

4.3　研究假设的推导过程

前两节详细地论述了相关的理论基础。在此基础上，本节将论述研究假设推导过程。本节共分两个部分：首先，将论述心理想象在审美体验过程中的重要作用，并提出以心理想象为核心机制的产品审美体验模型。其次，将运用前面所论述的理论基础推导消费者自我意识对审美体验的影响作用。

4.3.1　消费者进行产品审美体验的过程——心理想象的心理机制

本书认为，在对产品进行审美体验时，消费者需要利用心理想象的信息处理方式，这是由审美体验和心理想象两方面的特征所决定的。首先，审美体验是一种体验价值（Goldman，2006；Sullivan & McCarthy，2009），是消费者对产品的主观感受之一。为了认识外部世界，人们需要整合各种感官信息，比如，视觉、听觉、触觉、味觉和嗅觉（Fetsch，DeAngelis & Angelaki，2013）。但是，事实远非如此。在整合各类感官信息时，人们还必须调用已有的知识和记忆，甚至包括情绪等主观因素。在早期的美学哲学理论中，哲学家们（如柏拉图、亚里士多德等）认为审美体验是客观的，纷纷强调了审美对象的客观属性和特征对审美体验的决定性作用。但是，自哈奇森和休谟开始，哲学家们开始将人们的经历、知识和情绪等主观因素用来解释审美体验的本质。

其次，心理想象（也叫心理模拟或心理再现）是一种信息处理方式，具有准认识性质，能够整合外部新信息和记忆信息，实现对客观事物的主观体验和认知。心理想象是人们对过往体验的主观重复、模仿或重构；并依此预测、判断和感知某种尚未实际发生的主观感受体验。在进行心理想象时，人们不仅需要接受新信息，更需要激活、提取和利用记忆信息。两方面的信息可以认为是心理想象的输入，而主观体验或感受则是心理想象的输出。根据感觉即信息的原则，人们根据心理想象过程中的主观感受做出审美判断和评价。

已有的研究成果也表明，在审美过程中，心理想象发挥着重要的影响作用。在审美理论研究方面，Sheppard（1991）认为，心理想象类似于白日梦，不仅能够让人们更为清晰地认识艺术品的本身，而且还能让人们体验和感知艺术品中的情感因素。Brady（1998）更是直接指出，心理想象就像一把钥匙，可以用来开启人们审美体验的大门。这是因为，艺术品并不能直接将美的感觉“灌入”人们的感觉系统，人们必须积极主动地“抓取”艺术品的审美价值。在实证研究方面，Leonard 和 Lindauer（1973）运用被试自测的方式研究发现，想象唤起程度与审美活动之间存在显著的相关性，相关系数为0.36。Joy 和 Sherry Jr（2003）研究了心理想象对审美体验的影响作用。研究发现，在博物馆的参观过程中，肉体感觉而非认知过程决定了参观者的审美体验。在将感官信息进行处理时，参观者并不能获得美的体验，而必须将感官信息处理的结果进行具身心理想象。只有具身心理想象才能够给参观者的肉体带来真实生动的感觉体验。

综合上述讨论可得出，心理想象是消费者进行产品审美体验的信息处理方式。那么，消费者到底如何利用心理想象做出产品审美评价呢？结合前文对心理想象的论述，本书提出产品审美体验模型来解释这一过程（如图4-1所示）。产品审美体验一共包含四个步骤：第一步，消费者需要借助人体的感觉器官获取产品的属性和特征信息，这也是消费者进行产品审美体验的开始。第二步，在感官信息和个人因素的刺激和影响下，消费者激活和提取与产品属性和特征相关的记忆信息。第三步，消费者利用、整合感官信息和记忆信息以展开产品审美的心理想象。第四步，根据感觉即信息的决策原则，消费者做出产品审美评价。

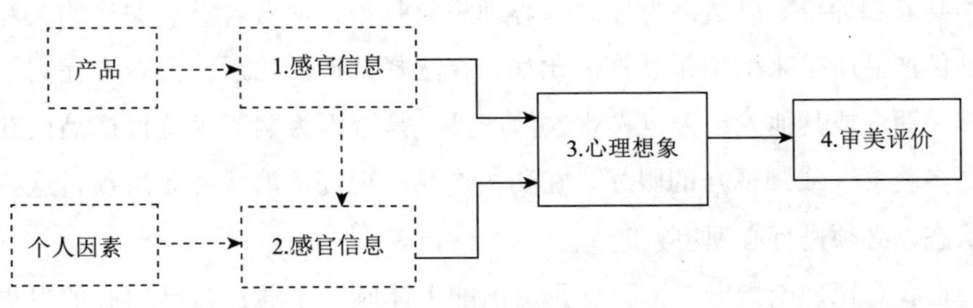

图4-1 消费者产品审美体验模型

资料来源：笔者整理。

4.3.2 消费者自我意识对审美体验的影响作用

自我意识是指人们对自我状态的感知，一般有两种类型：私隐自我意识与社会自我意识。私隐自我意识（Private Self-Consciousness）是指人们倾向于通过自己内心的思想和感觉来认识和感知自我的状态；而社会自我意识（Public Self-Consciousness）是指人们认为自我是一种社会存在，通过自我与其所处环境之间的关系来认识和感知自我的状态。审美体验是消费者被外界刺激物（此处主要是指产品）所激发和唤起的某种情绪状态。从消费者价值角度来看，审美价值是一种体验价值，是消费者对产品做出的主观判断。尽管外界刺激物是审美体验的物质基础，但是，就其本质来说，审美体验具有抽象性和主观性的特点（Hirschman，1983）。本书认为，消费者的自我意识能够显著地影响其对产品的审美体验。这是因为，消费者的自我意识影响消费者的心理想象过程。

在进行产品审美的心理想象过程时，消费者需要利用、整合产品的感官信息和记忆信息。研究发现，消费者可以进行两方面内容的心理想象：以过程为主导向的心理想象和以结果为导向的心理想象（Zhao，Hoeffler & Zauberman，2011；Escalas & Luce，2004）。以过程为导向的心理想象是指，消费者重点关注实现某种结果状态所必需的手段和方式。例如，在进行产品审美心理想象时，消费者需要关注产品的线条、款式和搭配风格等，并且在自己的精神世界里，需要重点模拟自己使用该产品的场景和经历，以实现对产品的审美判断和评价。以结果为导向的心理想象是指，消费者重点关注购买和使用某件产品所带来的结果状态。比如，在选择某产品之后，消费者还需了解同事、朋友或其他人是否也喜欢这件产品，是否因为购买了这件产品而获得了更多羡慕（或鄙视）的眼光。在购买产品的现场，消费者无法预料这些结果状态，必须进行心理想象。

自我意识理论指出，私隐自我意识的个体倾向于通过自己内心的思想和感觉来认识和感知自我的状态，而社会自我意识的个体将更多地通过自我与其所处环境之间的关系来认识和感知自我的状态。也就是说，相比于私隐自我意识的消费者，社会自我意识的消费者更关注他人对自己的态度和评价。因此，在进行产品审美的心理想象时，私隐自我意识的消费者只需根据自己的主观感受来判断和评价产品的美观程度。也就是，私隐自我意识的消费者将更多地进行以过程为导向的产品审美心理想象，关注产品本身的审美体验。比较而言，社会自我意识的消费者不仅需要关注产品本身的审美体验，还需要关注自己在购买和使用该产品之后他人的态度和评价。社会自我意识的消费者不仅需要进行以过程为导向的审美心理想象，还需要进行以结果为导向的审美心理想象。

因此，相较于私隐自我意识的消费者，社会自我意识的消费者需要考虑和模拟的内容更多，因此具有更高的认知难度。在认知难度较大的情况下，消费者的流畅性感知就将降低（Thompson，Hamilton & Petrova，2009）。由于审美体验具有主观性的特点，在进行审美评价时，消费者将运用感觉即信息的原则做出审美评价。根据审美流畅性理论，审美流畅性感知越高，消费者的审美体验也越高；反之亦然。基于以上分析，本书提出如下假设（如图4－2所示）。

假设1：在进行产品审美体验时，相较于私隐自我意识的消费者，社会自我意识的消费者将获得较低的审美体验价值。在二者的因果关系中，审美流畅性感知起着显著的中介作用。

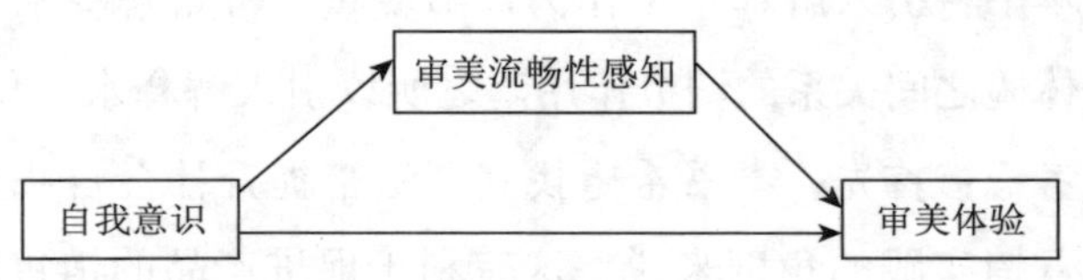

图4－2　假设1的理论模型框架

关于假设1的逻辑关系，本书还可以进行另一种方式的推导。私隐自我意识是指人们倾向于通过自己内心的思想和感觉来认识和感知自我的状态；而社会自我意识是指人们认为自我是一种社会存在，通过自我与其所处环境之间的关系来认识和感知自我的状态。因此，在进行审美心理想象时，私隐自我意识的消费者依据自己的感觉和审美标准即可做出产品的审美判断，而社会自我意识的消费者必须考虑和参考其他人的审美评价标准。比较而言，私隐自我意识的消费者将获得较高的审美流畅性感知。这是因为，相比于自己的感觉和审美标准，其他人的审美评价标准具有较高的模糊性、较高的认知和处理难度（Hull，Van Treuren，Ashford，Propsom & Andrus，1988；Kuiper & Rogers，1973；Scheier，1980）。也就是说，相较于私隐自我意识的消费者，社会自我意识的消费者具有较低的审美流畅性感知，因而获得了较低的审美体验。从上述逻辑推导的过程来看，假设1也是成立的。

需要说明的是，对比以上两种假设推导方式，审美流畅性感知的来源是不一样的。在第一种假设推导方式中，审美流畅性感知来自消费者心理想象内容的区别。私隐自我意识的消费者只需进行以过程为导向的审美心理想象，而社会自我意识的消费者不仅需要进行以过程为导向的审美心理想象，还需要进行以结果为导向的审美心理想象。在第二种假设推导方式中，审美流畅性感知来自在进行审美评价时，消费者参考了不同主体的审美标准。私隐自我意识的消费者主要参考自己的感觉和审美标准，而社会自我意识的消费者则需要更多地考虑他人的审美标准。为了行文方便，本书将前一种审美流畅性感知称为内容流畅性，而将后一种审美流畅性感知称为标准流畅性。

4.3.3 解释水平的调节效应

接下来，本书将引入解释水平作为调节变量，考察解释水平对消费者自我意识与审美体验之间关系的调节作用。之所以引入解释水平作为调节变量，主要出于两点考虑：首先，本书希望找到办法来提升社会自我意识消费者的审美体验。从营销实践的角度来说，这有利于促进产品的销售量。其次，本书希望利用解释水平的调节作用来甄别消费者自我意识与审美体验之间的作用机制。在推导主效应假设的时候，本书提供了两个不同的作用机制——内容流畅性和标准流畅性。在假设 1 中自我意识对产品审美体验影响作用的推导过程中，本书无法确定到底是何种机制引起了这种变化。从理论研究的角度来说，本书希望通过研究解释水平的调节作用明确主效应的作用机制。

（1）解释水平的调节作用——内容流畅性的作用机制。

在假设 1 的推导过程中，自我意识影响流畅性感知的原因之一在于，自我意识影响了消费者进行审美心理想象的内容。私隐自我意识的消费者只需进行以过程为导向的审美心理想象，也就是只需关注和考虑产品是否美观；而社会自我意识的消费者不仅需要进行以过程为导向的审美心理想象，还需要进行以结果为导向的审美心理想象，也就是需要同时关注产品是否美观以及由此带来的结果（如他人的态度和评价）。正是由于心理想象内容的差异，在进行审美体验时，不同自我意识的消费者获得了显著差异的流畅性感知，进而影响了消费者的产品审美体验。那么，解释水平是否以及如何调节自我意识对内容流畅性感知的影响，进而调节消费者自我意识与审美体验之间的关系呢？

解释水平理论认为，在高解释水平状态下，人们将更为关注客观事物的渴望性因素，也就是结果状态；而在低解释水平状态下，人们将更为关注客观事物的便利性因素，也就是影响结果状态的因素（Liberman & Trope，1998）。因此，本书认为，解释水平能够调节自我意识对消费者内容流畅性感知的影响，进而调节消费者自我意识与审美体验之间的因果关系。

在高解释水平状态下，消费者将更多地关注产品美观程度所带来的结果状态。在高解释水平状态下，私隐自我意识的消费者能够意识到产品美观程度可能会影响他人对自己的态度和评价。但是，私隐自我意识的消费者只关注自我的感觉，而不受他人态度和评价的影响。因此，在高解释水平状态下，私隐自我意识的消费者仍然只进行以过程为导向的审美心理想象。然而，在高解释水平状态下，社会自我意识的消费者将更为关注产品美观程度所带来的结果。并且，社会自我意识的消费者较容易受到他人态度和评价的影响。因此，在高解释水平状态下，社会自我意识的消费者需要进行以过程为导向和以结果为导向的审美心理想象。基于此，本书认为，在高解释水平状态下，自我意识能够显著地影响消费者的内容流畅性感知，进而显著地影响消费者对产品的审美体验。

在低解释水平状态下，消费者将更多地关注产品的美观程度。在低解释水平状态下，私隐自我意识的消费者仍然只进行以过程为导向的审美心理想象。然而，在低解释水平状态下，社会自我意识的消费者将更为关注产品美观程度，而显著地降低对产品美观程度可能影响他人态度和评价的关注程度。因此，在低解释水平状态下，社会自我意识的消费者将只需进行以过程为导向的审美心理想象，也就是关注产品的美观程度，而不考虑由此带来的结果。基于此，本书认为，在低解释水平状态下，自我意识不能显著地影响消费者的内容流畅性感知，因此也就不能显著地影响消费者对产品的审美体验。基于以上分析，本书提出如下假设：

假设 2a：解释水平正向地调节了自我意识和内容流畅性感知之间的关系，因此显著地调节了自我意识与审美体验之间的关系。具体地，在高解释水平状态下，相较于私隐自我意识的消费者，社会自我意识的消费者将获得较低的审美体验价值；在低解释水平状态下，自我意识对产品审美体验的影响作用将不再显著。

（2）解释水平的调节作用——标准流畅性的作用机制。

在假设1的推导过程中，自我意识影响流畅性感知的原因之二在于，自我意识影响了消费者进行审美判断的参考标准。在进行审美心理想象时，私隐自我意识的消费者依据自己的感觉和审美标准即可做出产品的审美判断，而社会自我意识的消费者必须考虑和参考其他人的审美评价标准。比较而言，私隐自我意识的消费者将获得较高的审美流畅性感知。这是因为，相比于自己的感觉和审美标准，其他人的审美评价标准具有较高的模糊性，具有较高的认知和处理难度。正是由于进行审美评价时的审美标准不同，不同自我意识的消费者获得了显著差异的流畅性感知，进而影响了消费者对产品的审美体验。那么，解释水平是否以及如何调节自我意识对标准流畅性感知的影响，进而调节消费者自我意识与审美体验之间的因果关系呢？

解释水平理论认为，在高解释水平状态下，人们将对客观事物进行一般化、去背景化的心理表征，能够显著地降低人们的信息处理难度；而在低解释水平状态下，人们将对客观事物进行具体化、背景化的心理表征，能够显著地提升人们的信息处理难度（Trope & Liberman，2003）。因此，本书认为，解释水平能够调节自我意识对消费者标准流畅性感知的影响，进而调节消费者自我意识与审美体验之间的因果关系。

在高解释水平状态下，消费者将更多地对审美标准进行一般化、去背景化的心理表征。也就是说，在高解释水平状态下，不同自我意识的消费者都将对审美标准进行一般化、去背景化的心理表征。这将大大地降低社会自我意识的消费者对他人审美标准的模糊性感知。因此，在不同自我意识的消费者之间，审美流畅性感知将不再存在显著的差异。基于此，本书认为，在高解释水平状态下，自我意识不能显著地影响消费者的标准流畅性感知，因此也不能显著地影响消费者对产品的审美体验。

但是，在低解释水平状态下，消费者将更多地对审美标准进行具体化、背景化的心理表征。也就是，在低解释水平状态下，社会自我意识的消费者对他人审美标准的模糊性和不确定性将显著地增加。因此，在不同自我意识的消费者之间，标准流畅性感知将不再存在显著的差异。基于此，本书认为，在低解释水平状态下，自我意识能够显著地影响消费者的标准流畅性感知，进而能够显著地影响消费者对产品的审美体验。具体地，相较于私隐自我意识的消费者，社会自我意识的消费者因较低的标准流畅性感知而获得较低的产品审美体验。基于以上分析和论述，本书提出如下假设：

假设 2b：解释水平负向地调节了自我意识和标准流畅性感知之间的关系，因此显著地调节了自我意识与审美体验之间的关系。具体地，在低解释水平状态下，相较于私隐自我意识的消费者，社会自我意识的消费者将获得较低的产品审美体验；在高解释水平状态下，自我意识对产品审美体验的影响作用将不再显著。

实际上，假设 2a 和假设 2b 建立了一个有调节的中介模型——通过调节自变量与中介变量之间的关系，解释水平最终调节了自变量与因变量之间的关系（如图 4 – 3 所示）。建立有调节的中介模型能够较准确地显示调节和中介效应发生作用的原理。另外，假设 2a 和假设 2b 也构成了一对竞争性的假设（Wan & Rucker，2013）。在二者之间，只有一个是成立的。利用假设 2a 和假设 2b 之间的替代关系，本书希望能够甄别和明确假设 1 之所以成立的内在机制——流畅性感知差异的原因。

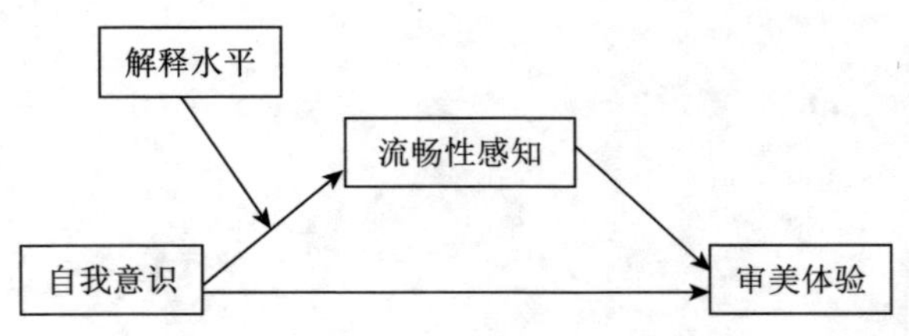

图 4 – 3　假设 2a 和假设 2b 的理论模型框架

4.4 本章小结

本章详细地推导了相关的研究假设。首先，本章介绍和论述了心理想象的决策方式。心理想象是消费者进行产品审美体验的信息处理方式。其次，本章解释和论述了与假设推导相关的理论基础。最后，在心理想象的大框架下，本书利用消费象征论、自我意识理论、解释水平理论和审美流畅性理论推导了全文的研究假设。本书建立了消费者自我意识与产品审美体验之间的假设关系。特别地，本书引入了解释水平作为调节变量。解释水平对主效应的调节作用不仅能够指导营销人员如何提升消费者的产品审美体验，而且也能够甄别自我意识影响产品审美体验的内在机制。接下来，本书将利用行为实验的方法验证相关的研究假设。本书的实证研究包括两个研究。研究一的主要目的在于验证假设 1，研究二的主要目的在于验证假设 2a 和假设 2b，并因此而甄别假设 1 成立的内在机制。

第 5 章　实证研究

本章包括两个研究。首先，研究一主要验证自我意识对审美体验的主效应，以及审美流畅性感知的中介作用；其次，研究二主要验证解释水平对假设 1 的调节作用，并通过调节作用的方向明确了审美流畅性感知的来源。所有研究都采用了行为实验的方法。

5.1　研究一：自我意识对审美体验的主效应

研究一的主要目的在于验证自我意识对审美体验的主效应，以及审美流畅性感知的中介作用。研究一一共包含三个实验：实验 1a 检验了自我意识对产品审美体验的影响作用。实验 1b 则检验了流畅性感知的中介作用，并重复了实验 1a 的发现。实验 1c 则检验了在进行审美评价时，自我意识是否影响决策人对外部审美参考标准的依赖程度。这是本书研究假设成立的必要前提。

5.1.1　实验 1a：自我意识对审美体验的影响作用

5.1.1.1　实验设计

实验 1a 采用单因素（自我意识：私隐与社会）组间设计。

(1) 实验刺激物。

在前期调研中，手机的美观程度被认为是影响购买决策的重要影响因素。并且，手机也是高校学生十分关注的日常消费品之一，具有较高的产品熟悉度。因此，实验 1a 选择电子产品——手机作为实验的产品类型。在这里，实验刺激物的选择需要满足两个条件：首先，为了避免品牌刻板印象效应——天花板或地板效应的影响，实验 1a 需要选择市场知名度适中的手机品牌作为实验刺激物。其次，为了避免被试在实验之前就接触和了解过该手机，实验1a需要选择刚上市不久的新产品。最终，实验1a选择了vivo X5 Max手机作为实验刺激物。在vivo手机的官方网站上，实验1a下载了多张与vivo X5 Max手机相关的宣传图片。这些图片被制作成幻灯片，用来向被试进行展示。为了突出审美特征，实验1a较多地使用了手机全貌图片。除此之外，幻灯片还介绍了该手机的处理器、照相、音乐和屏幕等功能方面的信息，目的是避免被试怀疑实验研究的真实目的——审美体验。在幻灯片的最后一页，实验1a向被试呈现了多张手机全貌图片，目的在于为被试在进行审美心理想象时提供较丰富的素材。另外，实验1a还准备了与该手机相关的文字材料。

（2）实验过程。

实验1a的被试是来自中国中部某高校的本科生。参考田阳、王海忠、柳武妹、何浏和黄韫慧（2014）的研究，实验1a采用了课堂实验的方式进行。被试被告知参加某品牌手机的新产品测试。实验开始后，实验员利用幻灯片和必要的文字说明材料向被试介绍vivo X5 Max手机的基本情况。在结束放映之后，幻灯片停留在最后一页。在介绍完手机的基本情况之后，被试需要填写相关变量的测量量表。所有被试需要独立完成实验任务。

（3）变量测量。

因变量。实验1a测试了被试的产品购买意愿和产品审美体验。产品购买意愿的测量参考了Berens，Riel和Bruggen（2005）的量表（α=0.81），采用七分利克特量表设计（“1” =非常不愿意，“7” =非常愿意）。具体地，该量表包括“如果您想要购买手机，您愿意购买这款手机吗?”“您愿意向身边朋友推荐这款手机吗?”和“在产品上市后，您愿意考虑购买这款手机吗?”等三个测项。紧接着，被试需要完成产品审美体验量表。产品审美体验的测量采用了Blijlevens，Thurgood和Hekkert等（2017）发展的量表（α=0.98），采用七分利克特量表设计（“1” =非常不同意，“7” =非常同意）。具体地，该量表包括“这款手机很漂亮”“这款手机很吸引人”“这款手机很讨人喜欢”“这款手机看起来很舒服”和“我很乐意看到这款手机”等五个测项。

自变量。在完成因变量的测量之后，被试需要填写自我意识量表。自我意识类型的测量采用了 Fenigstein，Scheier 和 Buss（1975）发展的量表，采用五分利克特量表设计（“1”=非常不同意，“5”=非常同意）。该量表将自我意识视为个体的性格特质。实验 1a 没有操控被试的自我意识类型，因此较适合使用该量表。自我意识量表（α=0.80）一共包含三个子量表，分别是私隐自我意识量表（α=0.79）、社会自我意识量表（α=0.84）和社交焦虑量表（α=0.73）。本书只选取了前两个子量表。私隐自我意识量表包含 10 个测量题项，分别是“我总是试图了解自己”“我一般很少意识到自己（R）”“我经常顺着自己的感觉行事”“在发呆的时候，我总是在想着自己”“我很少反省自己（R）”“通常情况下，我很关注自己的内心感受”“我经常关注自己的做事动机”“有时候，我会从不同方面来检查自己”“我能够把控自己的情绪变化”和“在处理难题之时，我能清楚地了解自己的想法”。社会自我意识量表包含 7 个测量题项，分别是“我比较注意自己的做事方式”“我很在意自己在别人面前的表现”“我经常观察自己的行为举止”“我很在意是否可以给他人留下好印象”“在临出门的时候，我喜欢照照镜子”“我在意别人对自己的看法”和“我很在意自己的仪表仪容”。

控制变量。为了控制干扰因素的影响，实验 1a 测量被试的手机产品知识。产品知识的测量采用 Aaker 和 Williams（1998）的方法（“1”=非常不了解，“9”=非常了解）。最后，被试还需报告之前是否使用过该品牌的手机，是否接触过该手机的宣传资料（包括产品网页、电视和平面广告等）、性别和年龄等信息。

5.1.1.2 结果分析

参考 Scheier（1980）的研究，实验 1a 运用中位数切分法对自我意识量表的测量得分进行了分组处理，分别被分成高和低私隐（社会）自我意识组。实验 1a 将同时落入高社会和低私隐自我意识组的被试编码为社会自我意识组，而将同时落入低社会和高私隐自我意识组的被试编码为私隐自我意识组。另外，实验 1a 还需要排除那些曾经使用过 vivo 品牌手机或接触过 vivo X5 Max 手机宣传资料的被试。

实验 1a 获得 66 份有效样本，其中男性 26 人占 39.4%，女性 40 人占

60.6%，平均年龄20.98岁，年龄范围为19~23岁。

首先，检验自变量的差异程度。实验1a分别将私隐自我意识（$\alpha=0.85$）和社会自我意识（$\alpha=0.83$）对自我意识组别进行单因素ANOVA分析。分析结果显示，在两个组别中，私隐自我意识［$F(1, 65)=182.70$，$p<0.001$，*Cohen's d* = 3.34］和社会自我意识［$F(1, 65)=105.67$，$p<0.001$，*Cohen's d* = 2.53］存在显著的差异，且具有完全相反的大小方向（如图5-1所示）。具体地，就私隐自我意识量表来说，私隐自我意识组的被试（$M=4.17$，$SD=0.52$，$n=31$）显著地大于社会自我意识组的被试（$M=2.09$，$SD=0.71$，$n=35$）；就社会自我意识量表来说，私隐自我意识组的被试（$M=2.04$，$SD=0.63$）显著地小于社会自我意识组的被试（$M=3.96$，$SD=0.87$）。此外，实验1a还分别将私隐和社会自我意识对人口统计信息（性别和年龄）进行了单因素ANOVA分析，没有发现二者对自我意识存在显著的影响作用。因此，实验1a对自我意识的分组能够满足研究要求。

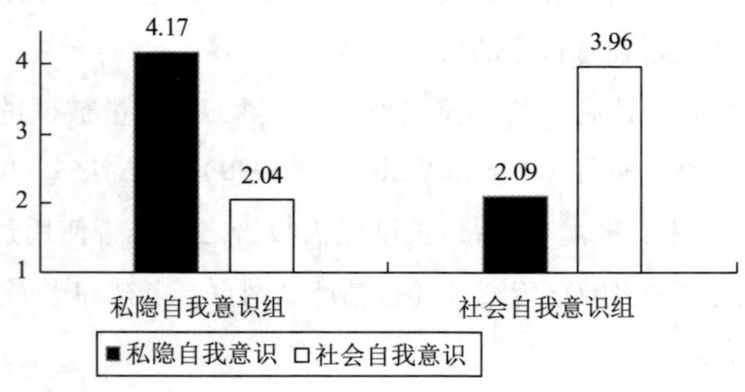

图5-1　自变量的差异程度（实验1a）

其次，检验控制变量的差异程度。实验1a将产品知识对自我意识进行了单因素ANOVA分析。结果显示，在私隐自我意识组（$M=7.12$，$SD=0.78$）与社会自我意识组（$M=6.94$，$SD=0.97$）之间，产品知识没有显著差异［$F(1, 65)=0.71$，$p>0.1$，*Cohen's d* = 0.20］。因此，被试的产品知识不会显著地影响实验结果。

最后，检验因变量的差异程度。实验1a将产品审美体验（$\alpha=0.97$）对自我意识组别进行了单因素 ANOVA 分析（如图5-2所示）。结果显示，在不同组别中，被试的产品审美体验存在着显著的差异［$F(1, 65) = 9.38$，$p < 0.01$，*Cohen's d* = 0.75］。具体地，私隐自我意识组被试的产品审美体验（$M = 5.43$，$SD = 1.21$）显著地大于社会自我意识组被试的产品审美体验（$M = 4.53$，$SD = 1.18$）。这说明，消费者的自我意识显著地影响了被试的产品审美体验。具体地，相较于社会自我意识的消费者，私隐自我意识的消费者能够获得更高的产品审美体验。这一发现能够支持假设1中的观点。另外，实验1a还将被试的产品购买意愿（$\alpha = 0.87$）对自我意识组别进行了单因素 ANOVA 分析（如图5-2所示）。结果显示，在不同组别中，被试的产品购买意愿存在着显著的差异［$F(1, 65) = 7.20$，$p < 0.01$，*Cohen's d* = 0.65］。具体地，私隐自我意识组被试的产品购买意愿（$M = 5.32$，$SD = 1.01$）显著地大于社会自我意识组的被试（$M = 4.60$，$SD = 1.19$）。这说明，消费者的产品购买意愿也受到了自我意识类型的显著影响。具体地，相较于社会自我意识的消费者，私隐自我意识的消费者拥有更高的产品购买意愿。此外，实验1a还分别将被试的产品审美体验和购买意愿对人口统计信息（性别和年龄）进行了单因素 ANOVA 分析，并没有发现二者对自我意识存在显著的影响作用。

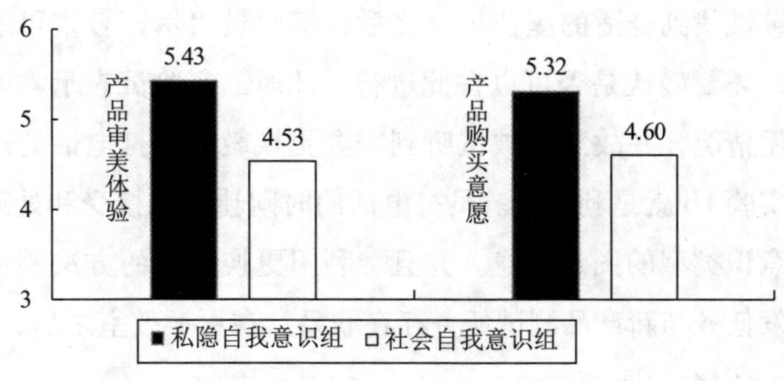

图5-2 实验结果（实验1a）

5.1.1.3 讨论与小结

实验1a将自我意识处理成消费者的个性特质变量，验证了消费者自我意识对产品审美体验的影响作用。不仅如此，实验 1a 还发现，自我意识能够显著地影响消费者的产品购买意愿。接下来，本书将检验主效应背后的中间机制。在实验 1b 中，本书将操控被试的自我意识类型，以检验主效应的可靠性。

5.1.2 实验 1b：审美流畅性感知的中介作用

实验 1b 的主要目的在于：①通过对自我意识的操控，并重复实验 1a 的发现，以检验主效应的可靠性；②验证想象流畅性体验的中介作用。

5.1.2.1 实验设计

实验 1b 采用单因素（自我意识：私隐与社会）组间设计。与实验 1a 一样，实验 1b 也采用 vivo X5 Max 手机的宣传资料作为实验刺激物。

（1）实验过程。

实验 1b 操控了被试的自我意识类型。具体操控程序参考了 Snow，Duval 和 Silvia（2004）的研究。实验 1b 仍然以新产品测试的名义进行。首先，被试被领到一个正在放映幻灯片的教室。在私隐自我意识组，幻灯片的内容为"'我'为背景"的图片；在社会自我意识组，幻灯片的内容为"'我'为主角"的图片（如图 5－3 所示）。除此之外，两个组别的实验条件没有任何区别。在指导被试找到合适的座位坐下之后，实验员表示该教室可能正在被某位老师使用，需要确认是否可以在此进行。此时，实验员表示需要打电话确认教室的使用情况，并故意让被试听到需要更换教室。打电话的过程大概持续五分钟。实验 1b 就是利用实验员打电话的时间让被试接受和处理了用来激发不同自我意识类型的图片信息。并且，利用更换教室的方法避免被试认为自我意识激发任务与新产品测试任务存在联系。在更换教室之后，实验 1b 的过程与实验 1a 完全相同。

我	我	我
我	他们	我
我	我	我

A——“我”为背景

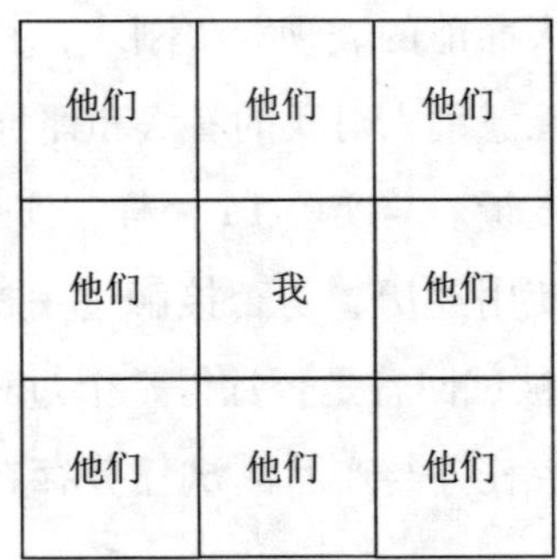

B——“我”为主角

图5－3　自我意识的操控图片（实验1b）

资料来源：Snow，Duval和Silvia（2004）。

（2）变量测量。

因变量。实验1b需要测量被试的产品审美体验，测量量表与实验1a完全一致。在完成产品审美体验的测量之后，被试被要求回忆其进行产品审美判断的过程及细节，并据此填写流畅性体验量表。流畅性体验的测量参考了Petrova和Cialdini（2005）的量表（α＝0.84），采用九分利克特量表设计（“1”＝非常不同意，“9”＝非常同意），包括“我能够想象我使用该款手机的情景”“在进行想象时，我感觉较容易”“我不需要花费较多的时间进行想象”“生动形象”“动态有活力”和“包含较多细节”等六个测项。

自变量。在测量因变量之后，被试需要填写自我意识量表。与实验1a不同，实验1b的自我意识量表采用了Govern和Marsch（2001）发展的情景自我意识量表。该量表测量了被试由于外界环境因素所激发的自我意识情况。与实验1a所用量表相比，情景自我意识量表更适合实验1b。情景自我意识量表也包括三个子量表：私隐自我意识量表（α＝0.70）、社会自我意识量表（α＝0.82）和即时环境意识量表（α＝0.72）。实验1b使用了前两个子量表，采用七分利克特量表设计（“1”＝非常不同意，“7”＝非常同意）。私隐自我意识量表有三个测量题项，分别是“刚才，我比较关注我内心的感觉”“刚才，我更多地想到了属于自己的生活”和“刚才，我能够意识到自己内心最真实的感觉”。社会自我意识量表有三个测量题项，分别是“刚才，我很在意自己在别人面前的表现”“刚才，我能意识到自己留给他人的印象”和“刚才，我很在意别人对我的看法和评价”。

控制变量。与实验 1a 一样，实验 1b 还需要测量被试的产品知识、是否拥有品牌使用经历、是否接触过手机宣传资料、性别和年龄等。最后，实验 1b 还要求被试回答是否觉得整个过程存在异常之处，目的是排除那些怀疑自我意识操控任务与产品测试任务存在关联的样本。所有被试皆独立完成整个实验过程。

5.1.2.2 结果分析

实验 1b 的被试是来自中国中部某高校的本科生。在排除那些拥有品牌使用经历，或接触过该手机宣传资料，或觉得实验过程存在异常之处的被试之后，实验 1b 获得 73 份有效样本，其中男性 23 人占 31.5%，女性 50 人占 68.5%，平均年龄为 21.12 岁，年龄范围为 19~23 岁。

首先，实验操控检验。实验 1b 分别将私隐自我意识（$\alpha = 0.77$）和社会自我意识（$\alpha = 0.83$）对自我意识组别进行了单因素 ANOVA 分析。分析结果显示，在两个组别中，私隐自我意识［$F(1, 72) = 67.55$，$p < 0.001$，$Cohen's\ d = 1.92$］和社会自我意识［$F(1, 72) = 121.29$，$p < 0.001$，$Cohen's\ d = 2.18$］存在显著的差异，且具有完全相反的大小方向（如图 5－4 所示）。具体地，就私隐自我意识量表来说，私隐自我意识组的被试（$M = 5.39$，$SD = 1.26$，$n = 35$）显著地大于社会自我意识组的被试（$M = 3.05$，$SD = 1.17$，$n = 38$）；就社会自我意识量表来说，私隐自我意识组的被试（$M = 2.76$，$SD = 1.13$）显著地小于社会自我意识组的被试（$M = 5.34$，$SD = 1.23$）。此外，实验 1b 还分别将私隐和社会自我意识对人口统计信息（性别和年龄）进行了单因素 ANOVA 分析，并没有发现二者对自我意识存在显著的影响作用。因此，实验 1b 对自我意识的操控能够满足研究要求。

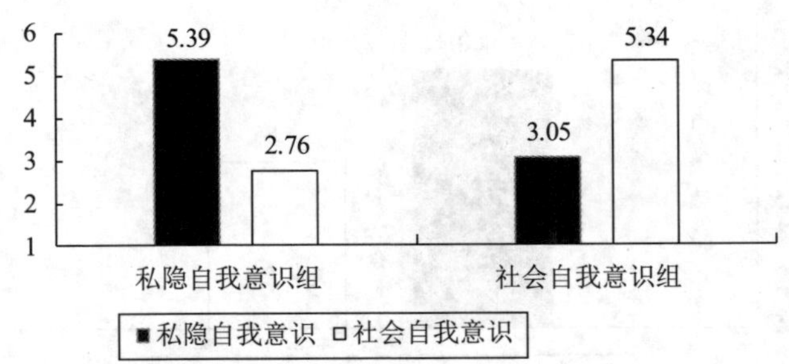

图5－4　操控检验的结果（实验1b）

其次，检验控制变量的差异程度。实验1b将产品知识对自我意识进行了单因素ANOVA分析。结果显示，在私隐自我意识组（$M=6.34$，$SD=1.26$）与社会自我意识组（$M=6.58$，$SD=1.18$）之间，被试的产品知识不存在显著差异［$F(1,72)=0.69$，$p>0.1$，$Cohen's\ d=0.19$］。因此，被试的产品知识不会影响实验结果。

再次，检验因变量的差异程度。实验1b将产品审美体验（$\alpha=0.96$）对自我意识组别进行了单因素ANOVA分析（如图5－5所示）。结果显示，在不同组别中，被试的产品审美体验存在着显著的差异［$F(1,73)=7.42$，$p<0.01$，$Cohen's\ d=0.64$］。具体地，私隐自我意识组被试的产品审美体验（$M=5.60$，$SD=1.21$）显著地大于社会自我意识组的被试（$M=4.85$，$SD=1.12$）。此外，实验1b还分别将被试的产品审美体验对人口统计信息（性别和年龄）进行了单因素ANOVA分析，并没有发现二者对自我意识存在显著的影响作用。检验结果说明，消费者的自我意识显著地影响了被试的产品审美体验，支持了假设1中的观点。具体地，相较于社会自我意识的消费者，私隐自我意识的消费者能够获得更高的产品审美体验。

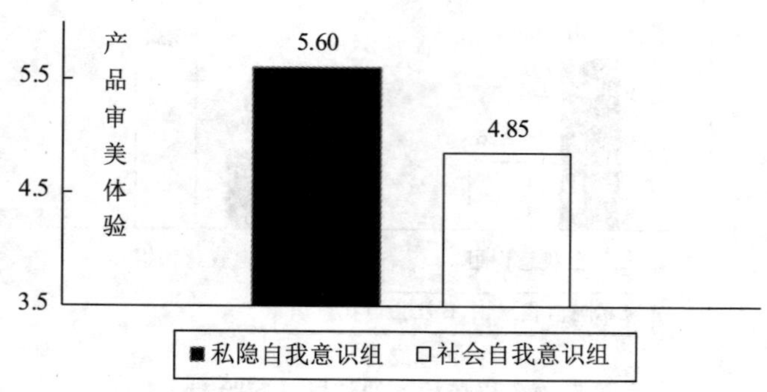

图 5 – 5　实验结果（实验 1b）

最后，中介作用的检验。实验 1b 用回归的方法检验了流畅性体验在自我意识与产品审美体验之间的中介作用。其中，自我意识类型（虚拟变量："0" =社会自我意识，"1" =私隐自我意识）为自变量，流畅性体验为中介变量，产品审美体验为因变量，性别和年龄为协变量。按照 Preacher 和 Hayes（2004）提出的 bootstrap 中介检验程序，实验 1b 估计了模型的回归系数（如图 5 – 6 所示）。

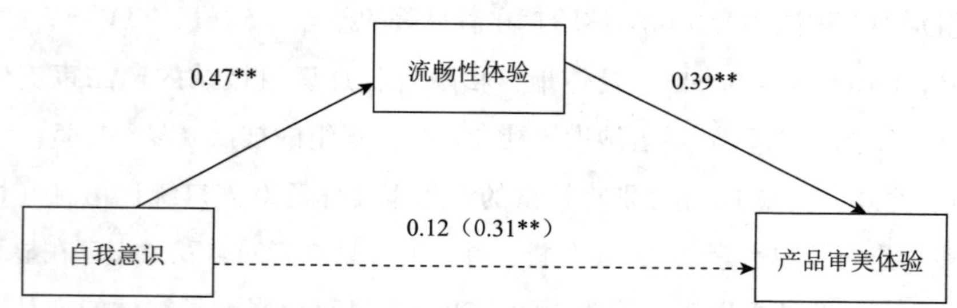

图 5 – 6　中介作用的检验（实验 1b）

注：① ** 表示 $p<0.01$，$N=73$，bootstrap 抽样样本为 1000；②系数已标准化，括号内的系数代表自变量对因变量的直接效应。

结果显示，自我意识对产品审美体验的直接效应系数为 0.31（$SE=0.12$，$p<0.01$）。但是，在加入中介变量（流畅性体验）之后，自变量对因变量的影响系数为 0.12，不再具有显著性（$SE=0.12$，$p>0.1$）。实验 1b 对中介作用的显著性进行了 Sobel 检验。中介效应的 Sobel 系数为 2.59，

$p<0.01$，具有较理想的显著度。另外，中介作用的整体效应系数为 0.1876（$SE=0.0764$），99% 的置信区间为（0.0350，0.4348），不包括零。由此判断，在消费者自我意识对产品审美体验的影响关系中，流畅性体验起着显著的中介作用。因此，支持了假设 1 中的观点。

5.1.2.3　讨论与小结

实验 1b 检验了自我意识对产品审美体验的主效应，以及流畅性体验在这一影响关系中的中介作用。与实验 1a 不同，实验 1b 运用已有研究中的成熟方法操控了被试的自我意识。对实验结果的分析显示，自我意识能够显著地影响消费者的产品审美体验，重复了实验 1a 中的发现。实验 1b 还表明，在自我意识与产品审美体验的因果关系中，被试的流畅性体验起着显著的中介作用。

在假设 1 的推导过程中，一个重要的前提假设是与私隐自我意识的消费者相比，社会自我意识的消费者更加容易受到他人评价和意见的影响。尽管前两个实验较好地支持了假设 1 的观点，但是实验 1a 和实验 1b 并没有检验上述前提假设是否成立。因为这一假设前提是全部研究假设成立的关键所在，所以本书有必要检验这一前提假设是否真的发挥作用。为此，本书设计了实验 1c。

5.1.3　实验 1c：外部参考标准的影响作用——对信息处理机制的检验

实验 1c 的目的在于检验外部审美参考标准对不同自我意识消费者的影响程度是否有所不同。这是全部研究假设成立的前提条件。在被试对产品进行审美评价之前，实验 1c 主动向被试提供可供参考的产品审美评价标准（高与低）。实验 1c 的预测是，相比于私隐自我意识的被试，社会自我意识的被试将更容易受到外部参考标准的影响。因此，实验 1c 可达到验证前提假设的目的。

5.1.3.1　实验设计

实验 1c 采用 2（自我意识：私隐与社会）×2（外部参考标准：高与低）

的组间设计。实验1c也采用了实验1a所使用的实验刺激物——vivo X5 Max手机的宣传资料。参考Shaffer和Tomarelli（1989）的研究，在正式实验开始前一个星期，实验1c测量了被试的私隐和社会自我意识，并使用中位数切分法将被试分成私隐和社会自我意识组。自我意识的测量方法与实验1a完全一致。与实验1a相比，在正式实验之前测量被试的自我意识能够降低被试猜测实验目的的可能性，提高实验结果的可靠性。

在正式实验开始后，被试被告知参加手机新产品的测试活动。并且，该测试活动已经获得较多的样本数据。因为公司管理层希望较全面地掌握消费者对手机新产品的评价，所以还需要获取一些新的样本数据。私隐和社会自我意识组分别被随机平均分配至审美参考标准高和低的两个实验条件组。在审美参考标准高的实验条件组，被试被告知已有样本对新产品的评价较高，特别是对产品美观程度评价甚高；在审美参考标准低的实验条件组，被试被告知已有样本对新产品的评价不太高，特别是对产品美观程度评价较低。除此之外，实验1c与实验1a的实验过程完全一致。实验1c只测量了被试的审美体验和产品知识，测量方法与实验1a一致。另外，被试还需要报告是否拥有品牌使用经历、是否接触过手机宣传资料、性别和年龄等。所有被试皆独立完成整个实验过程。

5.1.3.2 结果分析

实验1c的被试是来自中国中部某高校的本科生。在排除不符合研究要求的被试之后，实验1c获得134份有效样本，其中男性58人占43.3%，女性76人占56.7%，平均年龄为21.20岁，年龄范围为19~24岁。

首先，检验自我意识的差异程度。实验1c分别将私隐自我意识（$\alpha = 0.81$）和社会自我意识（$\alpha = 0.85$）对自我意识组别进行了单因素ANOVA分析。分析结果显示，在两个组别中，私隐自我意识［$F(1, 133) = 368.38$, $p < 0.001$, *Cohen's d* $= 3.32$］和社会自我意识［$F(1, 133) = 275.87$, $p < 0.001$, *Cohen's d* $= 2.88$］存在显著的差异，且具有完全相反的大小方向（如图5－7所示）。具体地，就私隐自我意识量表来说，私隐自我意识组的被试（$M = 3.70$, $SD = 0.43$, $n = 65$）显著地大于社会自我意识组的被试（$M =$

2.24，$SD=0.45$，$n=69$）；就社会自我意识量表来说，私隐自我意识组的被试（$M=2.21$，$SD=0.55$）显著地小于社会自我意识组的被试（$M=3.99$，$SD=0.68$）。此外，实验 1c 还分别将私隐和社会自我意识对参考标准（高与低）和人口统计信息（性别和年龄）进行了单因素 ANOVA 分析，并没有发现它们对被试的自我意识存在显著的影响作用。因此，实验 1c 对自我意识的分组能够满足验证假设的要求。

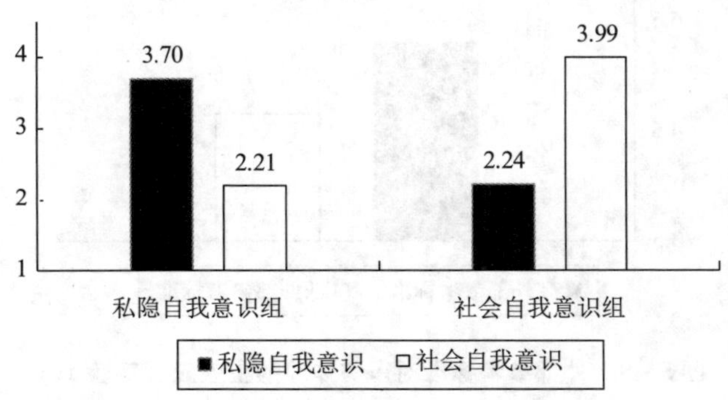

图 5－7　自我意识的差异程度（实验 1c）

其次，检验控制变量的差异程度。实验 1c 分别将产品知识对自我意识组别和参考标准进行了单因素 ANOVA 分析。结果显示，在私隐自我意识组（$M=6.87$，$SD=1.17$）与社会自我意识组（$M=6.80$，$SD=1.21$）之间，被试的产品知识不存在显著差异［F（1，133）$=0.11$，$p>0.1$，*Cohen's d* $=0.06$］。高审美参考标准组（$M=6.91$，$SD=1.19$）与低审美参考标准组（$M=6.76$，$SD=1.20$）之间，被试的产品知识不存在显著差异［F（1，133）$=0.53$，$p>0.1$，*Cohen's d* $=0.13$］。并且，二者对产品知识的交互作用也不显著。因此，被试的产品知识不会显著地影响实验结果。

再次，检验外部参考标准对审美体验的主效应。实验 1c 将产品审美体验（$\alpha=0.97$）对外部参考标准进行了单因素 ANOVA 分析（如图 5－8 所示）。结果显示，在不同组别中，被试的产品审美体验存在着显著的差异［F（1，133）$=13.91$，$p<0.001$，*Cohen's d* $=0.65$］。具体地，高外部参考标准组被试的产品审美体验（$M=5.33$，$SD=0.93$）显著地高于低外部参考标准组的

被试（$M=4.67$，$SD=1.08$）。此外，实验1c还分别将被试的产品审美体验对人口统计信息（性别和年龄）进行了单因素ANOVA分析，并没有发现二者对自我意识存在显著的影响作用。检验结果说明，外部参考标准显著地影响了被试的产品审美体验。也即，相较于低外部参考标准的实验条件组，高外部参考标准组被试的产品审美体验更高。

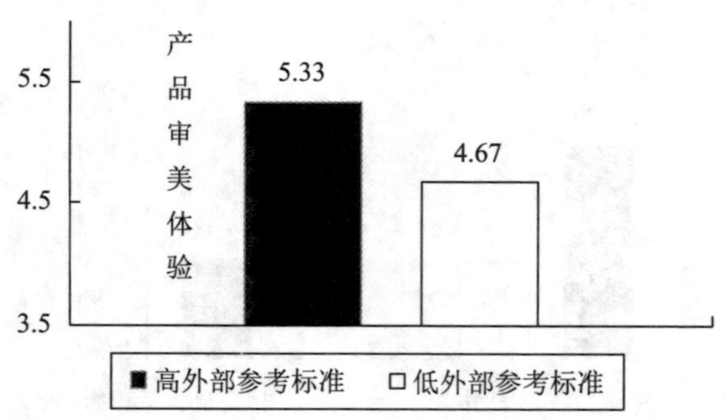

图5－8　外部参考标准对审美体验的主效应（实验1c）

最后，检验自我意识和外部参考标准对产品审美体验的交互效应。实验1c将审美体验对自我意识和外部参考标准进行了双因素ANOVA分析（如图5－9所示）。结果显示，二者对产品审美体验的交互效应显著［$F(1, 133)=10.18$，$p<0.01$，偏$\eta 2=0.07$］。具体地，在社会自我意识组，高外部参考标准组被试的产品审美体验（$M=5.37$，$SD=0.97$）显著地高于低外部参考标准组的产品审美体验（$M=4.18$，$SD=0.98$），$F(1, 64)=24.21$，$p<0.001$，*Cohen's* $d=1.22$；但是，在私隐自我意识组，外部参考标准对被试的产品审美体验不再具有显著的影响作用（$M_{高}=5.29$，$SD=0.91$；$M_{低}=5.15$，$SD=0.97$），$F(1, 68)=0.34$，$p>0.1$，*Cohen's* $d=0.15$。

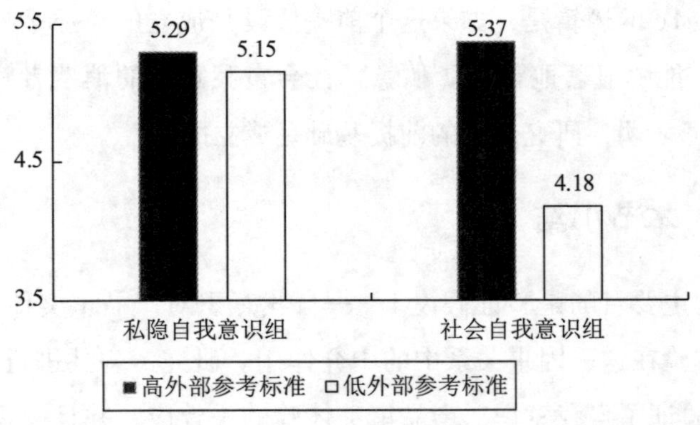

图 5 -9　双因素 ANOVA 的检验结果（实验 1c）

由此可以判断，自我意识显著地调节了外部参考标准对产品审美体验的影响作用（如图 5 -10 所示）。具体地，对于社会自我意识的被试来说，外部参考标准显著地影响了产品审美体验；但是，对于私隐自我意识的被试来说，外部参考标准对产品审美体验的影响不显著。因此，实验 1c 支持了研究假设的前提基础。

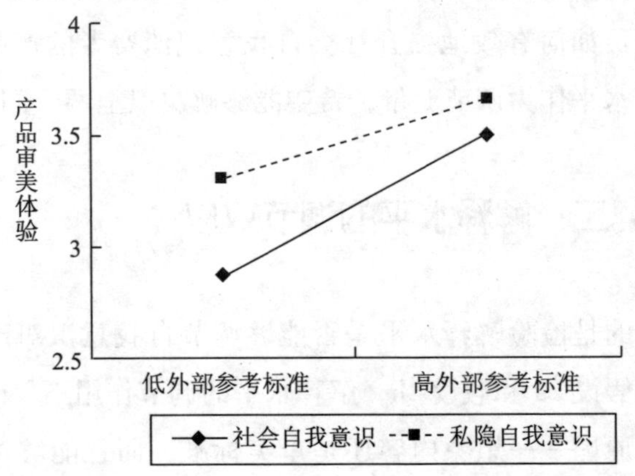

图 5 -10　调节效应的检验结果（实验 1c）

5.1.3.3　讨论与小结

与私隐自我意识的消费者相比，社会自我意识的消费者更容易受到他人评价和意见的影响。尽管这不是本书的研究假设，但却是本书假设成立的前提基础。实验 1c 的逻辑是，如果这个前提假设是成立的，那么外部参考标准的变动（不）能够显著地影响（私隐）社会自我意识的消费者对产品的审美体验。实验 1c 表明，研究假设的前提基础是成立的。

5.1.4 本节小结

研究一的主要目的是验证假设 1——自我意识对产品审美体验的主效应，以及流畅性体验在这一因果关系中的中介作用。研究一一共进行了三个实验：实验 1a 主要验证了自我意识对产品审美体验的主效应，并且发现了自我意识对产品购买意愿的影响作用。实验 1b 则验证了流畅性体验的中介作用以及重复了实验 1a 的研究发现。而实验 1c 则检验了本书研究假设能够成立的一个关键性前提基础，增强了研究假设成立的可信度。所有的实验均较好地支持了研究假设。

尽管如此，研究一也遗留了两个重要的问题。从理论上来说，流畅性体验在自我意识和产品审美体验的影响关系中起着显著的中介作用。但是研究一并没有明确这种流畅性体验到底是内容流畅性还是标准流畅性？从实践角度来说，营销人员如何有效地提升社会自我意识消费者的产品审美体验？下一节将引入解释水平作为调节变量，希望能够解决以上两个问题。

5.2 研究二：解释水平的调节效应

研究二的目的是检验解释水平是否能够调节自我意识对产品审美体验的影响作用。根据假设 2a 和假设 2b，解释水平的调节作用不仅能够甄别引起流畅性体验差异的原因——想象内容还是审美标准，而且能够指导营销人员如何提升消费者对产品的审美体验。研究二一共包含两个实验。

5.2.1　实验 2a：解释水平的调节作用

5.2.1.1　实验设计

实验 2a 的主要目的在于检验解释水平对假设 1 的调节作用，采用 2（自我意识：私隐与社会）×2（解释水平：高与低）的双因素组间实验设计。

（1）实验刺激物。

实验 2a 选择了自行车作为实验产品。与手机一样，自行车也是高校学生十分熟悉的产品类型之一。实验产品的变换说明本书的研究发现能够推广至多种产品类别，具有较高的可靠性。与实验 1a 类似，实验 2a 从网上下载了某品牌自行车的宣传图片，并制成用于产品展示的幻灯片。在幻灯片的最后一页，实验 2a 向被试呈现了多张自行车的全貌图片，目的在于为被试在进行审美心理想象时提供较丰富的素材。另外，实验 2a 还准备了与该自行车相关的文字材料。

（2）实验过程。

实验 2a 的被试是来自中国中部某高校的本科生。实验 2a 依然采用了课堂实验的方式进行。被试被告知参加某品牌自行车的新产品测试。实验 2a 要求被试想象其准备和朋友们参加一次郊游活动，现正准备购买一辆自行车。参考 Yan 和 Sengupta（2011）的研究，在高解释水平组，实验 2a 将郊游的时间定在两个月之后；而在低解释水平组，实验 2a 将郊游的时间定在两天之后。

在利用幻灯片向被试展示了自行车的宣传资料之后，被试需要完成产品审美体验、流畅性体验、自我意识和产品知识等量表的测量任务。产品审美体验和产品知识的测量方法与实验 1a 一致；流畅性体验和自我意识的测量方法与实验 1b 完全一致。最后，被试还需要报告其是否有该品牌自行车的使用经历、最近是否购买过自行车、年龄和性别等信息。所有被试需独立完成实验过程。

5.2.1.2　结果分析

在排除不符合要求的被试之后，实验 2a 获得 129 份有效样本，其中男性 45 人占 34.9%，女性 84 人占 65.1%，平均年龄为 21.13 岁，年龄范围为19~23岁。

首先，检验自我意识的差异程度。与实验1a一样，实验2a也使用了中位数切分法对自我意识进行分组。实验2a分别将私隐自我意识（$\alpha=0.74$）和社会自我意识（$\alpha=0.80$）对自我意识组别进行了单因素ANOVA分析。分析结果显示，在两个组别中，私隐自我意识［$F(1, 128)=282.56$，$p<0.001$，*Cohen's d* = 2.97］和社会自我意识［$F(1, 128)=423.72$，$p<0.001$，*Cohen's d* = 3.61］存在显著的差异，且具有完全相反的大小方向（如图5-11所示）。具体地，就私隐自我意识量表来说，私隐自我意识组的被试（$M=5.48$，$SD=1.01$，$n=63$）显著地大于社会自我意识组的被试（$M=2.81$，$SD=0.77$，$n=66$）；就社会自我意识量表来说，私隐自我意识组的被试（$M=2.58$，$SD=0.82$）显著地小于社会自我意识组的被试（$M=5.65$，$SD=0.88$）。此外，实验2a还分别将私隐和社会自我意识对解释水平（高与低）和人口统计信息（性别和年龄）进行了单因素ANOVA分析，并没有发现它们对被试的自我意识存在显著的影响作用。因此，实验2a对被试自我意识类型的分组能够满足验证研究假设的要求。

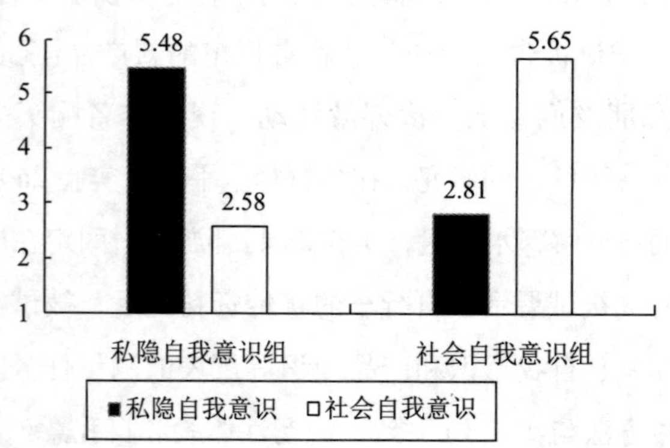

图5-11　自我意识的差异程度（实验2a）

其次，检验控制变量的差异程度。实验2a分别将产品知识对自我意识组别和解释水平进行了单因素ANOVA分析。结果显示，在私隐自我意识组（$M=6.55$，$SD=1.27$）与社会自我意识组（$M=6.33$，$SD=1.23$）之间，被试的产品知识不存在显著差异［F（1，128）=0.93，$p>0.1$，*Cohen's* $d=0.18$］。高解释水平组（$M=6.35$，$SD=1.12$）与低解释水平组（$M=6.53$，$SD=1.37$）之间，被试的产品知识不存在显著差异［F（1，128）=0.65，$p>0.1$，*Cohen's* $d=0.14$］。并且，二者对产品知识的交互作用也不显著［F（1，128）=0.99，$p>0.1$，偏 $\eta 2=0.01$］。因此，被试的产品知识不会显著地影响实验结果。

再次，检验自我意识对审美体验的主效应。实验 2a 将产品审美体验（$\alpha=0.91$）对自我意识类型进行了单因素 ANOVA 分析（如图 5－12 所示）。结果显示，在不同组别中，被试的产品审美体验存在着显著的差异［F（1，128）=9.27，$p<0.01$，*Cohen's* $d=0.53$］。具体地，私隐自我意识组被试的产品审美体验（$M=5.18$，$SD=0.98$）显著地高于社会自我意识组被试的产品审美体验（$M=4.62$，$SD=1.12$）。此外，实验 2a 还分别将被试的产品审美体验对人口统计信息（性别和年龄）进行了单因素 ANOVA 分析，并没有发现二者对自我意识存在显著的影响作用。检验结果说明，自我意识类型显著地影响了被试的产品审美体验。也就是说，相较于社会自我意识被试，私隐自我意识被试的产品审美体验更高。

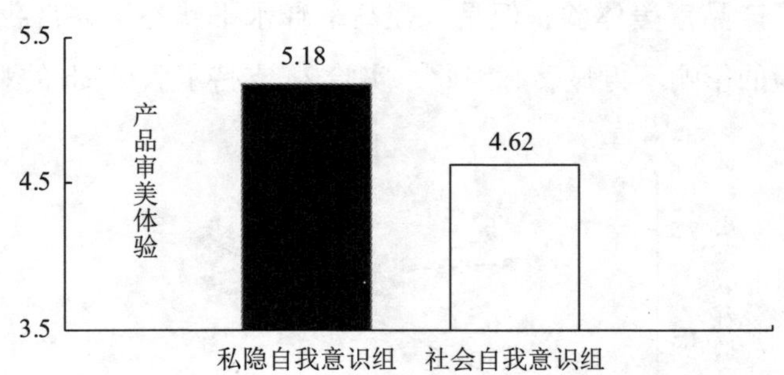

图 5－12　自我意识对产品审美体验的主效应（实验 2a）

复次，检验解释水平对主效应的调节作用。实验 2a 将产品审美体验对自我意识和解释水平进行了双因素 ANOVA 分析（如图 5－13 所示）。结果显示，二者对产品审美体验的交互效应显著［F（1，128）=19.00，$p<0.001$，偏 $\eta 2=0.13$］。具体地，在低解释水平组，私隐自我意识组被试的产品审美体验（$M=5.38$，$SD=0.96$，$n=32$）显著地高于社会自我意识组被试的产品

审美体验（$M=4.08$，$SD=1.01$，$n=32$），$F(1, 63)=28.02$，$p<0.001$，Cohen's $d=1.32$；但是，在高解释水平组，自我意识对被试的产品审美体验不再具有显著的影响作用（$M_{私隐}=4.99$，$SD=0.97$，$n=34$；$M_{社会}=5.18$，$SD=0.95$，$n=31$），$F(1, 64)=0.62$，$p>0.1$，Cohen's $d=0.19$。

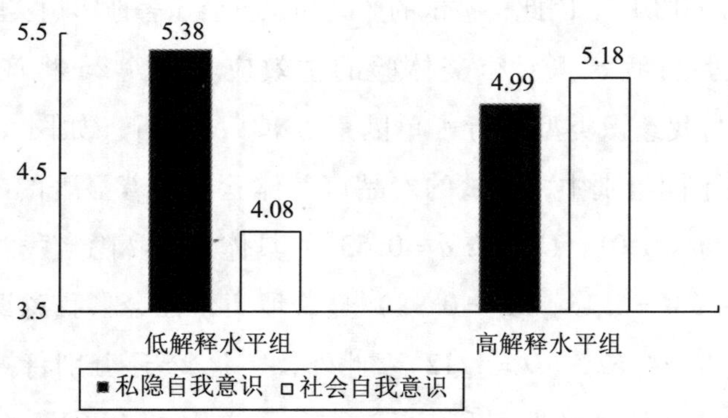

图 5-13　双因素 ANOVA 的检验结果（实验 2a）

由此可以判断，解释水平显著地调节了自我意识类型对产品审美体验的影响作用（如图 5-14 所示）。具体地，在低解释水平状态下，自我意识类型显著地影响了产品审美体验；但是，在高解释水平状态下，自我意识类型对产品审美体验的影响不再显著。因此，实验 2a 支持了假设 2b 的观点。

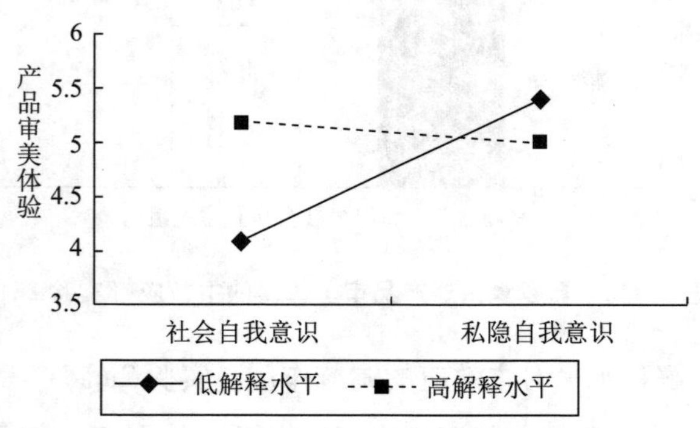

图 5-14　调节效应的检验结果（实验 2a）

最后，检验流畅性体验的中介作用。假设 2b 表明，由于调节了自变量（自我意识）与中介变量（流畅性体验）之间的关系，被试的解释水平状态进而调节了自变量（自我意识）与因变量（产品审美体验）之间的关系。为了检验假设 2b 中的中介作用，遵循 Preacher，Rucker 和 Hayes（2007）的建议，实验 2a 建立了第一阶段有调节的中介模型，其中自我意识为自变量（虚拟变量：0 = 社会自我意识，1 = 私隐自我意识），流畅性体验为中介变量，被试的产品审美体验为因变量，解释水平为调节变量（虚拟变量：0 = 低解释水平，1 = 高解释水平），而产品知识、性别和年龄被设为中介变量和因变量回归方程的协变量。按照 Hayes（2013）提出的 bootstrap 方法，实验 2a 估计了模型的回归系数（如图 5 – 15 所示）。

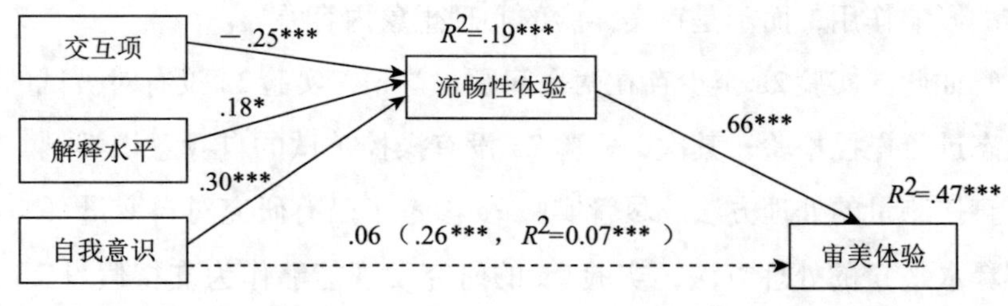

图 5 – 15　有调节的中介模型检验（实验 2a）

注：①系数已标准化，*** 表示 $p<.01$，** 表示 $p<.05$，* 表示 $p<.1$，$n=129$，bootstrap 抽样样本为 1000；②括号内的系数为直接效应，交互项为自我意识与解释水平的乘积项。

回归结果显示，自我意识对产品审美体验的直接效应系数为 0.26（$SE=0.09$，$p<0.01$），具有显著性。但是在加入中介变量之后，自我意识对产品审美体验的回归系数为 0.06（$SE=0.07$，$p>0.1$），不再具有显著性。被试的自我意识和解释水平的交互项对中介变量的影响系数为 −0.25（$SE=0.08$，$p<0.01$），具有显著性。另外，在低解释水平状态下，流畅性体验的中介效应系数为 0.36（$SE=0.10$，$p<0.01$），95% 的置信区间为（0.2095，0.5662），不包含零；但是，在高解释水平状态下，流畅性体验的中介效应系数为 0.04（$SE=0.07$，$p>0.1$），95% 的置信区间为（−0.1073，0.1868），包含零。有调节的中介效应系数为 -0.33（$SE=0.12$，$p<0.01$），95%的置信区间为（-0.5802，-0.1199），不包含零。由此可以判断，流畅性体验的中介效应显著地存在，并且是第一阶段有调节的中介作用。

5.2.1.3 讨论与小结

实验2a的目的在于检验解释水平的调节作用。研究发现，解释水平显著地调节了自我意识对产品审美体验的影响作用。具体地，在低解释水平状态下，相较于社会自我意识的被试，私隐自我意识的被试获得了更高的产品审美体验；但是，在高解释水平状态下，被试自我意识对产品审美体验的影响作用不再显著。很显然，实验2a的发现支持了假设2b，而非假设2a。这表明，在进行产品审美评价时，不同自我意识消费者的流畅性体验受到审美参考标准的影响作用，而不是审美体验的心理想象内容差异。

尽管如此，实验2a至少存在两个问题：首先，实验2a没有对被试的解释水平状态进行操控检验；其次，实验2a没有操控被试的自我意识类型，而是采取了直接测量的处理方法。尽管实验2a参考了已有研究对自变量（自我意识和解释水平）的处理方法，实验2a的研究发现能够作为支持假设2b的证据。但是，本书希望通过重复实验2a的发现来验证实验2a的稳健性。接下来，实验2b将分别操控被试的自我意识类型和解释水平状态。

5.2.2 实验2b：调节作用的稳健性检验——对调节作用的重复

5.2.2.1 实验设计

实验2b的主要目的在于重复实验2a的发现，采用2（自我意识：私隐与社会）×2（解释水平：高与低）的双因素组间实验设计。

被试来自中国中部某高校的本科生，被邀请参加“促进和保持身体健康”的调查活动。实验2b采用课堂实验方式，实验材料打印成册后随机分发给被试。

首先，操控被试的解释水平。解释水平的操控方法参考 Freitas，Gollwitzer

和 Trope（2004）的研究——启动被试思考事情的不同方面——目的（为什么）或方法（如何）。解释水平的操控任务以测试健身知识的名义展开。在高解释水平组，实验 2b 要求被试回答为什么需要保持身体健康，并以自己的答案为线索再回答“为什么”的“为什么”，至少重复三次；在低解释水平组，实验 2b 要求被试回答如何才能保持身体健康，并以自己的答案为线索再回答“如何”的“如何”，至少重复三次（如图 5－16 所示）。在完成解释水平的激发任务之后，被试需要完成解释水平状态的测量任务——不相关事件的主观可能性判断。具体的可能性判断事件参考和改编自 Wakslak 和 Trope（2009）的研究，采用九分利克特量表设计（“1” ＝非常不可能，“9” ＝非常可能）。具体事件包括“小王准备周末去××（地名）拜访一位朋友”“小周准备给自己买一双新鞋子”“小刘参加学校英语角的口语练习”“小张打开电子邮箱收到垃圾邮件”和“走进一个彩票售卖点后，小杨购买彩票”五个事件。

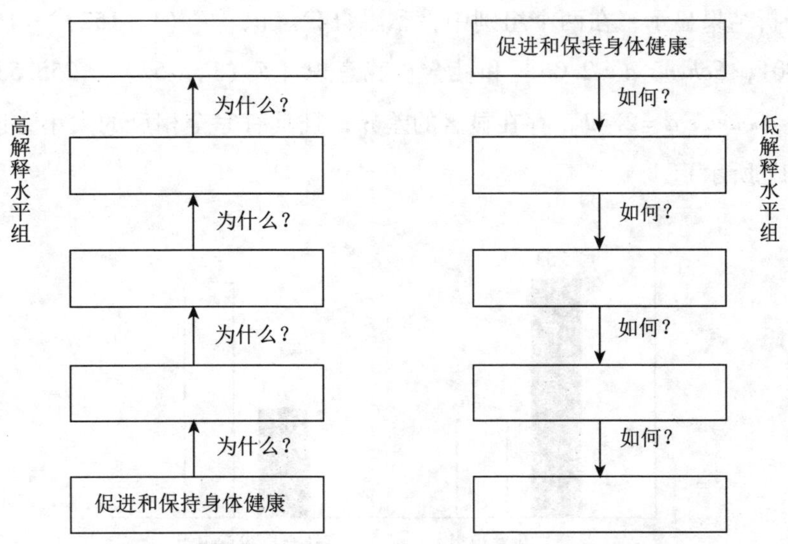

图 5－16　解释水平的操控任务（实验 2b）

资料来源：Freitas，Gollwitzer 和 Trope（2004）。

其次，实验 2b 用文字材料向被试讲述朋友在生活中的重要性，并向被试展示图 5－3 中用于激发被试自我意识的操控图片。之后，实验 2b 要求被试想象其为了达到促进和保持身体健康的目的，准备购买一辆自行车，以便与身边的朋友们进行骑行活动。实验 2b 将实验 2a 中所使用的自行车宣传资料打印成册后制作了实验刺激物。在阅读完自行车的宣传资料之后，被试需要完成相关的变量测量，包括产品审美体验、自我意识和产品知识。产品审美体验和产品知识的测量方法与实验 1a 完全一致。自我意识的测量方法与实验 1b 完全一致。最后，被试还需要报告其是否有该品牌自行车的使用经历、最近是否购买过自行车、年龄和性别等信息。所有被试需独立完成实验过程。

5.2.2.2 结果分析

在排除不符合要求的被试之后，实验 2b 获得 153 份有效样本，其中男性 59 人占 38.6%，女性 95 人占 61.4%，平均年龄为 21.33 岁，年龄范围为 19～23 岁。

首先，检验自我意识的差异程度。实验 2a 分别将私隐自我意识（$\alpha = 0.77$）和社会自我意识（$\alpha = 0.83$）对自我意识组别进行了单因素 ANOVA 分析。分析结果显示，在两个组别中，私隐自我意识［$F(1, 152) = 162.34$，$p < 0.001$，*Cohen's d* $= 2.06$］和社会自我意识［$F(1, 152) = 255.53$，$p < 0.001$，*Cohen's d* $= 2.42$］存在显著的差异，且具有完全相反的大小方向（如图 5－17 所示）。

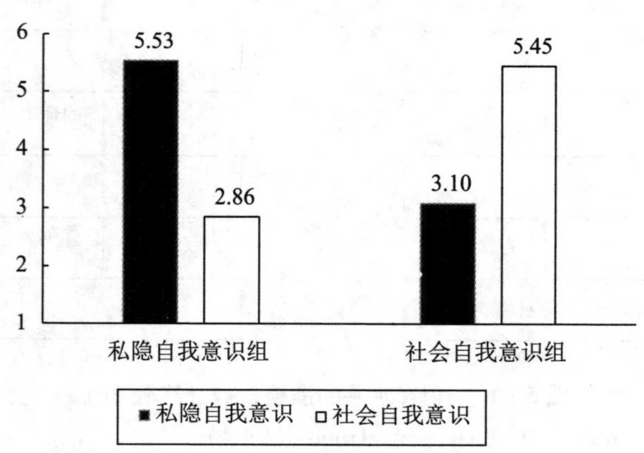

图 5－17　自我意识的差异程度（实验 2b）

具体地，就私隐自我意识量表来说，私隐自我意识组的被试（$M=5.53$，$SD=1.22$，$n=73$）显著地大于社会自我意识组的被试（$M=3.10$，$SD=1.14$，$n=80$）；就社会自我意识量表来说，私隐自我意识组的被试（$M=2.86$，$SD=1.07$）显著地小于社会自我意识组的被试（$M=5.45$，$SD=1.07$）。此外，实验2b还分别将私隐和社会自我意识对解释水平（高与低）和人口统计信息（性别和年龄）进行了单因素ANOVA分析，并没有发现它们对被试的自我意识存在显著的影响作用。因此，实验2b对被试自我意识类型的分组能够满足验证研究假设的要求。

其次，检验解释水平的差异程度。参考Wakslak和Trope（2009）的处理方法，实验2b分别将被试对每个事件的主观可能性判断进行单因素（商品陈列方式）ANOVA分析（见表5-1）。结果显示，两个组别的被试对五个事件的主观可能性判断存在显著差异。实验2b还将所有事件主观可能性的均值进行了单因素ANOVA分析，结果也具备较理想的显著性和效应量。此外，实验2b将被试的主观可能性判断对人口变量信息进行了单因素ANOVA分析，发现性别和年龄对因变量没有显著的影响。分析结果表明，解释水平的操控任务显著地影响了被试的主观可能性判断。根据Wakslak，Trope，Liberman和Alony（2006）的研究，当对事件的可能性判断较高时，被试将处于低解释水平状态；反之，被试将处于高解释水平状态。因此，实验2b的操控能够满足验证假设的要求。

表5-1 事件主观可能性判断的差异检验（实验2b）

具体事件	低解释水平组（$n=75$）	高解释水平组（$n=78$）	F值（1，152）	p值	Cohen's d
（1）	6.93（1.22）	6.45（1.44）	5.02	0.026	0.36
（2）	6.85（1.47）	6.38（1.34）	4.26	0.041	0.33
（3）	5.85（1.68）	5.29（1.55）	4.58	0.034	0.35
（4）	6.91（1.56）	6.13（1.74）	8.47	0.004	0.47
（5）	6.53（1.66）	5.65（1.40）	12.39	0.001	0.57
均值	6.62（0.68）	5.98（0.83）	26.56	0.000	0.84

注：“均值”为五个主观可能性的均值。括号前数字为均值，括号中数字为标准差。

再次，检验控制变量的差异程度。实验 2b 分别将产品知识对自我意识组别和解释水平进行了单因素 ANOVA 分析。结果显示，在私隐自我意识组（$M=6.79$，$SD=1.30$）与社会自我意识组（$M=6.61$，$SD=1.26$）之间，被试的产品知识不存在显著差异［$F(1, 152)=0.77$，$p>0.1$，$Cohen's\ d=0.14$］。高解释水平组（$M=6.78$，$SD=1.23$）与低解释水平组（$M=6.61$，$SD=1.32$）之间，被试的产品知识不存在显著差异［$F(1, 152)=0.67$，$p>0.1$，$Cohen's\ d=0.13$］。并且，二者对产品知识的交互作用也不显著［$F(1, 152)=1.30$，$p>0.1$，偏 $\eta 2=0.01$］。因此，被试的产品知识不会显著地影响实验结果。

复次，检验自我意识对审美体验的主效应。实验 2b 将产品审美体验（$\alpha=0.93$）对自我意识类型进行了单因素 ANOVA 分析（如图 5－18 所示）。结果显示，在不同组别中，被试的产品审美体验存在着显著的差异［$F(1, 152)=10.27$，$p<0.01$，$Cohen's\ d=0.51$］。具体地，私隐自我意识组被试的产品审美体验（$M=5.35$，$SD=0.98$）显著地高于社会自我意识组的被试（$M=4.82$，$SD=1.08$）。此外，实验 2b 还分别将被试的产品审美体验对人口统计信息（性别和年龄）进行了单因素 ANOVA 分析，并没有发现二者对自我意识存在显著的影响作用。检验结果说明，自我意识类型显著地影响了被试的产品审美体验。也就是说，相较于社会自我意识被试，私隐自我意识被试的产品审美体验更高。

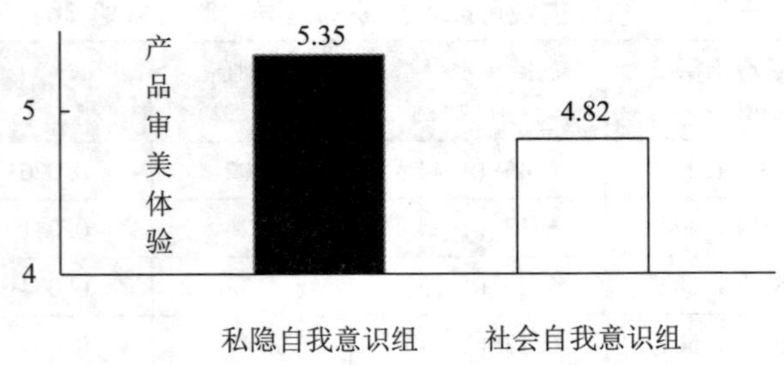

图 5－18　自我意识对产品审美体验的主效应（实验 2b）

又次，检验解释水平对主效应的调节作用。实验 2b 将产品审美体验对自我意识和解释水平进行了双因素 ANOVA 分析（如图 5－19 所示）。结果显示，二者对产品审美体验的交互效应显著［$F(1, 152) = 23.54$，$p < 0.001$，偏 η2 = 0.14］。具体地，在低解释水平组，私隐自我意识组被试的产品审美体验（$M = 5.59$，$SD = 0.99$，$n = 36$）显著地高于社会自我意识组被试的产品审美体验（$M = 4.29$，$SD = 0.94$，$n = 39$），$F(1, 74) = 34.02$，$p < 0.001$，*Cohen's d* = 1.36；但是，在高解释水平组，自我意识对被试的产品审美体验不再具有显著的影响作用（$M_{私隐} = 5.11$，$SD = 0.91$，$n = 37$；$M_{社会} = 5.31$，$SD = 0.98$，$n = 41$），$F(1, 77) = 0.86$，$p > 0.1$，*Cohen's d* = 0.21。

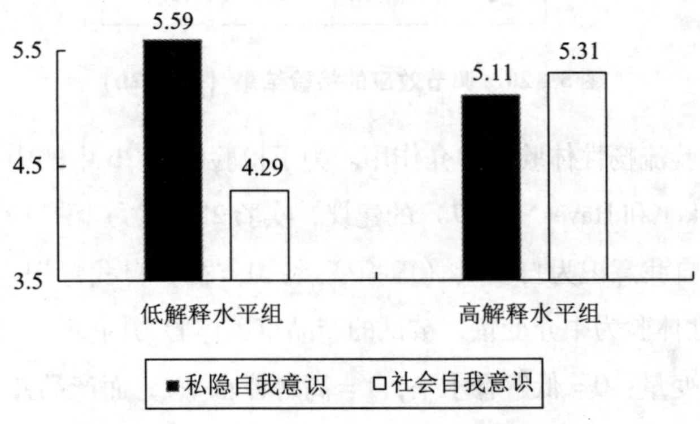

图 5－19　双因素 ANOVA 的检验结果（实验 2b）

由此可以判断，解释水平显著地调节了自我意识类型对产品审美体验的影响作用（如图 5－20 所示）。具体地，在低解释水平状态下，自我意识类型显著地影响了产品审美体验；但是，在高解释水平状态下，自我意识类型对产品审美体验的影响不再显著。因此，实验 2b 也支持了假设 2b 的观点。

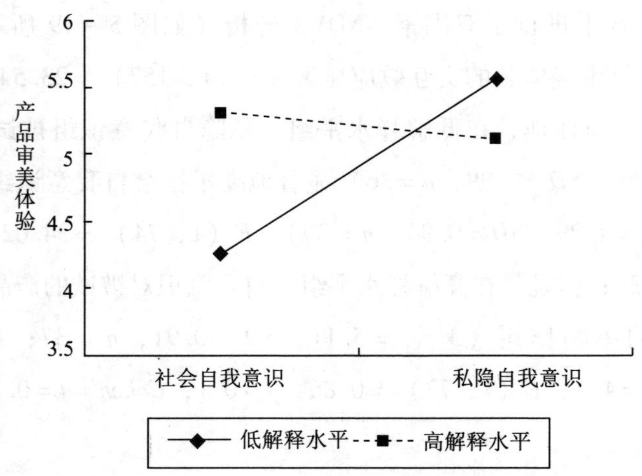

图5-20　调节效应的检验结果（实验2b）

最后，检验流畅性体验的中介作用。为了检验假设2b中的中介作用，遵循Preacher，Rucker和Hayes（2007）的建议，实验2b建立了第一阶段有调节的中介模型，其中自我意识为自变量（虚拟变量：0=社会自我意识，1=私隐自我意识），流畅性体验为中介变量，被试的产品审美体验为因变量，解释水平为调节变量（虚拟变量：0=低解释水平，1=高解释水平），而产品知识、性别和年龄被设为中介变量和因变量回归方程的协变量。按照Hayes（2013）提出的有调节的中介检验程序，实验2b估计了模型的回归系数（如图5-21所示）。

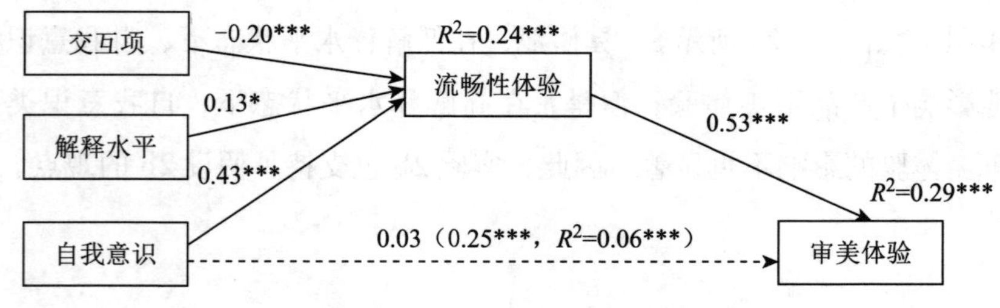

图5-21　有调节的中介模型检验（实验2b）

注：①系数已标准化，***表示 $p<0.01$，*p 表示 <0.1，$N=153$，bootstrap抽样样本为1000；②括号内的系数为直接效应，交互项为自我意识与解释水平的乘积项。

回归结果显示，自我意识对产品审美体验的直接效应系数为0.25（$SE = 0.08$，$p < 0.01$），具有显著性。但是，在加入中介变量之后，自我意识对产品审美体验的回归系数为0.03（$SE = 0.08$，$p > 0.1$），不再具有显著性。被试的自我意识和解释水平的交互项对中介变量的影响系数为−0.20（$SE = 0.07$，$p < 0.01$），具有显著性。另外，在低解释水平状态下，流畅性体验的中介效应系数为0.33（$SE = 0.08$，$p < 0.01$），95%的置信区间为（0.1917，0.5056），不包含零；在高解释水平状态下，流畅性体验的中介效应系数为0.13（$SE = 0.05$，$p < 0.05$），95%的置信区间为（0.0248，0.2373），也不包含零。有调节的中介效应系数为−0.21（$SE = 0.09$，$p < 0.01$），95%的置信区间为（−0.3950，−0.0383），不包含零。由此可以判断，流畅性体验的中介效应显著地存在，并且是第一阶段有调节的中介作用。

5.2.2.3 讨论与小结

与实验2a相比，实验2b操控了被试的自我意识状态，并检验了被试的解释水平状态。很显然，实验2b的结果再次支持了假设2b的观点。也就是说，在低解释水平状态下，社会自我意识消费者的产品审美体验显著地低于私隐自我意识消费者的产品审美体验；但是，在高解释水平状态下，自我意识对产品审美体验的影响作用不再显著。这表明，自我意识显著地影响了消费者进行产品审美评价的参考标准，而没有显著地影响消费者进行产品审美的心理想象内容。也就是说，不同的审美评价参考标准（自己的感觉还是他人的评价）影响了消费者的审美流畅性体验，最终影响了消费者的产品审美体验。相较于低解释水平状态，在高解释水平状态下，消费者对他人的评价进行一般化和抽象化的心理表征，这能够显著地降低消费者对他人审美标准的模糊性和不确定性感知。

5.2.3 本节小结

本节的主要目的在于检验假设2a和假设2b——解释水平对自我意识和产品审美体验之间关系的调节作用。从理论上来说，解释水平的调节作用能够甄别流畅性体验的来源——标准流畅性还是内容流畅性；从实践上来说，解释水平的调节作用也能够指导营销人员采取有效策略，以提升消费者对产品的审美体验。本节一共进行了两个实验——实验 2a 和实验 2b。两个实验都采用了 2（自我意识：私隐与社会）×2（解释水平：高与低）的双因素组间实验设计。与研究一相比，研究二更换了实验产品类别。此外，实验 2a 和实验 2b 利用第一阶段有调节的中介模型检验了流畅性体验在自我意识和产品审美体验之间的中介作用。

实验 2a 和实验 2b 的结果一致地支持了假设 2b 的观点。也即，解释水平负向地调节了自我意识和审美流畅性感知之间的关系，因此显著地调节了自我意识与审美体验之间的关系。具体地，在低解释水平状态下，相较于私隐自我意识的消费者，社会自我意识的消费者将获得较低的产品审美体验；在高解释水平状态下，自我意识对产品审美体验的影响作用将不再显著。另外，借助 bootstrap 的方法，本节还建立了第一阶段有调节的中介模型，用来检验流畅性体验的中介作用。模型回归的结果表明，在实验 2a 和实验 2b 中，流畅性体验在自我意识和产品审美体验之间起着显著的中介作用，并且是有调节的中介作用。

5.3 本章小结

本章的主要目的就是利用实证研究方法验证第 4 章的研究假设。本章的实验研究运用了行为实验的方法。本章一共进行了两项研究：研究一主要用来验证假设 1，研究二主要用来验证假设 2a 和假设 2b。总的来说，本章达到了验证研究假设的目的。研究一的结果较好地支持了假设 1 的观点。也即自我意识能够显著地影响被试的产品审美体验，并且流畅性体验在其中起着显著的中介作用。此外，实验 1c 还表明，不同自我意识类型被试对自己与他人审美标准存在依赖程度差异，这是假设 1 成立的内在机制。研究二的两个实验一致地支持了假设 2b 的观点。也即解释水平能够显著地调节自我意识对产品审美体验的主效应。在低解释水平状态下，假设 1 依然成立；但是，在高解释水平状态下，假设 1 就不成立了。并且，利用解释水平的调节作用，本书还甄别了流畅性体验的产生原因。

第6章　结论与讨论

本章主要就本研究的结论及相关方面的内容进行总结和讨论。本章一共包括四个部分：首先，总结和归纳本书的研究结论。其次，深入探讨本研究在学术研究方面的理论贡献。再次从研究结论出发，提出若干营销实践方面的建议。最后，讨论本书的研究不足及未来展望。

6.1　研究结论

本研究的焦点是消费者自我意识对产品审美体验的影响作用。在第2章中，通过对现有研究文献的梳理和归纳，本书发现学者们较少研究消费者个人因素对产品审美体验的影响作用。本书着眼于消费者的个人因素，深入研究消费者自我意识对产品审美体验的影响作用。因此，从对产品审美体验的研究视角来看，本研究具有较强的理论前沿性。产品审美体验是消费者价值的重要表现形式之一。从传统的营销价值创造观点来看，消费者价值来自并决定于产品本身，而非消费者的个人因素。因此，在研究消费者自我意识对产品审美体验的影响作用之前，本书需要分析这种研究视角成立的内在理论逻辑。借助于哲学、心理学和营销学的理论，本书第3章解析了这种研究视角背后的内在逻辑。

在第3章的基础上，第4章推导了相关的研究假设，并建立了本研究的理论框架。首先，第4章推导了消费者自我意识与产品审美体验之间的因果关系，以及其中的内在机制。其次，第4章探讨了解释水平对消费者自我意识与产品审美体验之间关系的调节作用。在第4章，依据不同的流畅性感知原理，本书提出了两种不同方向的解释水平调节作用。研究假设是建立在心理学基础上的，比如消费者象征论、自我意识理论、解释水平理论和流畅性理论等。

在第 5 章中，本书运用心理学的行为实验法验证了本书的研究假设。第 5 章一共包含两个研究。研究一包含三个实验，主要验证了消费者自我意识对产品审美体验的主效应，以及流畅性体验的中间机制。研究一选择电子产品——手机作为实验产品类型。研究二包含两个实验，主要验证了解释水平对消费者自我意识与产品审美体验之间关系的调节作用。研究二选择运动健身产品——自行车作为实验产品类型。为了检验解释水平的调节作用，研究二建立了有调节的中介模型。本书的研究结论可以概括为以下四个方面：

首先，消费者个人因素是决定产品审美体验的重要方面。在第 2 章中，本书对文献中与产品审美体验相关的研究进行了全面和系统的梳理和归纳。第 2 章发现，在以往的研究中，学者们较少研究消费者个人因素对产品审美体验的影响作用。而从传统的观点来看，产品的特征和属性决定了消费者的产品审美体验，而消费者个人因素只是影响产品审美体验的调节变量而已。本书聚焦于消费者自我意识对产品审美体验的影响，因此需要分析消费者个人因素决定产品审美体验的理论逻辑。从哲学的观点来看，自启蒙运动开始，西方绘画艺术界逐渐放弃了临摹客观现实世界的艺术取向，开始转向以建构抽象性形式、表达自己的主观认识的道路。到了后现代主义时期，人们的审美体验是主观的，“所想即所见”。从营销价值创造的观点来看，在消费者主导逻辑下，消费者将企业所掌握的资源和价值主张纳入自己的日常生活和实践中。消费者以其日常生活为背景和基础，根据自己的知识和技能创造自己所需的价值形式。

其次，消费者自我意识显著地影响了消费者的产品审美体验。自我意识是指人们对自我及自我存在状态的感知。人们需要认识和掌握自我的状态，比如性格特点、思想状态和主观感受等。一般说来，自我意识是指人们对自我状态的感知，一般有两种类型：私隐自我意识与社会自我意识。私隐自我意识是指人们倾向于通过自己内心的思想和感觉来认识和感知自我的状态，而社会聚焦意识是指人们认为自我是一种社会存在，通过自我与其所处环境之间的关系来认识和感知自我的状态。在进行产品购买决策时，消费者需要运用心理想象的信息处理方式来进行审美评价。相比于社会自我意识的消费者，私隐自我意识的消费者将更多地关注自己的想法和感觉。因此，相比于社会自我意识的消费者，私隐自我意识的消费者将获得较高的产品审美体验。在第5章中，研究一的实验研究较好地支持了消费者自我意识对产品审美体验的影响作用。

再次，在消费者自我意识和产品审美体验的关系之间，流畅性体验起着显著的中介作用。流畅性体验是一种主观感觉，是人们心理活动的结果。在处理信息时，内部监控系统需要时时监控并向大脑汇报信息处理的状态。流畅性体验就是内部监督系统获取关于信息处理进程的“信号”。流畅性体验能够表征信息处理过程的难易程度。流畅性体验不是绝对的，具有相对性。以往的信息处理难易程度是流畅性体验的比较标准。若与以往相比，某信息处理起来较难，那么人们的流畅性体验将较低；反之亦然。因此，流畅性体验是人们对信息处理情况的一种综合认知。本书发现，相较于社会自我意识的消费者，私隐自我意识的消费者具有较高的审美流畅性体验，因而能够获得较高的产品审美体验。

最后，解释水平能够显著地调节消费者自我意识与产品审美体验之间的因果关系。解释水平是人们对外界事物的心理表征方式，而心理表征状态具有层次化的特征，并形成一个由具体到抽象的连续变化趋势。解释水平状态显著地影响了人们对外界事物的表征方式。在低解释水平状态下，人们往往更多地运用那些较为具体、非核心、背景化的特征去表征客观事物；而在高解释水平状态下，人们则更多地运用那些较为抽象、核心、去背景化的特征去表征客观事物。本书研究发现，解释水平负向地调节了自我意识和审美流畅性感知之间的关系，因此显著地调节了自我意识与审美体验之间的关系。具体地，在低解释水平状态下，相较于私隐自我意识的消费者，社会自我意识的消费者将获得较低的产品审美体验；在高解释水平状态下，自我意识对产品审美体验的影响作用将不再显著。

6.2 理论贡献

本书具有十分重要的理论贡献，主要体现在以下三个方面：

首先，本书深入解析了消费者个体因素为主导的审美体验研究视角，能够推动学术界展开以消费者为主导的产品审美体验研究。通过文献梳理和归纳，本书发现，以往的研究往往重视产品特征对消费者产品审美体验的影响，而只有少数学者关注了消费者个人因素对产品审美体验的影响作用。也就是说，在以往的研究中，产品特征变量是影响产品审美体验的自变量，而消费者个人因素只是以调节变量的位置出现。即使有少数研究将消费者个人因素作为影响产品审美体验的自变量，这些研究也没有深入分析这种研究视角背后的理论逻辑。借助哲学（审美体验的客观论、主观论）、营销学（消费者价值创造理论）和心理学（单纯暴露理论、唤起理论、原型理论、完形理论和审美流畅性理论等）等学科的理论，本书深入分析了消费者个人因素决定产品审美体验的内在逻辑。这有利于引起学术界对消费者个人因素影响产品审美体验研究视角的重视，推动学术界更加全面和系统地理解产品审美体验的影响因素。

其次，本书确定了消费者自我意识对产品审美体验的影响效应，能够推动自我意识理论在营销学领域的应用研究。很早之前，营销学者们就开始关注消费者自我意识在营销学领域的影响作用，比如 Burnkrant 和 Page Jr（1982）、Gould（1990）、Solomon 和 Schopler（1982）等。但是，尚未有学者研究消费者自我意识对产品审美体验的影响作用。本书的研究发现，相较于社会自我意识的消费者，私隐自我意识的消费者能够获取更高的产品审美体验。不仅如此，本书还深入研究了消费者自我意识影响产品审美体验的内在机制——流畅性体验的中介作用。私隐自我意识的消费者更加关注自己的想法和感觉，因此审美流畅性体验较高，能够获取较高的产品审美体验；社会自我意识的消费者往往更为在意他人的态度和评价，因此审美流畅性体验较低，获取了较低的产品审美体验。很显然，本书的研究具有较强的创新性，能够加深学者们对消费者自我意识的认识和研究，推动自我意识理论在营销学领域的应用。

最后，本书还研究了解释水平对自我意识和产品审美体验之间关系的调节作用，不仅加深了学术界对自我意识与产品审美体验之间因果关系的理解，也能够推动解释水平理论在营销学领域的研究。在自我意识和产品审美体验之间的关系中，流畅性体验起着显著的中介作用。在第 4 章中，本书提出，自我意识引起消费者之间流畅性体验差异的原因有两种：内容流畅性和标准流畅性。前一种流畅性体验是指，相较于私隐自我意识的消费者，社会自我意识的消费者需要考虑更多的决策因素——不仅需要关注产品本身的美观程度，还需要考虑他人因自己购买了这件产品的评价，这就增加了审美评价的困难程度。后一种流畅性体验是指，相比于私隐自我意识的消费者，社会自我意识的消费者更依赖他人的审美标准（态度和评价）来做出产品审美评价。相较于自己的想法和感觉，他人的态度和评价具有较高的不确定性和模糊性。解释水平的调节作用识别了流畅性体验的产生机制，加深了人们对自我意识和产品审美体验之间关系的认识和理解，也推动了解释水平理论在营销领域的应用。

6.3　营销启示

对于营销实践来说，本书的研究发现具有重要的实践指导意义，具体体现在以下三个方面：

首先，消费者自我意识是影响产品审美体验的重要因素，营销人员应该努力激发消费者的私隐自我意识。很明显，根据本书的研究发现，在面对相同的产品时，相比于社会自我意识的消费者，私隐自我意识的消费者能够获得较高的产品审美体验。因此，为了有效地提升消费者的产品审美体验，营销人员应该采取措施激发消费者的私隐自我意识。比如，平面镜、摄像头和观众是自我意识理论发展过程中自我意识的经典操控方式（Carver & Scheier, 1978）。当能够看见平面镜中的自己时，被试将处于私隐自我意识的状态；而当发现有观众或摄像头在注视自己时，被试将处于社会自我意识的状态。研究还表明，某些图案能够显著地影响人们的自我意识类型（Snow，Duval & Silvia，2004）。各种平面图案、平面镜、摄像头和营销人员（观众）是零售环境中十分常见的环境因素。因此，为了提升消费者的产品审美体验，零售商应该仔细谨慎地考虑这些环境因素的设置。另外，Vogeley，May，Ritzl，Falkai，Zilles 和 Fink（2004）的研究发现，相比于第一人称的语言，第三人称语言能够显著地提升被试从他人的角度来考虑问题的可能性。根据本书的研究，当消费者较多地关注他人态度和评价时，消费者对产品的审美体验将较低。因此，当产品广告和营销人员采用第一人称而非第三人称的语言时，消费者对产品的审美体验将得到大大的提升。

其次，营销人员应该重视流畅性体验对消费者购买行为的影响作用，努力提升消费者决策的流畅性体验。流畅性体验是指在处理信息时，信息流进入和“流过”人们认知系统的难易程度。流畅性体验是人们对信息处理情况的一种综合认知。必须认识到，很多因素可以影响人们的流畅性体验，比如信息存储的状况、以往处理此类信息的经历以及信息处理的动力等。由于流畅性体验的综合性，人们不但关注引起流畅性体验差异的原因所在，也能依靠流畅性体验迅速地做出决策。根据本书的研究发现，流畅性体验在自我意识和产品审美体验之间的因果关系中起着显著的中介作用。也就是说，自我意识能够影响产品审美体验的关键在于自我意识影响了消费者的审美流畅性体验，流畅性体验的差异才引起了消费者之间不同的产品审美体验。因此，为了提升消费者的产品审美体验，营销人员必须关注消费者的流畅性体验。不仅如此，流畅性体验还能影响消费者对产品其他属性和特征的认知和评价，比如广告评价、选择意愿等。因此，营销人员必须对消费者的流畅性体验给予足够的重视。

最后，营销人员应该努力激发消费者的高解释水平状态，以提升消费者的产品审美体验。解释水平理论指出，伴随着心理距离的变化，人们对客观事物的心理表征状态——解释水平也将发生显著的改变。具体地，当心理距离感知较远时，人们将使用高解释水平状态来表征客观事物；而当心理距离感知较近时，人们将使用低解释水平状态来表征客观事物。本书的研究发现，相比于低解释水平状态，激发高解释水平状态能够显著地提升社会自我意识被试的产品审美体验。这是因为，相比于低解释水平状态，在高解释水平状态下，被试将对他人的态度和评价进行一般化、去背景化的心理表征。这种心理表征方式能够显著地提升被试的审美流畅性体验，进而提升被试的产品审美体验。因此，营销人员可以利用激发高解释水平状态的策略来提升消费者的产品审美体验。比如，Lamberton 和 Diehl（2013）的研究发现，在零售环境下，相比于基于属性的商品陈列方式，基于利益的商品陈列方式能够显著地提升被试的解释水平状态。Van Kerckhove，Geuens 和 Vermeir（2015）的研究发现，相比于向下的视线角度，向上的视线角度能够激发被试的高解释水平状态。另外，Hansen 和 Melzner（2014）的研究还发现，不同的背景声音也能激发被试的不同解释水平状态。这些研究都能帮助营销人员提高消费者的解释水平状态，从而提升消费者的产品审美体验。

6.4 研究局限性与未来研究方向

本书从哲学、营销学和心理学等学科角度深入分析了以消费者个人因素决定产品审美体验的内在逻辑，并运用行为实验法研究了消费者自我意识对产品审美体验的影响作用及其中间机制，以及解释水平对自我意识和产品审美体验之间关系的调节作用。本书的研究尚存在以下四个方面的局限性，这也成为未来可以进一步深入研究的方向。

首先，流畅性体验中介作用的边界条件。在消费者自我意识对产品审美体验的影响关系中，流畅性体验起着显著的中介作用。这是因为，相比于私隐自我意识的消费者，社会自我意识的消费者更加关注他人的态度和评价，因此流畅性体验较低，最终影响了消费者的产品审美体验差异。根据以往的研究，流畅性体验的积极影响作用也存在边界问题。比如，Van den Bergh 和 Vrana（1998）的研究发现，在未知流畅性体验的原因时，流畅性体验对审美评价有积极的影响作用；但是在确定流畅性体验的来源之后，流畅性体验的积极效应将消失。另外，刺激物（如产品、品牌）的正负效价也能够影响流畅性体验的积极效应。Zajonc，Markus 和 Wilson（1994）发现，随着重复暴露次数的增加，人们对负面情绪体验的刺激物具有更高的评价；而 Brickman，Redfield，Harrison 和 Crandall（1972）却发现了相反的作用方向，也就是随着重复暴露次数的增加，人们对负面情绪体验刺激物的评价逐渐降低。那么，在消费者自我意识与产品审美体验的关系中，流畅性体验的中介作用是否也存在边界条件？本书并没有就这一问题进行深入探讨。在今后的研究中，希望能够就此进行深入研究。

其次，影响自我意识的营销因素。本书的研究发现，自我意识显著地影响了消费者的产品审美体验。具体地，相比于社会自我意识的消费者，私隐自我意识的消费者对产品的审美体验较高。这是因为，在进行产品审美体验时，相较于社会自我意识的消费者，私隐自我意识的消费者更加关注自己的感觉和想法，因而具有较高的审美流畅性体验。在第 6. 3 节中，本书已经提到了一些可能影响消费者自我意识的营销环境因素。这些因素都是本书从已有的研究文献中发现和归纳的，这些研究没有放在营销情境下展开。因此，在营销实践中，这些因素对消费者自我意识的影响效果怎么样，还有待进一步的观察。例如，Sun，Horn 和 Merritt（2009）发现，个人主义和不确定性规避能够显著地降低消费者的社会自我意识水平，而权力距离和男子气概能够显著地提升消费者的社会自我意识水平。Kim 和 Drolet（2009）的研究发现，（集体与个人主义）文化显著地影响了人们的自我意识。为了提升本书研究发现的实践应用价值，本书希望今后对那些营销实践中影响消费者自我意识的因素进行探讨。

再次，自我意识是否影响消费者的购买行为。在以往研究中，消费者的产品审美体验确实能够显著地影响消费者的产品评价和购买意愿。比如，Sonderegger 和 Sauer（2010）的研究发现，相比于外形美观程度较低的情况，消费者认为更具美观性的手机具有更高的可用性和更好的产品性能表现，且能显著地减少了消费者完成产品评价的时间。Kareklas，Brunel 和 Coulter（2014）研究了人类对颜色的无意识偏爱是否影响人们对产品的喜爱程度。以消费者产品和广告为研究背景，他们发现人类对产品的喜爱程度受到了对颜色无意识偏爱的影响，进而能够增加消费者选择白色产品的可能性。本书的研究发现，自我意识显著地影响了消费者的产品审美体验。并且，在实验 1a 中，本书也检验了自我意识对产品选择意愿的影响作用。但是，本书并没有深入研究自我意识影响产品选择意愿的内在机制。那么，这种影响作用是否是以产品审美体验为中介变量的？尽管这一问题已经超出了本书研究目标的范围，但是对这个问题的明确回答能够增加本书研究发现的营销实践意义，具有很强的现实意义。因此，在未来的研究中，希望对本书的研究发现进行必要的扩展——将自我意识与产品审美体验的因果链延伸至产品评价和选择意愿。

最后，内部效度与外部效度。本研究采用了实验研究方法，一共设计并展开了五个独立实验。在研究一中，实验 1a 建立了消费者自我意识与产品审美体验之间的因果关系，实验 1b 则重复了实验 1a 的因果关系并检验了流畅性体验在因果关系中的中介作用，实验 1c 则检验了本书假设成立的基础——对不同自我意识的被试来说，他人评价和意见的影响作用是不同的。在研究二中，本书重点研究了解释水平的调节作用，并且据此分辨了审美流畅性体验的产生机制。实验 2a 和实验 2b 分别采取不同的方式操控了被试的解释水平，得到了相同的研究发现。这使得解释水平的调节作用具有较高的稳健性和可信度。实验研究方法的运用使得研究结论具有较高的内部效度，但是研究结论的外部效度却受到了某种程度上的威胁（Aronson，Wilson & Brewer，1998）。因此，在未来的研究中，作者希望能够进行现场研究（Field Study）或获取消费者个体层面的真实消费数据，以检验本书结论的外部效度。这有利于本书研究结论在营销实践中的运用。

参考文献

[1] 韩德昌，王艳芝．心理模拟：一种有效预防冲动购买行为的方法［J］．南开管理评论，2012（1）：142-150.

[2] 李晓，程琪，尹聪聪．情绪对动机及心理模拟——消费者延迟反转关系的调节作用研究［J］．珞珈管理评论，2014（2）：130-142.

[3] 李晓，黄磊，张笑寒．“我是谁”与心理模拟对消费者延迟反转的交互作用研究［J］．珞珈管理评论，2013（2）：48-59.

[4] 刘林青，雷昊，谭力文．从商品主导逻辑到服务主导逻辑——以苹果公司为例［J］．中国工业经济，2010（9）：57-66.

[5] 刘悦笛．日常生活审美化与审美日常生活化——试论“生活美学”何以可能［J］．哲学研究，2005（1）：107-111.

[6] 田阳，王海忠，柳武妹，等．品牌承诺能抵御负面信息吗？——自我调节导向的调节作用［J］．心理学报，2014，46（6）：864-875.

[7] 万文海，王新新．共创价值的两种范式及消费领域共创价值研究前沿述评［J］．经济管理，2013，1（1）：189-191.

[8] 王苏君．论审美体验的特性［J］．绍兴文理学院学报（哲学社会科学版），2005，25（3）：97-102.

[9] 武瑞娟，李东进．选择结果效价，心理模拟和后悔［J］．营销科学学报，2014（3）：51-61.

[10] 徐惊蛰，谢晓非．解释水平视角下的自己—他人决策差异［J］．心理学报，2011，43（1）：11-20.

[11] 许淑莲，孙弘舸，吴志平．成年人词语流畅性的年龄差异和词语记忆［J］．心理学报，1989，21（4）：337-345.

[12] 张宇，张坤．审美经济悄然崛起［J］．人民文摘，2005-05-10.

[13] 赵冠闻．审美体验营销：体现人文关怀的营销方式［J］．理论界，2006（4）：209.

[14] 钟科，王海忠，杨晨．感官营销战略在服务失败中的运用：触觉体验缓解顾客抱怨

的实证研究 [J]. 中国工业经济, 2014 (1): 114 - 126.

[15] 钟科, 王海忠. 品牌拉伸效应: 标识形状对产品时间属性评估和品牌评价的影响 [J]. 南开管理评论, 2015, 18 (1): 64 - 76.

[16] Aaker J. L., Williams P. Empathy versus pride: The influence of emotional appeals across cultures [J]. Journal of Consumer Research, 1998, 25 (3): 241 - 261.

[17] Ackermann E. C. The golden section [J]. The American Mathematical Monthly, 1895, 2 (9 - 10): 260 - 264.

[18] Agrawal N., Wan E. W., Regulating risk or risking regulation? Construal levels and depletion effects in the processing of health messages [J]. Journal of Consumer Research, 2009, 36 (3): 448 - 462.

[19] Ahuvia A. C., Beyond the extended self: Loved objects and consumers' identity narratives [J]. Journal of Consumer Research, 2005, 32 (1): 171 - 184.

[20] Ainsworth J., Ballantine P. W. That' s different! How consumers respond to retail website change [J]. Journal of Retailing and Consumer Services, 2014, 21 (5): 764 - 772.

[21] Albinsson P. A., Burman B., Das N. Price surcharge and the effects of construal level [J]. Journal of Applied Business and Economics, 2010, 11 (4): 56 - 69.

[22] Altaboli A., Lin Y. Investigating effects of screen layout elements on interface and screen design aesthetics [J]. Advances in Human - Computer Interaction, 2011 (5): .

[23] Alter A. L., Oppenheimer D. M. Predicting short - term stock fluctuations by using processing fluency [J]. Proceedings of the National Academy of Sciences, 2006, 103 (24): 9369 - 9372.

[24] Alter A. L., Oppenheimer D. M. Uniting the tribes of fluency to form a metacognitive nation [J]. Personality and Social Psychology Review, 2009, 13 (3): 219 - 235.

[25] Amit E., Algom D., Trope Y. Distance - dependent processing of pictures and words [J]. Journal of Experimental Psychology: General, 2009, 138 (3): 400.

[26] Anderson J. R. Arguments concerning representations for mental imagery [J]. Psychological Review, 1978, 85 (4): 249.

[27] Armor D. A., Sackett A. M. Accuracy, error, and bias in predictions for real versus hypothetical events [J]. Journal of Personality and Social Psychology, 2006, 91 (4): 583.

[28] Aydinǧlu N. Z., Krishna A. Imagining thin: Why vanity sizing works [J]. Journal of

Consumer Psychology, 2012, 22 (4): 565 -572.

[29] Babin B. J. , Hardesty D. M. , Suter T. A. Color and shopping intentions: The intervening effect of price fairness and perceived affect [J]. Journal of Business Research, 2003, 56 (7): 541 -551.

[30] Bagchi R. , Cheema A. The effect of red background color on willingnes s - to - pay: The moderating role of selling mechanism [J]. Journal of Consumer Research, 2012, 39 (5): 947 -960.

[31] Bar - Anan Y. , Liberman N. , Trope Y. , et al. Automatic processing of psychological distance: Evidence from a Stroop task [J]. Journal of Experimental Psychology: General, 2007, 136 (4): 610.

[32] Bar - Anan Y. , Liberman N. , Trope Y. The association between psychological distance and construal level: Evidence from an implicit association test [J]. Journal of Experimental Psychology: General, 2006, 135 (4): 609.

[33] Barsalou L. W. Ideals, central tendency, and frequency of instantiation as determinants of graded structure in categories [J]. Journal of Experimental Psychology: Learning, Memory, and Cognition, 1985, 11 (4): 629.

[34] Basil D. Z. , Algie A. J. Understanding recycling intent: The impact of guilt and shame on the roles of public and private self - consciousness [A] // In Srinivasan R. & McAlister L. (Eds). 2011 AMA Winter Educators' Conference: Marketing Theory and Applications. 2011: 322 -323.

[35] Bauerly M. , Liu Y. Computational modeling and experimental investigation of effects of compositional elements on interface and design aesthetics [J]. International Journal of Human - Computer Studies, 2006, 64 (8): 670 -682.

[36] Baumeister R. F. Choking under pressure: self - consciousness and paradoxical effects of incentives on skillful performance [J]. Journal of Personality and Social Psychology, 1984, 46 (3): 610.

[37] Begg I. M. , Anas A. , Farinacci S. Dissociation of processes in belief: Source recollection, statement familiarity, and the illusion of truth [J]. Journal of Experimental Psychology: General, 1992, 121 (4): 446.

[38] Beggan J. K. On the social nature of nonsocial perception: The mere ownership effect [J].

Journal of Personality and Social Psychology, 1992, 62 (2): 229.

[39] Belk R. W. Digital consumption and the extended self [J]. Journal of Marketing Management, 2014, 30 (11 - 12): 1101 - 1118.

[40] Belk R. W. Extended self in a digital world [J]. Journal of Consumer Research, 2013, 40 (3): 477 - 500.

[41] Belk R. W. Possessions and the extended self [J]. Journal of Consumer Research, 1988, 15 (2): 139 - 168.

[42] Belk R. W. The extended self unbound [J]. Journal of Marketing Theory and Practice, 2014, 22 (2): 133 - 134.

[43] Belke B., Leder H., Strobach T., et al. Cognitive fluency: High - level processing dynamics in art appreciation [J]. Psychology of Aesthetics, Creativity, and the Arts, 2010, 4 (4): 214.

[44] Berens G., Van Riel C. B. M., Van Bruggen G. H. Corporate associations and consumer product responses: The moderating role of corporate brand dominance [J]. Journal of Marketing, 2005, 69 (3): 35 - 48.

[45] Berlyne D. E. Aesthetics and psychobiology [M]. New York: Appleton - Century - Crofts, 1971.

[46] Crozier J. B., Berlyne D. E. Studies in the new experimental aesthetics [M]. New York, NY: Wiley, 1974.

[47] Bertamini M., Makin A., Rampone G. Implicit association of symmetry with positive valence, high arousal and simplicity [J]. i - Perception, 2013, 4 (5): 317 - 327.

[48] Bettman J. R. Memory factors in consumer choice: A review [J]. Journal of Marketing, 1979, 43 (2): 37 - 53.

[49] Biederman I. Recognition - by - components: A theory of human image understanding [J]. Psychological Review, 1987, 94 (2): 115.

[50] Birkhoff G. D. Aesthetic measure [M]. Cambridge, MA: Harvard University Press, 1933.

[51] Blijlevens J., Carbon C. C., Mugge R., et al. Aesthetic appraisal of product designs: Independent effects of typicality and arousal [J]. British Journal of Psychology, 2012, 103 (1): 44 - 57.

[52] Blijlevens J., Thurgood C., Hekkert P., et al. The Aesthetic Pleasure in Design Scale:

The development of a scale to measure aesthetic pleasure for designed artifacts [J]. Psychology of Aesthetics, Creativity, and the Arts, 2017, 11 (1): 86.

[53] Bloch P. H., Brunel F. F., Arnold T. J. Individual differences in the centrality of visual product aesthetics: Concept and measurement [J]. Journal of Consumer Research, 2003, 29 (4): 551 –565.

[54] Bloch P. H. Seeking the ideal form: Product design and consumer response [J]. Journal of Marketing, 1995, 59 (3): 16 –29.

[55] Bögels S. M., Mansell W. Attention processes in the maintenance and treatment of social phobia: Hypervigilance, avoidance and self – focused attention [J]. Clinical Psychology Review, 2004, 24 (7): 827 –856.

[56] Bornemann T., Homburg C. Psychological distance and the dual role of price [J]. Journal of Consumer Research, 2011, 38 (3): 490 –504.

[57] Bornstein R. F. Exposure and affect: overview and meta – analysis of research, 1968 – 1987 [J]. Psychological Bulletin, 1989, 106 (2): 265.

[58] Brady E. Imagination and the aesthetic appreciation of nature [J]. The Journal of Aesthetics and Art Criticism, 1998, 56 (2): 139 –147.

[59] Brewer M. B. The social self: On being the same and different at the same time [J]. Personality and Social Psychology Bulletin, 1991, 17 (5): 475 –482.

[60] Brickman P., Redfield J., Harrison A. A., et al. Drive and predisposition as factors in the attitudinal effects of mere exposure [J]. Journal of Experimental Social Psychology, 1972, 8 (1): 31 –44.

[61] Britt T. W. The Self – Consciousness Scale: On the stability of the three – factor structure [J]. Personality and Social Psychology Bulletin, 1992, 18 (6): 748 –755.

[62] Brockner J. The effects of self – esteem, success – failure, and self – consciousness on task performance [J]. Journal of Personality and Social Psychology, 1979, 37 (10): 1732.

[63] Bruner J. S. On perceptual readiness [J]. Psychological Review, 1957, 64 (2): 123.

[64] Brunswik E. Representative design and probabilistic theory in a functional psychology [J]. Psychological Review, 1955, 62 (3): 193.

[65] Burgio K. L., Merluzzi T. V., Pryor J. B. Effects of performance expectancy and self – focused attention on social interaction [J]. Journal of Personality and Social Psychology,

1986, 50 (6): 1216.

[66] Burnkrant R. E. On the management of self images in social situations: the role of public self consciousness [J]. ACR North American Advances, 1982.

[67] Bushman B. J. What's in a name? The moderating role of public self – consciousness on the relation between brand label and brand preference [J]. Journal of Applied Psychology, 1993, 78 (5): 857.

[68] Buss A. H. Self – consciousness and social anxiety [M]. Freeman, 1980.

[69] Cacioppo J. T., Petty R. E. The need for cognition [J]. Journal of Personality and Social Psychology, 1982, 42 (1): 116.

[70] Campbell I. G. Factors which work toward unit or coherence in visual design [J]. Journal of Experimental Psychology, 1941, 28 (2): 145.

[71] Canevello A., Crocker J. Creating good relationships: responsiveness, relationship quality, and interpersonal goals [J]. Journal of Personality and Social Psychology, 2010, 99 (1): 78.

[72] Carver C. S., Scheier M. F. Self – focusing effects of dispositional self – consciousness, mirror presence, and audience presence [J]. Journal of Personality and Social Psychology, 1978, 36 (3): 324.

[73] Castaño R., Sujan M., Kacker M., et al. Managing consumer uncertainty in the adoption of new products: Temporal distance and mental simulation [J]. Journal of Marketing Research, 2008, 45 (3): 320 – 336.

[74] Cayla J., Eckhardt G. M. Asian brands and the shaping of a transnational imagined community [J]. Journal of Consumer Research, 2008, 35 (2): 216 – 230.

[75] Chang C. Enhancing self – consciousness: Implications for the effectiveness of ad appeals [J]. Advances in Consumer Research, 2006 (33): 503.

[76] Chattaraman V., Rudd N. A., Lennon S. J. The malleable bicultural consumer: Effects of cultural contexts on aesthetic judgments [J]. Journal of Consumer Behaviour: An International Research Review, 2010, 9 (1): 18 – 31.

[77] Chatterjee A. Prospects for a cognitive neuroscience of visual aesthetics [J]. 2003.

[78] Chatterjee B. B., Eriksen C. W. Cognitive factors in heart rate conditioning [J]. Journal of Experimental Psychology, 1962, 64 (3): 272.

[79] Chentsova – Dutton Y. E. , Tsai J. L. Self – focused attention and emotional reactivity: the role of culture [J]. Journal of Personality and Social Psychology, 2010, 98 (3): 507.

[80] Chiou W. B. , Lee C. C. Enactment of one – to – many communication may induce self – focused attention that leads to diminished perspective taking: The case of Facebook [J]. Judgment & Decision Making, 2013, 8 (3).

[81] Chiou W. B. , Wu W. H. , Chang M. H. Think abstractly, smoke less: A brief construal – level intervention can promote self – control, leading to reduced cigarette consumption among current smokers [J]. Addiction, 2013, 108 (5): 985 – 992.

[82] Cho E. K. , Khan U. , Dhar R. Comparing apples to apples or apples to oranges: The role of mental representation in choice difficulty [J]. Journal of Marketing Research, 2013, 50 (4): 505 – 516.

[83] Cho H. , Schwarz N. I like those glasses on you, but not in the mirror: Fluency, preference, and virtual mirrors [J]. Journal of Consumer Psychology, 2010, 20 (4): 471 – 475.

[84] Cian L. , Krishna A. , Elder R. S. A sign of things to come: Behavioral change through dynamic iconography [J]. Journal of Consumer Research, 2015, 41 (6): 1426 – 1446.

[85] Cian L. , Krishna A. , Elder R. S. This logo moves me: Dynamic imagery from static images [J]. Journal of Marketing Research, 2014, 51 (2): 184 – 197.

[86] Combs B. , Slovic P. Newspaper coverage of causes of death [J]. Journalism Quarterly, 1979, 56 (4): 837 – 849.

[87] Cox D. , Cox A. D. Beyond first impressions: The effects of repeated exposure on consumer liking of visually complex and simple product designs [J]. Journal of the Academy of Marketing Science, 2002, 30 (2): 119 – 130.

[88] Cross S. E. , Hardin E. E. , Gercek – Swing B. The what, how, why, and where of self – construal [J]. Personality and Social Psychology Review, 2011, 15 (2): 142 – 179.

[89] Peng Cui A. , Paula Fitzgerald M. , Russo Donovan K. Extended self: implications for country – of – origin [J]. Journal of Consumer Marketing, 2014, 31 (4): 312 – 321.

[90] Cutting J. E. Gustave Caillebotte, French impressionism, and mere exposure [J]. Psychonomic Bulletin & Review, 2003, 10 (2): 319 – 343.

[91] Cyr D. , Head M. , Ivanov A. Design aesthetics leading to m – loyalty in mobile commerce

[J]. Information & Management, 2006, 43 (8): 950 – 963.

[92] De Bock T., Pandelaere M., Van Kenhove P. When colors backfire: The impact of color cues on moral judgment [J]. Journal of Consumer Psychology, 2013, 23 (3): 341 – 348.

[93] De Dreu C. K. W., Giacomantonio M., Shalvi S., et al. Getting stuck or stepping back: Effects of obstacles and construal level in the negotiation of creative solutions [J]. Journal of Experimental Social Psychology, 2009, 45 (3): 542 – 548.

[94] Dewey J. Experience and nature [M]. Courier Corporation, 1958.

[95] Dobers P., Strannegård L. Design, lifestyles and sustainability. Aesthetic consumption in a world of abundance [J]. Business Strategy and the Environment, 2005, 14 (5): 324 – 336.

[96] Echeverri P., Skålén P. Co – creation and co – destruction: A practice – theory based study of interactive value formation [J]. Marketing Theory, 2011, 11 (3): 351 – 373.

[97] Elder R. S., Krishna A. The "visual depiction effect" in advertising: Facilitating embodied mental simulation through product orientation [J]. Journal of Consumer Research, 2011, 38 (6): 988 – 1003.

[98] Elliot A. J., Maier M. A., Binser M. J., et al. The effect of red on avoidance behavior in achievement contexts [J]. Personality and Social Psychology Bulletin, 2009, 35 (3): 365 – 375.

[99] Elliot A. J., Maier M. A., Moller A. C., et al. Color and psychological functioning: The effect of red on performance attainment [J]. Journal of Experimental Psychology: General, 2007, 136 (1): 154.

[100] Elliott R., Wattanasuwan K. Brands as symbolic resources for the construction of identity [J]. International Journal of Advertising, 1998, 17 (2): 131 – 144.

[101] Epp A. M., Price L. L. Designing solutions around customer network identity goals [J]. Journal of Marketing, 2011, 75 (2): 36 – 54.

[102] Epstude K., Roese N. J. The functional theory of counterfactual thinking [J]. Personality and Social Psychology Review, 2008, 12 (2): 168 – 192.

[103] Evans D. R. Paragraph complexity, arousal, and subjective evaluations of attractiveness [J]. Psychonomic Science, 1971, 23 (4): 303 – 304.

[104] Eyal T., Hoover G. M., Fujita K., et al. The effect of distance – dependent construals

on schema - driven impression formation [J]. Journal of Experimental Social Psychology, 2011, 47 (1): 278 - 281.

[105] Eyal T., Liberman N., Trope Y. Judging near and distant virtue and vice [J]. Journal of Experimental Social Psychology, 2008, 44 (4): 1204 - 1209.

[106] Eysenck H. J. The experimental study of the'good Gestalt' —a new approach [J]. Psychological Review, 1942, 49 (4): 344.

[107] Eysenck M. W. Extraversion, arousal, and retrieval from semantic memory [J]. Journal of Personality, 1974.

[108] Fanselow M. S. Contextual fear, gestalt memories, and the hippocampus [J]. Behavioural Brain Research, 2000, 110 (1 - 2): 73 - 81.

[109] Farkas A. Prototypicality - effect in surrealist paintings [J]. Empirical Studies of the Arts, 2002, 20 (2): 127 - 136.

[110] Fenigstein A., Scheier M. F., Buss A. H. Public and private self - consciousness: Assessment and theory [J]. Journal of Consulting and Clinical Psychology, 1975, 43 (4): 522.

[111] Fenigstein A. Self - consciousness, self - attention, and social interaction [J]. Journal of Personality and Social Psychology, 1979, 37 (1): 75.

[112] Feustel T. C., Shiffrin R. M., Salasoo A. Episodic and lexical contributions to the repetition effect in word identification [J]. Journal of Experimental Psychology: General, 1983, 112 (3): 309.

[113] Fiedler K. Construal level theory as an integrative framework for behavioral decision - making research and consumer psychology [J]. Journal of Consumer Psychology, 2007, 17 (2): 101 - 106.

[114] Finke R. A. Theories relating mental imagery to perception [J]. Psychological Bulletin, 1985, 98 (2): 236.

[115] Fiore A. M. Understanding aesthetics for the merchandising and design professional [M]. A&C Black, 2010.

[116] Fisher R. J., Ma Y. The price of being beautiful: Negative effects of attractiveness on empathy for children in need [J]. Journal of Consumer Research, 2014, 41 (2): 436 - 450.

[117] Forehand M. R., Perkins A., Reed II A. When are automatic social comparisons not automatic? The effect of cognitive systems on user imagery – based self – concept activation [J]. Journal of Consumer Psychology, 2011, 21 (1): 88 – 100.

[118] Forster K. I., Davis C. Repetition priming and frequency attenuation in lexical access [J]. Journal of Experimental Psychology: Learning, Memory, and Cognition, 1984, 10 (4): 680.

[119] Fortune J. L., Newby – Clark I. R. My friend is embarrassing me: Exploring the guilty by association effect [J]. Journal of Personality and Social Psychology, 2008, 95 (6): 1440.

[120] Freitas A. L., Gollwitzer P., Trope Y. The influence of abstract and concrete mindsets on anticipating and guiding others' self – regulatory efforts [J]. Journal of Experimental Social Psychology, 2004, 40 (6): 739 – 752.

[121] Frijda N. H. The laws of emotion [J]. American Psychologist, 1988, 43 (5): 349.

[122] Froming W. J., Carver C. S. Divergent influences of private and public self – consciousness in a compliance paradigm [J]. Journal of Research in Personality, 1981, 15 (2): 159 – 171.

[123] Fujita K., Eyal T., Chaiken S., et al. Influencing attitudes toward near and distant objects [J]. Journal of Experimental Social Psychology, 2008, 44 (3): 562 – 572.

[124] Fujita K., Han H. A. Moving beyond deliberative control of impulses: The effect of construal levels on evaluative associations in self – control conflicts [J]. Psychological Science, 2009, 20 (7): 799 – 804.

[125] Fujita K., Henderson M. D., Eng J., et al. Spatial distance and mental construal of social events [J]. Psychological Science, 2006, 17 (4): 278 – 282.

[126] Fujita K., Roberts J. C. Promoting prospective self – control through abstraction [J]. Journal of Experimental Social Psychology, 2010, 46 (6): 1049 – 1054.

[127] Fujita K., Sasota J. A. The effects of construal levels on asymmetric temptation – goal cognitive associations [J]. Social Cognition, 2011, 29 (2): 125 – 146.

[128] Fujita K., Trope Y., Liberman N., et al. Construal levels and self – control [J]. Journal of Personality and Social Psychology, 2006, 90 (3): 351.

[129] Fujita K. Seeing the forest beyond the trees: A construal – level approach to self – control

[J]. Social and Personality Psychology Compass, 2008, 2 (3): 1475 – 1496.

[130] Furby L. Possession in humans: An exploratory study of its meaning and motivation [J]. Social Behavior and Personality: An International Journal, 1978, 6 (1): 49 – 65.

[131] Gainer B. Ritual and relationships: interpersonal influences on shared consumption [J]. Journal of Business research, 1995, 32 (3): 253 – 260.

[132] Galinsky A. D., Moskowitz G. B. Perspective – taking: decreasing stereotype expression, stereotype accessibility, and in – group favoritism [J]. Journal of Personality and Social Psychology, 2000, 78 (4): 708.

[133] Ganglmair – Wooliscroft A., Wooliscroft B. "Part of Me": National parks integration into the extended self of domestic tourists [J]. Journal of Hospitality Marketing & Management, 2014, 23 (4): 360 – 379.

[134] Garber Jr L. L., Hyatt E. M., Starr Jr R. G. The effects of food color on perceived flavor [J]. Journal of Marketing Theory and Practice, 2000, 8 (4): 59 – 72.

[135] Gardner W. L., Gabriel S., Lee A. Y. "I" value freedom, but "we" value relationships: Self – construal priming mirrors cultural differences in judgment [J]. Psychological Science, 1999, 10 (4): 321 – 326.

[136] Giacomantonio M., De Dreu C. K. W., Mannetti L. Now you see it, now you don't: Interests, issues, and psychological distance in integrative negotiation [J]. Journal of Personality and Social Psychology, 2010, 98 (5): 761.

[137] Giacomantonio M., De Dreu C. K. W., Shalvi S., et al. Psychological distance boosts value – behavior correspondence in ultimatum bargaining and integrative negotiation [J]. Journal of Experimental Social Psychology, 2010, 46 (5): 824 – 829.

[138] Gilbert D. T., Wilson T. D. Prospection: Experiencing the future [J]. Science, 2007, 317 (5843): 1351 – 1354.

[139] Berlyne D. E. Conflict, arousal, and curiosity [M]. New York: McGraw – Hill, 1960.

[140] Goodman J. K., Malkoc S. A. Choosing here and now versus there and later: The moderating role of psychological distance on assortment size preferences [J]. Journal of Consumer Research, 2012, 39 (4): 751 – 768.

[141] Gorn G. J., Chattopadhyay A., Sengupta J., et al. Waiting for the web: How screen color affects time perception [J]. Journal of Marketing Research, 2004, 41 (2):

215 – 225.

[142] Gorn G. J., Chattopadhyay A., Yi T., et al. Effects of color as an executional cue in advertising: They're in the shade [J]. Management Science, 1997, 43 (10): 1387 – 1400.

[143] Gottlieb C. Movement in painting [J]. The Journal of Aesthetics and Art Criticism, 1958, 17 (1): 22 – 33.

[144] Gould S J. Style of information processing differences in relation to products, shopping and self – consciousness [J]. ACR North American Advances, 1990.

[145] Govern J. M., Marsch L. A. Development and validation of the situational self – awareness scale [J]. Consciousness and Cognition, 2001, 10 (3): 366 – 378.

[146] Graham G. Philosophy of the arts: An introduction to aesthetics [M]. Routledge, 2005.

[147] Greifeneder R., Müller P., Stahlberg D., et al. Guiding trustful behavior: The role of accessible content and accessibility experiences [J]. Journal of Behavioral Decision Making, 2011, 24 (5): 498 – 514.

[148] Greifeneder R., Unkelbach C. The experience of thinking: How the fluency of mental processes influences cognition and behaviour [M]. Psychology Press, 2013.

[149] Bettis – Outland H., Grönroos C., Helle P. Return on relationships: Conceptual understanding and measurement of mutual gains from relational business engagements [J]. Journal of Business & Industrial Marketing, 2012.

[150] Grönroos C., Voima P. Critical service logic: making sense of value creation and co – creation [J]. Journal of the Academy of Marketing Science, 2013, 41 (2): 133 – 150.

[151] Pels J., Grönroos C. Marketing as promise management: regaining customer management for marketing [J]. Journal of Business & Industrial Marketing, 2009.

[152] Grossman M., Wood W. Sex differences in intensity of emotional experience: a social role interpretation [J]. Journal of Personality and Social Psychology, 1993, 65 (5): 1010.

[153] Hagtvedt H., Patrick V. M. Art and the brand: The role of visual art in enhancing brand extendibility [J]. Journal of Consumer Psychology, 2008, 18 (3): 212 – 222.

[154] Hagtvedt H., Patrick V. M. Art infusion: The influence of visual art on the perception and evaluation of consumer products [J]. Journal of Marketing Research, 2008, 45 (3): 379 – 389.

[155] Hagtvedt H., Patrick V. M. Consumer response to overstyling: Balancing aesthetics and

functionality in product design [J]. Psychology & Marketing, 2014, 31 (7): 518 - 525.

[156] Halberstadt J., Goldstone R. L., Levine G. M. Featural processing in face preferences [J]. Journal of Experimental Social Psychology, 2003, 39 (3): 270 - 278.

[157] Halberstadt J., Hooton K. The affect disruption hypothesis: The effect of analytic thought on the fluency and appeal of art [J]. Cognition and Emotion, 2008, 22 (5): 964 - 976.

[158] Han D. H., Duhachek A., Agrawal N. Emotions shape decisions through construal level: The case of guilt and shame [J]. Journal of Consumer Research, 2014, 41 (4): 1047 - 1064.

[159] Hansen J., Kutzner F., Wänke M. Money and thinking: Reminders of money trigger abstract construal and shape consumer judgments [J]. Journal of Consumer Research, 2012, 39 (6): 1154 - 1166.

[160] Hansen J., Melzner J. What you hear shapes how you think: Sound patterns change level of construal [J]. Journal of Experimental Social Psychology, 2014 (54): 131 - 138.

[161] Hansen J., Trope Y. When time flies: How abstract and concrete mental construal affect the perception of time [J]. Journal of Experimental Psychology: General, 2013, 142 (2): 336.

[162] Hardin C. L. Red and yellow, green and blue, warm and cool: explaining colour appearance [J]. Journal of Consciousness Studies, 2000, 7 (8 - 9): 113 - 122.

[163] Harrison A. A. Mere exposure [M] //Advances in experimental social psychology. Academic Press, 1977 (10): 39 - 83.

[164] Hasher L., Goldstein D., Toppino T. Frequency and the conference of referential validity [J]. Journal of Verbal Learning and Verbal Behavior, 1977, 16 (1): 107 - 112.

[165] Hayes A. F. Introduction to mediation, moderation, and conditional process analysis: A regression - based approach [M]. Guilford Publications, 2017.

[166] Heilbrunn B. My brand the hero? A semiotic analysis of the consumer - brand relationship [J]. European Perspectives on Consumer Behaviour, 1998: 370 - 401.

[167] Heinonen K., Strandvik T., Mickelsson K. J., et al. A customer - dominant logic of service [J]. Journal of Service Management, 2010, 21 (4): 531 - 548.

[168] Heinonen K., Strandvik T., Mickelsson K. J., et al. Rethinking service companies' business logic: Do we need a customer - dominant logic as a guideline? [J]. 2009.

[169] Heinonen K., Strandvik T., Voima P. Customer dominant value formation in service [J]. European Business Review, 2013, 25 (2): 104 - 123.

[170] Hekkert P., Snelders D., Van Wieringen P. C. W. "Most advanced, yet acceptable": Typicality and novelty as joint predictors of aesthetic preference in industrial design [J]. British Journal of Psychology, 2003, 94 (1): 111 - 124.

[171] Henderson M. D., Fujita K., Trope Y., et al. Transcending the "here": The effect of spatial distance on social judgment [J]. Journal of Personality and Social Psychology, 2006, 91 (5): 845.

[172] Henderson M. D., Trope Y., Carnevale P. J. Negotiation from a near and distant time perspective [J]. Journal of Personality and Social Psychology, 2006, 91 (4): 712.

[173] Henderson M. D., Wakslak C. J. Psychological distance and priming: When do semantic primes impact social evaluations? [J]. Personality and Social Psychology Bulletin, 2010, 36 (7): 975 -985.

[174] Henderson M. D. Mere physical distance and integrative agreements: When more space improves negotiation outcomes [J]. Journal of Experimental Social Psychology, 2011, 47 (1): 7 - 15.

[175] Henderson M. D. Psychological distance and group judgments: The effect of physical distance on beliefs about common goals [J]. Personality and Social Psychology Bulletin, 2009, 35 (10): 1330 - 1341.

[176] Hertwig R., Herzog S. M., Schooler L. J., et al. Fluency heuristic: A model of how the mind exploits a by - product of information retrieval [J]. Journal of Experimental Psychology: Learning, Memory, and Cognition, 2008, 34 (5): 1191.

[177] Higa C. K., Daleiden E. L. Social anxiety and cognitive biases in non - referred children: The interaction of self - focused attention and threat interpretation biases [J]. Journal of Anxiety Disorders, 2008, 22 (3): 441 -452.

[178] Higgins E. T., Roney C. J. R., Crowe E., et al. Ideal versus ought predilections for approach and avoidance distinct self - regulatory systems [J]. Journal of Personality and Social Psychology, 1994, 66 (2): 276.

[179] Higgins E. T. Accessibility theory [A] // In P. A. M. Van Lange, A. W. Kruglanski, & E. T. Higgins (Eds.), Handbook of Theories of Social Psychology. Thousand Oaks, CA:

Sage Sage Publications Ltd, 2012: 75 – 96.

[180] Higgins E. T. Beyond pleasure and pain [J]. American Psychologist, 1997, 52 (12): 1280.

[181] Higgins E. T. Regulatory focus theory [A] // In P. A. M. Van Lange, A. W. Kruglanski, & E. T. Higgins (Eds.), Handbook of Theories of Social Psychology. Thousand Oaks, CA: Sage Publications Ltd, 2012: 483 – 504.

[182] Higgins E. T. Self – discrepancy: A theory relating self and affect [J]. Psychological Review, 1987, 94 (3): 319.

[183] Hirschman E. C., Holbrook M. B. Hedonic consumption: Emerging concepts, methods and propositions [J]. Journal of Marketing, 1982, 46 (3): 92 – 101.

[184] Hirschman E. C. Aesthetics, ideologies and the limits of the marketing concept [J]. Journal of Marketing, 1983, 47 (3): 45 – 55.

[185] Hirschman E. C. Consumers and their animal companions [J]. Journal of Consumer Research, 1994, 20 (4): 616 – 632.

[186] Hirschman E. C. Innovativeness, novelty seeking, and consumer creativity [J]. Journal of Consumer Research, 1980, 7 (3): 283 – 295.

[187] Hoch S J. Product experience is seductive [J]. Journal of Consumer Research, 2002, 29 (3): 448 – 454.

[188] Hoegg J. A., Alba J. W., Dahl D. W. The good, the bad, and the ugly: Influence of aesthetics on product feature judgments [J]. Journal of Consumer Psychology, 2010, 20 (4): 419 – 430.

[189] Hoegg J. A., Alba J. W. Seeing is believing (too much): The influence of product form on perceptions of functional performance [J]. Journal of Product Innovation Management, 2011, 28 (3): 346 – 359.

[190] Hoegg J. A., Alba J. W. Taste perception: More than meets the tongue [J]. Journal of Consumer Research, 2006, 33 (4): 490 – 498.

[191] Höfel L., Jacobsen T. Electrophysiological indices of processing symmetry and aesthetics: A result of judgment categorization or judgment report? [J]. Journal of Psychophysiology, 2007, 21 (1): 9 – 21.

[192] Hofmann S. G. Self – focused attention before and after treatment of social phobia [J]. Be-

haviour Research and Therapy, 2000, 38 (7): 717 - 725.

[193] Holbrook M. B. Consumption experience, Customer Value, and subjective personal introspection: An illustrative photographic essay [J]. Journal of Business Research, 2006, 59 (6): 714 - 725.

[194] Holbrook M. B. Introduction to consumer value [J]. Consumer Value: A Framework for Analysis and Research, 1999: 1 - 28.

[195] Honea H., Horsky S. The power of plain: Intensifying product experience with neutral aesthetic context [J]. Marketing Letters, 2012, 23 (1): 223 - 235.

[196] Hong J., Lee A. Y. Feeling mixed but not torn: The moderating role of construal level in mixed emotions appeals [J]. Journal of Consumer Research, 2010, 37 (3): 456 - 472.

[197] Hudock D. J. Priming Anxiety into People who Stutter: Arousal's Influence on Fluency [J]. 2008.

[198] Hung I. W., Wyer Jr R. S. Shaping consumer imaginations: The role of self - focused attention in product evaluations [J]. Journal of Marketing Research, 2011, 48 (2): 381 - 392.

[199] Hung W. K., Chen L. L. Effects of novelty and its dimensions on aesthetic preference in product design [J]. International Journal of Design, 2012, 6 (2): 81 - 90.

[200] Husserl E. Ideas: General introduction to pure phenomenology [M]. Routledge, 2012.

[201] Ingram R. E. Self - focused attention in clinical disorders: Review and a conceptual model [J]. Psychological Bulletin, 1990, 107 (2): 156.

[202] Inzlicht M., Schmeichel B. J. What is ego depletion? Toward a mechanistic revision of the resource model of self - control [J]. Perspectives on Psychological Science, 2012, 7 (5): 450 - 463.

[203] Irmak C., Wakslak C. J., Trope Y. Selling the forest, buying the trees: The effect of construal level on seller - buyer price discrepancy [J]. Journal of Consumer Research, 2013, 40 (2): 284 - 297.

[204] Jacoby L. L., Kelley C., Brown J., et al. Becoming famous overnight: Limits on the ability to avoid unconscious influences of the past [J]. Journal of Personality and Social Psychology, 1989, 56 (3): 326.

[205] James W., Bowers F., Skrupskelis I. K. Essays in radical empiricism [M]. Harvard U-

niversity Press, 1976.

[206] Janiszewski C., Meyvis T. Effects of brand logo complexity, repetition, and spacing on processing fluency and judgment [J]. Journal of Consumer Research, 2001, 28 (1): 18-32.

[207] Jankovic D. Effects of mere exposure and abstractness on aesthetic preference of visual stimuli in children [J]. Perception ECVP Abstract, 2012 (41): 234-234.

[208] Jiang Y., Adaval R., Steinhart Y., et al. Imagining yourself in the scene: The interactive effects of goal-driven self-imagery and visual perspectives on consumer behavior [J]. Journal of Consumer Research, 2014, 41 (2): 418-435.

[209] Joy A., Sherry Jr J. F. Speaking of art as embodied imagination: A multisensory approach to understanding aesthetic experience [J]. Journal of Consumer Research, 2003, 30 (2): 259-282.

[210] Jyrinki H., Leipamaa-Leskinen H. Pets as extended self in the context of pet food consumption [J]. ACR European Advances, 2005.

[211] Kahneman D., Tversky A. On the psychology of prediction [J]. Psychological Review, 1973, 80 (4): 237.

[212] Kalins D. It's cool to be warm [J]. Newsweek, 2003, 142 (17): 58.

[213] Kardes F. R., Cronley M. L., Kim J. Construal-level effects on preference stability, preference-behavior correspondence, and the suppression of competing brands [J]. Journal of Consumer Psychology, 2006, 16 (2): 135-144.

[214] Kareklas I., Brunel F., Coulter R. A. Judgment is not color blind: The impact of automatic color preference on product and advertising preferences [J]. Journal of Consumer Psychology, 2014, 24 (1): 87-95.

[215] Karelaia N., Hogarth R. M. Determinants of linear judgment: A meta-analysis of lens model studies [J]. Psychological Bulletin, 2008, 134 (3): 404.

[216] Kim H. S., Drolet A. Express your social self: Cultural differences in choice of brand-name versus generic products [J]. Personality and Social Psychology Bulletin, 2009, 35 (12): 1555-1566.

[217] Kim H., John D. R. Consumer response to brand extensions: Construal level as a moderator of the importance of perceived fit [J]. Journal of consumer psychology, 2008, 18

(2): 116 – 126.

[218] Kim K., Johnson M. K. Extended self: medial prefrontal activity during transient association of self and objects [J]. Social Cognitive and Affective Neuroscience, 2010, 7 (2): 199 – 207.

[219] Kimchi R. Primacy of wholistic processing and global/local paradigm: A critical review [J]. Psychological Bulletin, 1992, 112 (1): 24.

[220] Kleine III R. E., Kleine S. S., Kernan J. B. Mundane consumption and the self: A social – identity perspective [J]. Journal of Consumer Psychology, 1993, 2 (3): 209 – 235.

[221] Koch A. S., Forgas J. P. Feeling good and feeling truth: The interactive effects of mood and processing fluency on truth judgments [J]. Journal of Experimental Social Psychology, 2012, 48 (2): 481 – 485.

[222] Koffka K. Principles of Gestalt psychology [M]. New York: Routledge, 2013.

[223] Konkle T., Oliva A. Canonical visual size for real – world objects [J]. Journal of Experimental Psychology: Human Perception and Performance, 2011, 37 (1): 23.

[224] Koriat A., Norman J. Establishing global and local correspondence between successive stimuli: The holistic nature of backward alignment [J]. Journal of Experimental Psychology: Learning, Memory, and Cognition, 1989, 15 (3): 480.

[225] Körner A., Volk S. Concrete and abstract ways to deontology: Cognitive capacity moderates construal level effects on moral judgments [J]. Journal of Experimental Social Psychology, 2014 (55): 139 – 145.

[226] Kowner R. Facial asymmetry and attractiveness judgement in developmental perspective [J]. Journal of Experimental Psychology: Human Perception and Performance, 1996, 22 (3): 662.

[227] Kreuzbauer R., Malter A. J. Embodied cognition and new product design: Changing product form to influence brand categorization [J]. Journal of Product Innovation Management, 2005, 22 (2): 165 – 176.

[228] Krishen A., Kamra K., Mac F. Perceived versus actual complexity for websites: Their relationship to consumer satisfaction [J]. Journal of Consumer Satisfaction, Dissatisfaction and Complaining Behavior, 2008, 21 (1): 104 – 123.

[229] Krishna A., Morrin M., Sayin E. Smellizing cookies and salivating: A focus on olfactory

imagery [J]. Journal of Consumer Research, 2013, 41 (1): 18 – 34.

[230] Krishna A. Interaction of senses: The effect of vision versus touch on the elongation bias [J]. Journal of Consumer Research, 2006, 32 (4): 557 – 566.

[231] Sensory marketing: Research on the sensuality of products [M]. New York: Routledge, 2011.

[232] Labrecque L. I., Milne G. R. Exciting red and competent blue: The importance of color in marketing [J]. Journal of the Academy of Marketing Science, 2012, 40 (5): 711 – 727.

[233] Labroo A. A., Dhar R., Schwarz N. Of frog wines and frowning watches: Semantic priming, perceptual fluency, and brand evaluation [J]. Journal of Consumer Research, 2007, 34 (6): 819 – 831.

[234] Labroo A. A., Patrick V. M. Psychological distancing: Why happiness helps you see the big picture [J]. Journal of Consumer Research, 2008, 35 (5): 800 – 809.

[235] Lakshmanan A., Krishnan H. S. How does imagery in interactive consumption lead to false memory? A reconstructive memory perspective [J]. Journal of Consumer Psychology, 2009, 19 (3): 451 – 462.

[236] Lalwani A. K., Shrum L. J., Chiu C. Y. Motivated response styles: The role of cultural values, regulatory focus, and self – consciousness in socially desirable responding [J]. Journal of Personality and Social Psychology, 2009, 96 (4): 870.

[237] Lamberton C. P., Diehl K. Retail choice architecture: The effects of benefit – and attribute – based assortment organization on consumer perceptions and choice [J]. Journal of Consumer Research, 2013, 40 (3): 393 – 411.

[238] Lammers J., Galinsky A. D., Gordijn E. H., et al. Power increases social distance [J]. Social Psychological and Personality Science, 2012, 3 (3): 282 – 290.

[239] Landwehr J. R., McGill A. L., Herrmann A. It's got the look: The effect of friendly and aggressive "facial" expressions on product liking and sales [J]. Journal of marketing, 2011, 75 (3): 132 – 146.

[240] Landwehr J. R., Wentzel D., Herrmann A. The influence of prototypicality and level of exposure on consumers' responses to product designs: Field evidence from German car buyers [J]. ACR North American Advances, 2010 (37): 682 – 683.

[241] Lau – Gesk L., Drolet A. The publicly self – consciousness consumer: Prepared to be em-

barrassed [J]. Journal of Consumer Psychology, 2008, 18 (2): 127 – 136.

[242] Laurent S. M., Myers M. W. I know you're me, but who am I? Perspective taking and seeing the other in the self [J]. Journal of Experimental Social Psychology, 2011, 47 (6): 1316 – 1319.

[243] Leder H., Belke B., Oeberst A., et al. A model of aesthetic appreciation and aesthetic judgments [J]. British Journal of Psychology, 2004, 95 (4): 489 – 508.

[244] Leder H. Familiar and fluent! Style – related processing hypotheses in aesthetic appreciation [J]. Empirical Studies of the Arts, 2003, 21 (2): 165 – 175.

[245] Lee A. Y., Aaker J. L. Bringing the frame into focus: The influence of regulatory fit on processing fluency and persuasion [J]. Journal of Personality and Social Psychology, 2004, 86 (2): 205.

[246] Lee C. J., Andrade E. B., Palmer S. E. Interpersonal relationships and preferences for mood – congruency in aesthetic experiences [J]. Journal of Consumer Research, 2013, 40 (2): 382 – 391.

[247] Lee H. C., Chen W. W., Wang C. W. The role of visual art in enhancing perceived prestige of luxury brands [J]. Marketing Letters, 2015, 26 (4): 593 – 606.

[248] Lee K. K., Zhao M. The effect of price on preference consistency over time [J]. Journal of Consumer Research, 2014, 41 (1): 109 – 118.

[249] Lee Y. H., Qiu C. When uncertainty brings pleasure: The role of prospect imageability and mental imagery [J]. Journal of Consumer Research, 2009, 36 (4): 624 – 633.

[250] Lemke F., Clark M., Wilson H. Customer experience quality: An exploration in business and consumer contexts using repertory grid technique [J]. Journal of the Academy of Marketing Science, 2011, 39 (6): 846 – 869.

[251] Leonard G., Lindauer M. S. Aesthetic participation and imagery arousal [J]. Perceptual and Motor Skills, 1973, 36 (3): 977 – 978.

[252] Liberman N., Idson L. C., Camacho C. J., et al. Promotion and prevention choices between stability and change [J]. Journal of Personality and Social Psychology, 1999, 77 (6): 1135.

[253] Liberman N., Sagristano M. D., Trope Y. The effect of temporal distance on level of mental construal [J]. Journal of Experimental Social Psychology, 2002, 38 (6): 523 – 534.

[254] Liberman N., Trope Y., McCrea S. M., et al. The effect of level of construal on the temporal distance of activity enactment [J]. Journal of Experimental Social Psychology, 2007, 43 (1): 143 - 149.

[255] Liberman N., Trope Y., Wakslak C. Construal level theory and consumer behavior [J]. Journal of Consumer Psychology, 2007, 17 (2): 113 - 117.

[256] Liberman N., Trope Y. The psychology of transcending the here and now [J]. Science, 2008, 322 (5905): 1201 - 1205.

[257] Liberman N., Trope Y. The role of feasibility and desirability considerations in near and distant future decisions: A test of temporal construal theory [J]. Journal of Personality and Social Psychology, 1998, 75 (1): 5.

[258] Lichtenberg J. D. Motivational systems and model scenes with special references to bodily experience [J]. Psychoanalytic Inquiry, 2001, 21 (3): 430 - 447.

[259] Light L. L., Hollander S., Kayra - Stuart F. Why attractive people are harder to remember [J]. Personality and Social Psychology Bulletin, 1981, 7 (2): 269 - 276.

[260] Linsen S., Leyssen M. H. R., Sammartino J., et al. Aesthetic preferences in the size of images of real - world objects [J]. Perception, 2011, 40 (3): 291 - 298.

[261] Little A. Domain specificity in human symmetry preferences: Symmetry is most pleasant when looking at human faces [J]. Symmetry, 2014, 6 (2): 222 - 233.

[262] Liviatan I., Trope Y., Liberman N. Interpersonal similarity as a social distance dimension: Implications for perception of others' actions [J]. Journal of Experimental Social Psychology, 2008, 44 (5): 1256 - 1269.

[263] Love B. C., Rouder J. N., Wisniewski E. J. A structural account of global and local processing [J]. Cognitive Psychology, 1999, 38 (2): 291 - 316.

[264] Luchs M., Swan K. S. Perspective: The emergence of product design as a field of marketing inquiry [J]. Journal of Product Innovation Management, 2011, 28 (3): 327 - 345.

[265] Lyubomirsky S., Nolen - Hoeksema S. Effects of self - focused rumination on negative thinking and interpersonal problem solving [J]. Journal of Personality and Social Psychology, 1995, 69 (1): 176.

[266] MacInnis D. J., Price L. L. The role of imagery in information processing: Review and extensions [J]. Journal of Consumer Research, 1987, 13 (4): 473 - 491.

[267] Madzharov A. V. , Block L. G. Effects of product unit image on consumption of snack foods [J]. Journal of Consumer Psychology, 2010, 20 (4): 398 –409.

[268] Mai R. , Hoffmann S. , Schwarz U. , et al. The shifting range of optimal web site complexity [J]. Journal of Interactive Marketing, 2014, 28 (2): 101 –116.

[269] Mandel N. , Petrova P. K. , Cialdini R B. Images of success and the preference for luxury brands [J]. Journal of Consumer Psychology, 2006, 16 (1): 57 –69.

[270] Markus H. R. , Kitayama S. Culture and the self: Implications for cognition, emotion, and motivation [J]. Psychological Review, 1991, 98 (2): 224.

[271] Marquis M. , Filiatrault P. Understanding complaining responses through consumers' self – consciousness disposition [J]. Psychology & Marketing, 2002, 19 (3): 267 –292.

[272] Martindale C. , Moore K. , Borkum J. Aesthetic preference: Anomalous findings for Berlyne's psychobiological theory [J]. The American Journal of Psychology, 1990.

[273] Martindale C. , Moore K. , West A. Relationship of preference judgments to typicality, novelty, and mere exposure [J]. Empirical Studies of the Arts, 1988, 6 (1): 79 –96.

[274] Martindale C. , Moore K. Priming, prototypicality, and preference [J]. Journal of Experimental Psychology: Human Perception and Performance, 1988, 14 (4): 661.

[275] Maslach C. Social and personal bases of individuation [J]. Journal of Personality and Social Psychology, 1974, 29 (3): 411.

[276] Mathwick C. , Malhotra N. , Rigdon E. Experiential value: conceptualization, measurement and application in the catalog and Internet shopping environment☆ [J]. Journal of Retailing, 2001, 77 (1): 39 –56.

[277] Matthews J. L. , Matlock T. Understanding the link between spatial distance and social distance [J]. Social Psychology, 2011.

[278] McCrea S. M. , Liberman N. , Trope Y. , et al. Construal level and procrastination [J]. Psychological Science, 2008, 19 (12): 1308 –1314.

[279] McCrea S. M. , Wieber F. , Myers A. L. Construal level mind – sets moderate self – and social stereotyping [J]. Journal of Personality and Social Psychology, 2012, 102 (1): 51.

[280] McDonald, William. Søren Kierkegaar. In The Stanford Encyclopedia of Philosophy [DB/OL]. 2014. URL, http: //plato. stanford. edu/archives/win2014/entries/kierkegaard/.

[281] McFarland C. , Buehler R. The impact of negative affect on autobiographical memory: The role of self – focused attention to moods [J]. Journal of Personality and Social Psychology, 1998, 75 (6): 1424.

[282] McManus I. C. Symmetry and asymmetry in aesthetics and the arts [J]. European Review, 2005, 13 (S2): 157 – 180.

[283] Mehta R. , Zhu R. , Meyers – Levy J. When does a higher construal level increase or decrease indulgence? Resolving the myopia versus hyperopia puzzle [J]. Journal of Consumer Research, 2014, 41 (2): 475 – 488.

[284] Meyers – Levy J. , Peracchio L. A. Understanding the effects of color: How the correspondence between available and required resources affects attitudes [J]. Journal of Consumer Research, 1995, 22 (2): 121 – 138.

[285] Meyvis T. , Goldsmith K. , Dhar R. The importance of the context in brand extension: How pictures and comparisons shift consumers' focus from fit to quality [J]. Journal of Marketing Research, 2012, 49 (2): 206 – 217.

[286] Mikulincer M. , Arad D. Attachment working models and cognitive openness in close relationships: A test of chronic and temporary accessibility effects [J]. Journal of Personality and Social Psychology, 1999, 77 (4): 710.

[287] Miller E. G. , Kahn B. E. Shades of meaning: the effect of color and flavor names on consumer choice [J]. Journal of Consumer Research, 2005, 32 (1): 86 – 92.

[288] Mor N. , Winquist J. Self – focused attention and negative affect: A meta – analysis [J]. Psychological Bulletin, 2002, 128 (4): 638.

[289] Morewedge C.K. , Huh Y. E. , Vosgerau J. Thought for food: Imagined consumption reduces actual consumption [J]. Science, 2010, 330 (6010): 1530 – 1533.

[290] Morris A. L. , Cleary A. M. , Still M. L. The role of autonomic arousal in feelings of familiarity [J]. Consciousness and Cognition, 2008, 17 (4): 1378 – 1385.

[291] Nasby W. Private self – consciousness articulation of the self – schema, and recognition memory of trait adjectives [J]. Journal of Personality and Social Psychology, 1985, 49 (3): 704.

[292] Navon D. The forest revisited: More on global precedence [J]. Psychological Research, 1981, 43 (1): 1 – 32.

[293] Nenkov G. Y., Scott M. L. "So cute I could eat it up": priming effects of cute products on indulgent consumption [J]. Journal of Consumer Research, 2014, 41 (2): 326 - 341.

[294] Noble C. H., Walker B. A. Exploring the relationships among liminal transitions, symbolic consumption, and the extended self [J]. Psychology & Marketing, 1997, 14 (1): 29 - 47.

[295] Nordhielm C. L. The influence of level of processing on advertising repetition effects [J]. Journal of Consumer Research, 2002, 29 (3): 371 - 382.

[296] Norman K. A., O'Reilly R. C. Modeling hippocampal and neocortical contributions to recognition memory: A complementary - learning - systems approach [J]. Psychological Review, 2003, 110 (4): 611.

[297] Novemsky N., Dhar R., Schwarz N., et al. Preference fluency in choice [J]. Journal of Marketing Research, 2007, 44 (3): 347 - 356.

[298] Nussbaum S., Liberman N., Trope Y. Predicting the near and distant future [J]. Journal of Experimental Psychology: General, 2006, 135 (2): 152.

[299] Orth U. R., Campana D., Malkewitz K. Formation of consumer price expectation based on package design: Attractive and quality routes [J]. Journal of Marketing Theory and Practice, 2010, 18 (1): 23 - 40.

[300] Orth U. R., Malkewitz K. Holistic package design and consumer brand impressions [J]. Journal of Marketing, 2008, 72 (3): 64 - 81.

[301] Osborne J. W., Farley F. H. The relationship between aesthetic preference and visual complexity in absract art [J]. Psychonomic Science, 1970, 19 (2): 69 - 70.

[302] Otterbring T., Wästlund E., Gustafsson A., et al. Vision (im) possible? The effects of in - store signage on customers' visual attention [J]. Journal of Retailing and Consumer Services, 2014, 21 (5): 676 - 684.

[303] Pachankis J. E., Bernstein L. B. An etiological model of anxiety in young gay men: From early stress to public self - consciousness [J]. Psychology of Men & Masculinity, 2012, 13 (2): 107.

[304] Palmer S. E., Schloss K. B., Sammartino J. Visual aesthetics and human preference [J]. Annual Review of Psychology, 2013 (64): 77 - 107.

[305] Pandelaere M., Millet K., Van den Bergh B. Madonna or Don McLean? The effect of or-

der of exposure on relative liking [J]. Journal of Consumer Psychology, 2010, 20 (4): 442 -451.

[306] Park J. K., John D. R. Got to get you into my life: Do brand personalities rub off on consumers? [J]. Journal of Consumer Research, 2010, 37 (4): 655 -669.

[307] Peck J., Barger V. A., Webb A. In search of a surrogate for touch: The effect of haptic imagery on perceived ownership [J]. Journal of Consumer Psychology, 2013, 23 (2): 189 -196.

[308] Peetz J., Buehler R. When distance pays off: The role of construal level in spending predictions [J]. Journal of Experimental Social Psychology, 2012, 48 (1): 395 -398.

[309] Pelowski M., Akiba F. A model of art perception, evaluation and emotion in transformative aesthetic experience [J]. New Ideas in Psychology, 2011, 29 (2): 80 -97.

[310] Petrova P. K., Cialdini R. B. Fluency of consumption imagery and the backfire effects of imagery appeals [J]. Journal of Consumer Research, 2005, 32 (3): 442 -452.

[311] Petty R. E., DeMarree K. G., Briñol P., et al. Need for cognition can magnify or attenuate priming effects in social judgment [J]. Personality and Social Psychology Bulletin, 2008, 34 (7): 900 -912.

[312] Pine B. J., Gilmore J. H. Welcome to the experience economy [J]. Harvard Business Review, 1998, 76: 97 -105.

[313] Pine B. J., Pine J., Gilmore J. H. The experience economy: Work is theatre & every business a stage [M]. Harvard Business Press, 1999.

[314] Posner M. I., Keele S. W. On the genesis of abstract ideas [J]. Journal of Experimental Psychology, 1968, 77 (3p1): 353.

[315] Post R. A. G., Blijlevens J., Hekkert P. The influence of unity - in - variety on aesthetic appreciation of car interiors [C] //Consilience and innovation in design: proceedings of the 5th international congress of international association of societies of design research. Tokyo: Shibaura Institute of Technology, 2013: 1 -6.

[316] Poulsson S. H. G., Kale S. H. The experience economy and commercial experiences [J]. The Marketing Review, 2004, 4 (3): 267 -277.

[317] Preacher K. J., Hayes A. F. SPSS and SAS procedures for estimating indirect effects in simple mediation models [J]. Behavior Research Methods, Instruments & Computers,

2004, 36 (4): 717 - 731.

[318] Preacher K. J. , Rucker D. D. , Hayes A. F. Addressing moderated mediation hypotheses: Theory, methods, and prescriptions [J]. Multivariate Behavioral Research, 2007, 42 (1): 185 - 227.

[319] Prentice - Dunn S. , Rogers R. W. Effects of public and private self - awareness on deindividuation and aggression [J]. Journal of Personality and Social Psychology, 1982, 43 (3): 503.

[320] Raghubir P. , Greenleaf E. A. Ratios in proportion: What should the shape of the package be? [J]. Journal of Marketing, 2006, 70 (2): 95 - 107.

[321] Raghubir P. , Krishna A. Vital dimensions in volume perception: Can the eye fool the stomach? [J]. Journal of Marketing Research, 1999, 36 (3): 313 - 326.

[322] Rajagopal P. , Montgomery N. V. I imagine, I experience, I like: The false experience effect [J]. Journal of Consumer Research, 2011, 38 (3): 578 - 594.

[323] Reber R. , Schwarz N. , Winkielman P. Processing fluency and aesthetic pleasure: Is beauty in the perceiver's processing experience? [J]. Personality and Social Psychology Review, 2004, 8 (4): 364 - 382.

[324] Reber R. , Winkielman P. , Schwarz N. Effects of perceptual fluency on affective judgments [J]. Psychological Science, 1998, 9 (1): 45 - 48.

[325] Reber R. , Wurtz P. , Zimmermann T. D. Exploring "fringe" consciousness: The subjective experience of perceptual fluency and its objective bases [J]. Consciousness and Cognition, 2004, 13 (1): 47 - 60.

[326] Reimann M. , Zaichkowsky J. , Neuhaus C. , et al. Aesthetic package design: A behavioral, neural, and psychological investigation [J]. Journal of Consumer Psychology, 2010, 20 (4): 431 - 441.

[327] Rhodes G, Roberts J, Simmons L W. Reflections on symmetry and attractiveness [J]. Psychology Evolution and Gender, 1999, 1: 279 - 296.

[328] Rhodes G. The evolutionary psychology of facial beauty [J]. Annu. Rev. Psychol. , 2006 (57): 199 - 226.

[329] Richins M. L. Valuing things: The public and private meanings of possessions [J]. Journal of Consumer Research, 1994, 21 (3): 504 - 521.

[330] Rim S. Y., Uleman J. S., Trope Y. Spontaneous trait inference and construal level theory: Psychological distance increases nonconscious trait thinking [J]. Journal of Experimental Social Psychology, 2009, 45 (5): 1088 – 1097.

[331] Rindova V. P., Petkova A. P. When is a new thing a good thing? Technological change, product form design, and perceptions of value for product innovations [J]. Organization Science, 2007, 18 (2): 217 – 232.

[332] Roese N. J. Counterfactual thinking [J]. Psychological Bulletin, 1997, 121 (1): 133.

[333] Rogers T., Bazerman M. H. Future lock – in: Future implementation increases selection of "should" choices [J]. Organizational Behavior and Human Decision Processes, 2008, 106 (1): 1 – 20.

[334] Rosch E. Cognitive representations of semantic categories [J]. Journal of Experimental Psychology: General, 1975, 104 (3): 192.

[335] Rugg M. D., Yonelinas A. P. Human recognition memory: A cognitive neuroscience perspective [J]. Trends in Cognitive Sciences, 2003, 7 (7): 313 – 319.

[336] Salovey P. Mood – induced self – focused attention [J]. Journal of Personality and Social Psychology, 1992, 62 (4): 699.

[337] Sammartino J., Palmer S. E. Aesthetic issues in spatial composition: Effects of vertical position and perspective on framing single objects [J]. Journal of Experimental Psychology: Human Perception and Performance, 2012, 38 (4): 865.

[338] Sammartino J., Palmer S. E. Aesthetic issues in spatial composition: Representational fit and the role of semantic context [J]. Perception, 2012, 41 (12): 1434 – 1457.

[339] Samuel F., Kerzel D. Judging whether it is aesthetic: Does equilibrium compensate for the lack of symmetry? [J]. i – Perception, 2013, 4 (1): 57 – 77.

[340] Sanders C. R. The animal'other': self definition, social identity and companion animals [J]. ACR North American Advances, 1990.

[341] Scheier M. F., Carver C. S. Self – focused attention and the experience of emotion: Attraction, repulsion, elation, and depression [J]. Journal of Personality and Social Psychology, 1977, 35 (9): 625.

[342] Scheier M. F. Effects of public and private self – consciousness on the public expression of personal beliefs [J]. Journal of Personality and Social Psychology, 1980, 39 (3): 514.

[343] Schlenker B. R. , Weigold M. F. Self – consciousness and self – presentation: Being autonomous versus appearing autonomous [J]. Journal of Personality and Social Psychology, 1990, 59 (4): 820.

[344] Schmeichel B. J. , Vohs K. D. , Duke S. C. Self – control at high and low levels of mental construal [J]. Social Psychological and Personality Science, 2011, 2 (2): 182 – 189.

[345] Schoormans J. P. L. , Robben H. S. J. The effect of new package design on product attention, categorization and evaluation [J]. Journal of Economic Psychology, 1997, 18 (2 – 3): 271 – 287.

[346] Schouten J. W. Selves in transition: Symbolic consumption in personal rites of passage and identity reconstruction [J]. Journal of Consumer Research, 1991, 17 (4): 412 – 425.

[347] Schwarz N. Feelings – as – Information theory [A] // In P. A. M. Van Lange, A. W. Kruglanski, & E. T. Higgins (Eds.), Handbook of Theories of Social Psychology. Thousand Oaks, CA: Sage Publications Ltd, 2012: 289 – 308.

[348] Sen S. , Johnson E. J. Mere – possession effects without possession in consumer choice [J]. Journal of Consumer Research, 1997, 24 (1): 105 – 117.

[349] Sengupta J. , Gorn G. J. Absence makes the mind grow sharper: Effects of element omission on subsequent recall [J]. Journal of Marketing Research, 2002, 39 (2): 186 – 201.

[350] Seta C. E. , Schmidt S. , Bookhout C. M. Social identity orientation and social role attributions: Explaining behavior through the lens of the self [J]. Self and Identity, 2006, 5 (4): 355 – 364.

[351] Shaffer D. R. , Tomarelli M. M. When public and private self – foci clash: Self – consciousness and self – disclosure reciprocity during the acquaintance process [J]. Journal of Personality and Social Psychology, 1989, 56 (5): 765.

[352] Shapira O. , Liberman N. , Trope N. , et al. Levels of mental construal [A] // In Fiske S. & McRae N. (Eds), Sage Handbook of Social Cognition. London, UK: Sage Publications Ltd, 2012: 229 – 250.

[353] Shapiro S. A. , Nielsen J. H. What the blind eye sees: Incidental change detection as a source of perceptual fluency [J]. Journal of Consumer Research, 2012, 39 (6): 1202 – 1218.

[354] Shapiro S. When an ad's influence is beyond our conscious control: Perceptual and conceptual fluency effects caused by incidental ad exposure [J]. Journal of Consumer Research, 1999, 26 (1): 16 - 36.

[355] Shen H., Jiang Y., Adaval R. Contrast and assimilation effects of processing fluency [J]. Journal of Consumer Research, 2009, 36 (5): 876 - 889.

[356] Sheppard A. The role of imagination in aesthetic experience [J]. Journal of Aesthetic Education, 1991, 25 (4): 35 - 42.

[357] Shimamura A. P., Shimamura I. A. Toward a science of aesthetics [A] // In Shimamura A. P. & Palmer S. E. (Eds.) Aesthetic Science: Connecting Minds, Brains, and Experience. London, UK: Oxford University Press, 2012: 3 - 28.

[358] Silvia P. J., Abele A. E. Can positive affect induce self - focused attention? Methodological and measurement issues [J]. Cognition & Emotion, 2002, 16 (6): 845 - 853.

[359] Silvia P. J., McCord D. M., Gendolla G. H. E. Self - focused attention, performance expectancies, and the intensity of effort: Do people try harder for harder goals? [J]. Motivation and Emotion, 2010, 34 (4): 363 - 370.

[360] Silvia P. J. Emotional responses to art: From collation and arousal to cognition and emotion [J]. Review of General Psychology, 2005, 9 (4): 342 - 357.

[361] Silvia P. J. Knowledge - based assessment of expertise in the arts: Exploring aesthetic fluency [J]. Psychology of Aesthetics, Creativity, and the Arts, 2007, 1 (4): 247.

[362] Smith P. K., Trope Y. You focus on the forest when you're in charge of the trees: power priming and abstract information processing [J]. Journal of Personality and Social Psychology, 2006, 90 (4): 578.

[363] Smith P. K., Wigboldus D. H. J., Dijksterhuis A. P. Abstract thinking increases one's sense of power [J]. Journal of Experimental Social Psychology, 2008, 44 (2): 378 - 385.

[364] Snow C., Shelley Duval T., Silvia P. When the self stands out: Figure? - ? ground effects on self - focused attention [J]. Self and Identity, 2004, 3 (4): 355 - 363.

[365] Solomon M. R., Schopler J. Self - consciousness and clothing [J]. Personality and Social Psychology Bulletin, 1982, 8 (3): 508 - 514.

[366] Sonderegger A., Sauer J. The influence of design aesthetics in usability testing: Effects on

user performance and perceived usability [J]. Applied Ergonomics, 2010, 41 (3): 403 - 410.

[367] Song H., Schwarz N. If it's difficult to pronounce, it must be risky: Fluency, familiarity, and risk perception [J]. Psychological Science, 2009, 20 (2): 135 - 138.

[368] Song H., Schwarz N. If it's hard to read, it's hard to do: Processing fluency affects effort prediction and motivation [J]. Psychological Science, 2008, 19 (10): 986 - 988.

[369] Spassova G., Lee A. Y. Looking into the future: A match between self - view and temporal distance [J]. Journal of Consumer Research, 2013, 40 (1): 159 - 171.

[370] Spears N., Yazdanparast A. Revealing obstacles to the consumer imagination [J]. Journal of Consumer Psychology, 2014, 24 (3): 363 - 372.

[371] Stephan E., Liberman N., Trope Y. Politeness and psychological distance: A construal level perspective [J]. Journal of Personality and Social Psychology, 2010, 98 (2): 268.

[372] Strandvik T., Holmlund M., Edvardsson B. Customer needing: A challenge for the seller offering [J]. Journal of Business & Industrial Marketing, 2012, 27 (2): 132 - 141.

[373] Sun T., Horn M., Merritt D. Impacts of cultural dimensions on healthy diet through public self - consciousness [J]. Journal of Consumer Marketing, 2009, 26 (4): 241 - 250.

[374] Swaddle J. P., Cuthill I. C. Asymmetry and human facial attractiveness: Symmetry may not always be beautiful [J]. Proceedings of the Royal Society of London. Series B: Biological Sciences, 1995, 261 (1360): 111 - 116.

[375] Swaminathan V., Page K. L., Gürhan - Canli Z. "My" brand or "our" brand: The effects of brand relationship dimensions and self - construal on brand evaluations [J]. Journal of Consumer Research, 2007, 34 (2): 248 - 259.

[376] Tanaka J. W., Farah M. J. Parts and wholes in face recognition [J]. The Quarterly Journal of Experimental Psychology, 1993, 46 (2): 225 - 245.

[377] Taylor C. A., Lord C. G., Bond Jr C. F. Embodiment, agency, and attitude change [J]. Journal of Personality and Social Psychology, 2009, 97 (6): 946.

[378] Temme J. E. Effects of mere exposure, cognitive set and task expectations on aesthetic appreciation [M] //Advances in Psychology. North - Holland, 1984 (19) 389 - 410.

[379] Thomas M., Tsai C. I. Psychological distance and subjective experience: How distancing reduces the feeling of difficulty [J]. Journal of Consumer Research, 2011, 39 (2):

324 - 340.

[380] Thompson D. V., Hamilton R. W., Petrova P. K. When mental simulation hinders behavior: The effects of process - oriented thinking on decision difficulty and performance [J]. Journal of Consumer Research, 2009, 36 (4): 562 - 574.

[381] Thompson D. V., Hamilton R. W. The effects of information processing mode on consumers' responses to comparative advertising [J]. Journal of Consumer Research, 2006, 32 (4): 530 - 540.

[382] Tiedens L. Z. Anger and advancement versus sadness and subjugation: The effect of negative emotion expressions on social status conferral [J]. Journal of Personality and Social Psychology, 2001, 80 (1): 86.

[383] Todd A. R., Burgmer P. Perspective taking and automatic intergroup evaluation change: Testing an associative self - anchoring account [J]. Journal of Personality and Social Psychology, 2013, 104 (5): 786.

[384] Todorov A., Goren A., Trope Y. Probability as a psychological distance: Construal and preferences [J]. Journal of Experimental Social Psychology, 2007, 43 (3): 473 - 482.

[385] Tolbert S. L., Kohli C., Suri R. Who pays the price for loyalty? The role of self - consciousness [J]. Journal of Product & Brand Management, 2014, 23 (4/5): 362 - 371.

[386] Tolstoy L. What is art? [M]. London: Penguin UK, 1995.

[387] Townsend C., Kahn B. E. The "visual preference heuristic": The influence of visual versus verbal depiction on assortment processing, perceived variety, and choice overload [J]. Journal of Consumer Research, 2013, 40 (5): 993 - 1015.

[388] Townsend C., Shu S. B. When and how aesthetics influences financial decisions [J]. Journal of Consumer Psychology, 2010, 20 (4): 452 - 458.

[389] Townsend C., Sood S. Self - affirmation through the choice of highly aesthetic products [J]. Journal of Consumer Research, 2012, 39 (2): 415 - 428.

[390] Treisman A. Properties, parts and objects [A] // In K. R. Boff, L. Kaufman, & J. P. Thomas, (Eds.), Handbook of Perception and Human Performance: Cognitive Process and Performance [C]. New York: Wiley, 1986: 3501 - 3570.

[391] Trope Y., Liberman N. Construal level theory [A] // In Lange, P. A. M., Kruglanski A. W. & E. T. Higgins (Eds.), Handbook of Theories of Social Psychology [C]. Lon-

don, UK: Sage Publications Ltd, 2011: 118 - 134.

[392] Trope Y., Liberman N. Construal - level theory of psychological distance [J]. Psychological Review, 2010, 117 (2): 440.

[393] Trope Y., Liberman N. Temporal construal and time - dependent changes in preference [J]. Journal of Personality and Social Psychology, 2000, 79 (6): 876.

[394] Trope Y., Liberman N. Temporal construal [J]. Psychological Review, 2003, 110 (3): 403.

[395] Tsai C. I., McGill A. L. No pain, no gain? How fluency and construal level affect consumer confidence [J]. Journal of Consumer Research, 2010, 37 (5): 807 - 821.

[396] Tuan Y. F. The significance of the artifact [J]. Geographical Review, 1980: 462 - 472.

[397] Tuch A. N., Presslaber E. E., StöCklin M., et al. The role of visual complexity and prototypicality regarding first impression of websites: Working towards understanding aesthetic judgments [J]. International Journal of Human - computer studies, 2012, 70 (11): 794 - 811.

[398] Tversky A., Kahneman D. Availability: A heuristic for judging frequency and probability [J]. Cognitive Psychology, 1973, 5 (2): 207 - 232.

[399] Ülkümen G., Cheema A. Framing goals to influence personal savings: The role of specificity and construal level [J]. Journal of Marketing Research, 2011, 48 (6): 958 - 969.

[400] Underwood R. L., Klein N. M., Burke R. R. Packaging communication: Attentional effects of product imagery [J]. Journal of Product & Brand Management, 2001, 10 (7): 403 - 422.

[401] Underwood R. L., Klein N. M. Packaging as brand communication: Effects of product pictures on consumer responses to the package and brand [J]. Journal of Marketing Theory and Practice, 2002, 10 (4): 58 - 68.

[402] Underwood R. L. The communicative power of product packaging: Creating brand identity via lived and mediated experience [J]. Journal of Marketing Theory and Practice, 2003, 11 (1): 62 - 76.

[403] Unkelbach C., Greifeneder R. A general model of fluency effects in judgment and decision making [A] // In Unkelbach, C. & Greifeneder, R. (Eds), The Experience of Thinking: How the Fluency of Mental Processes Influences Cognition and Behaviour. New York:

Psychology Press, 2013: 11 - 32.

[404] Unkelbach C. Reversing the truth effect: Learning the interpretation of processing fluency in judgments of truth [J]. Journal of Experimental Psychology: Learning, Memory, and Cognition, 2007, 33 (1): 219.

[405] Unnava H. R., Agarwal S., Haugtvedt C. P. Interactive effects of presentation modality and message - generated imagery on recall of advertising information [J]. Journal of Consumer Research, 1996, 23 (1): 81 - 88.

[406] Van den Bergh O., Vrana S. R. Repetition and boredom in a perceptual fluency/attributional model of affective judgements [J]. Cognition & Emotion, 1998, 12 (4): 533 - 553.

[407] Van Kerckhove A., Geuens M., Vermeir I. The floor is nearer than the sky: How looking up or down affects construal level [J]. Journal of Consumer Research, 2014, 41 (6): 1358 - 1371.

[408] Van Rompay T. J. L., Pruyn A. T. H. When visual product features speak the same language: Effects of shape - typeface congruence on brand perception and price expectations [J]. Journal of Product Innovation Management, 2011, 28 (4): 599 - 610.

[409] Vargo S L, Lusch R. F. Evolving to a new service dominant logic for marketing [J]. Journal of Marketing, 2004, 68 (1): 1 - 17.

[410] Vargo S. L., Lusch R. F. It's all B2B... and beyond: Toward a systems perspective of the market [J]. Industrial Marketing Management, 2011, 40 (2): 181 - 187.

[411] Vargo S. L., Lusch R. F. Service - dominant logic: Continuing the evolution [J]. Journal of the Academy of marketing Science, 2008, 36 (1): 1 - 10.

[412] Venkatesh A., Joy A., Sherry Jr J. F., et al. The aesthetics of luxury fashion, body and identify formation [J]. Journal of Consumer Psychology, 2010, 20 (4): 459 - 470.

[413] Veryzer Jr R. W., Hutchinson J. W. The influence of unity and prototypicality on aesthetic responses to new product designs [J]. Journal of Consumer Research, 1998, 24 (4): 374 - 394.

[414] Vingilis - Jaremko L., Maurer D. The influence of symmetry on children's judgments of facial attractiveness [J]. Perception, 2013, 42 (3): 302 - 320.

[415] Vogeley K., May M., Ritzl A., et al. Neural correlates of first - person perspective as

one constituent of human self – consciousness [J]. Journal of Cognitive Neuroscience, 2004, 16 (5): 817 – 827.

[416] Voima P., Heinonen K., Strandvik T. Exploring Customer Value formation: A customer dominant logic perspective [DB/OL]. Helsinki, Finland: Hanken School of Economics, Working Paper, 2010.

[417] Wagemans J. Characteristics and models of human symmetry detection [J]. Trends in Cognitive Sciences, 1997, 1 (9): 346 – 352.

[418] Wakslak C. J., Trope Y., Liberman N., et al. Seeing the forest when entry is unlikely: Probability and the mental representation of events [J]. Journal of Experimental Psychology: General, 2006, 135 (4): 641.

[419] Wakslak C., Trope Y. The effect of construal level on subjective probability estimates [J]. Psychological Science, 2009, 20 (1): 52 – 58.

[420] Wan E. W., Agrawal N. Carryover effects of self – control on decision making: A construal – level perspective [J]. Journal of Consumer Research, 2011, 38 (1): 199 – 214.

[421] Wan E. W., Rucker D. D. Confidence and construal framing: When confidence increases versus decreases information processing [J]. Journal of Consumer Research, 2012, 39 (5): 977 – 992.

[422] Whitfield T. W. A., Slatter P. E. The effects of categorization and prototypicality on aesthetic choice in a furniture selection task [J]. British Journal of Psychology, 1979, 70 (1): 65 – 75.

[423] Whitfield T. W. A. Beyond prototypicality: Toward a categorical – motivation model of aesthetics [J]. Empirical Studies of the Arts, 2000, 18 (1): 1 – 11.

[424] Whittlesea B. W. A., Leboe J. P. The heuristic basis of remembering and classification: Fluency, generation, and resemblance [J]. Journal of Experimental Psychology: General, 2000, 129 (1): 84.

[425] Whittlesea B. W. A. False memory and the discrepancy – attribution hypothesis: The prototype – familiarity illusion [J]. Journal of Experimental Psychology: General, 2002, 131 (1): 96.

[426] Willems S., Van der Linden M. Mere exposure effect: A consequence of direct and indirect fluency – preference links [J]. Consciousness and Cognition, 2006, 15 (2):

323 - 341.

[427] Williams L. E., Bargh J. A. Keeping one's distance: The influence of spatial distance cues on affect and evaluation [J]. Psychological Science, 2008, 19 (3): 302 - 308.

[428] Williams L. E., Stein R., Galguera L. The distinct affective consequences of psychological distance and construal level [J]. Journal of Consumer Research, 2013, 40 (6): 1123 - 1138.

[429] Winkielman P., Halberstadt J., Fazendeiro T., et al. Prototypes are attractive because they are easy on the mind [J]. Psychological Science, 2006, 17 (9): 799 - 806.

[430] Winkielman P., Schwarz N., Fazendeiro T., et al. The hedonic marking of processing fluency: Implications for evaluative judgment [J]. The Psychology of Evaluation: Affective Processes in Cognition and Emotion, 2003 (189): 217.

[431] Winterich K. P., Haws K. L. Helpful hopefulness: The effect of future positive emotions on consumption [J]. Journal of Consumer Research, 2011, 38 (3): 505 - 524.

[432] Wong P., Hogg M. K., Vanharanta M. Consumption narratives of extended possessions and the extended self [J]. Journal of Marketing Management, 2012, 28 (7 - 8): 936 - 954.

[433] Wood J. V., Saltzberg J. A., Goldsamt L. A. Does affect induce self - focused attention? [J]. Journal of Personality and Social Psychology, 1990, 58 (5): 899.

[434] Workman J. E., Lee S. H. Vanity and public self - consciousness: A comparison of fashion consumer groups and gender [J]. International Journal of Consumer Studies, 2011, 35 (3): 307 - 315.

[435] Wyer Jr R. S. Social psychology: Handbook of basic principles [M]. New York: Guilford Press, 2007: 285 - 307.

[436] Xu J., Jiang Z., Dhar R. Mental representation and perceived similarity: How abstract mindset aids choice from large assortments [J]. Journal of Marketing Research, 2013, 50 (4): 548 - 559.

[437] Yan D., Sengupta J. Effects of construal level on the price - quality relationship [J]. Journal of Consumer Research, 2011, 38 (2): 376 - 389.

[438] Yang X., Zhang J., Peracchio L. A. Understanding the impact of self - concept on the stylistic properties of images [J]. Journal of Consumer Psychology, 2010, 20 (4):

508 – 520.

[439] Zajonc R. B., Markus H., Wilson W. R. Exposure effects and associative learning [J]. Journal of Experimental Social Psychology, 1974, 10 (3): 248 – 263.

[440] Zajonc R. B. Mere exposure: A gateway to the subliminal [J]. Current Directions in Psychological Science, 2001, 10 (6): 224 – 228.

[441] Zeedyk M. S. Essay review. Self – consciousness: Attained by seeing ourselves through the eyes of the Other or by turning to look into those eyes? [J]. Cognitive Development, 2010, 25 (1): 103 – 109.

[442] Zhang Y., Feick L., Price L. J. The impact of self – construal on aesthetic preference for angular versus rounded shapes [J]. Personality and Social Psychology Bulletin, 2006, 32 (6): 794 – 805.

[443] Zhang Y., Risen J. L. Embodied motivation: Using a goal systems framework to understand the preference for social and physical warmth [J]. Journal of Personality and Social Psychology, 2014, 107 (6): 965.

[444] Zhao M., Hoeffler S., Dahl D. W. The role of imagination – focused visualization on new product evaluation [J]. Journal of Marketing Research, 2009, 46 (1): 46 – 55.

[445] Zhao M., Hoeffler S., Zauberman G. Mental simulation and product evaluation: The affective and cognitive dimensions of process versus outcome simulation [J]. Journal of Marketing Research, 2011, 48 (5): 827 – 839.

[446] Zitek E. M., Tiedens L. Z. The fluency of social hierarchy: The ease with which hierarchical relationships are seen, remembered, learned, and liked [J]. Journal of Personality and Social Psychology, 2012, 102 (1): 98.

重要术语索引

W

X

Y

Z